DAS WUNDER
DES EINHORNS

Diana Cooper

Das Wunder des Einhorns

BEGEGNUNG MIT DEN ERLEUCHTETEN WESEN
DER SIEBTEN DIMENSION

Aus dem Englischen übersetzt
von Manfred Miethe

Ansata

*Ich widme dieses Buch in großer Liebe meinen
Enkeln Isabel und Finn.
Ich danke all jenen, die mir freundlicherweise
ihre Geschichten erzählt und mir gestattet haben,
sie hier wiederzugeben. Aber vor allem danke ich
den Einhörnern für ihre Geduld und ihr Licht.*

Die englische Originalausgabe erschien 2008 unter dem Titel
»The Wonder of Unicorns« im Verlag Findhorn Press, Schottland.

Ansata Verlag
Ansata ist ein Verlag der Verlagsgruppe Random House GmbH.

ISBN 978-3-7787-7352-9

Erste Auflage 2008
Copyright © 2008 by Diana Cooper
Copyright © 2008 der deutschsprachigen Ausgabe by Ansata Verlag,
München, in der Verlagsgruppe Random House GmbH
Alle Rechte sind vorbehalten. Printed in China.
Einbandgestaltung: Reinert & Partner, München
Einband-Illustration: © 2008 by Damian Keenan
Gesetzt aus der Minion bei Filmsatz Schröter GmbH
Druck und Bindung: Anpak Printing Ltd., Hongkong

INHALT

EINFÜHRUNG	Die Einhörner kommen	7
KAPITEL 1	Über Einhörner	11
KAPITEL 2	Begegnen Sie Ihrem Einhorn	15
KAPITEL 3	Wie uns die Einhörner helfen	21
KAPITEL 4	Die Namen der Einhörner	27
KAPITEL 5	Verbindung zu den Einhörnern	31
KAPITEL 6	Die Hierarchie der Einhörner	37
KAPITEL 7	Einhorn-Zeichen	42
KAPITEL 8	Das Horn des Einhorns	47
KAPITEL 9	Die Rolle von Einhörnern und Engeln	52
KAPITEL 10	Einhörner und Kinder	58
KAPITEL 11	Die Sinne der Einhörner	62
KAPITEL 12	Einhörner und Wunscherfüllung	67
KAPITEL 13	Das Reich der Einhörner	73
KAPITEL 14	Der Segen der Einhörner	79
KAPITEL 15	Beziehungen heilen	87
KAPITEL 16	Einhorn-Träume	93
KAPITEL 17	Mit Einhorn-Träumen arbeiten	98
KAPITEL 18	Weiße Tiere	103
KAPITEL 19	Einhörner und Tiere	106
KAPITEL 20	Pferde	112

KAPITEL 21	Die Macht der Natur	117
KAPITEL 22	Einhörner und Gärten	122
KAPITEL 23	Einhornfohlen	128
KAPITEL 24	Ein Einhorn-Schauer	133
KAPITEL 25	Einhorn-Summbälle	138
KAPITEL 26	Einhorn-Orbs	144
KAPITEL 27	Einhörner und Weihnachten	148
KAPITEL 28	Einhorn-Heilung	153
KAPITEL 29	Wie man eine Einhorn-Heilung gibt	158
KAPITEL 30	Einhörner in Atlantis	163
KAPITEL 31	Einhörner und Kristalle	169
KAPITEL 32	Dem Universum dienen	174
KAPITEL 33	Das Herz öffnen	179
KAPITEL 34	Portale für die Einhörner	185
KAPITEL 35	Wem die Einhörner helfen	188
KAPITEL 36	Symbolismus	191
KAPITEL 37	Historische Einhorn-Sichtungen	199
KAPITEL 38	Einhörner in der Bibel	202
KAPITEL 39	Mythen und Legenden des Ostens	205
KAPITEL 40	Mythen und Legenden des Westens	208
KAPITEL 41	Einhorn-Rituale und -Zeremonien	214
KAPITEL 42	Die Magie der Einhörner verbreiten	221
KAPITEL 43	Übungen zur Entwicklung übersinnlicher Fähigkeiten	224
KAPITEL 44	Einhorn-Spiele für Kinder	230

SCHLUSSWORT	236
LITERATURVERZEICHNIS	237

EINFÜHRUNG
DIE EINHÖRNER KOMMEN

Vor einigen Jahren saß ich im Garten auf einem Stuhl und dachte über das letzte Buch aus meiner spirituellen Trilogie *Web of Light* nach, an dem ich gerade schrieb. Plötzlich wurde mir die Anwesenheit eines Wesens in meiner Nähe bewusst und ein wunderbares Gefühl der Stille hüllte mich ein. Es fühlte sich nicht wie ein Engel an. Unvermittelt wurde mir klar, dass es ein Einhorn sein musste. Woher ich das wusste, weiß ich nicht. Ich wusste es einfach. Ich konnte es nicht klar sehen, es war eher wie ein verschwommenes weißes Licht, das neben mir schwebte.

Das Einhorn sagte mir, dass ich in meinem Buch auch Einhörner erwähnen sollte. Ich schluckte, denn ich hatte keine Ahnung, wie Einhörner in die Geschichte hineinpassen könnten. Aber ich erinnerte mich daran, dass ich vor Jahren, als mich die Engel aufgefordert hatten, über sie zu schreiben, abgelehnt hatte, weil ich nichts über sie wusste und nicht wollte, dass die Leute dachten, ich sei nun völlig durchgedreht. Damals hatten mich die Engel gefragt, ob mein Ego die Bücher schreiben würde oder mein höheres Selbst. Daraufhin hatte ich meine ablehnende Antwort zurückgenommen und ihr Angebot akzeptiert. Da ich es niemals bereut hatte, würde ich jetzt denselben Fehler sicher nicht noch einmal machen.

Ich wusste nichts weiter über Einhörner, als dass sie Pferde aus der Mythologie waren. Das war noch weniger, als ich früher über Engel gewusst hatte. Ich übermittelte dies dem Einhorn auf telepathische Weise, das mir daraufhin das nötige Wissen direkt in mein Bewusstsein übertrug.

Es erzählte mir, dass Einhörner ätherische Geschöpfe sind, Pferde aus der siebten Dimension, und dass sie zum Reich der Engel gehören. Es sagte auch, dass Einhörner während des goldenen Zeitalters in Atlantis lebten und dass damals alle Menschen mit ihnen ebenso in Kontakt treten konnten wie mit ihrem Schutzengel. Als Atlantis dann unglücklicherweise auf eine niedrigere Schwingungsebene sank, konnten die herrlichen Einhörner ihre Energie nicht auf ein derart niedriges Niveau absenken, sodass sie sich zurückziehen mussten.

Das Einhorn erzählte mir auch, dass in den Jahren, in denen mich die Engel aufgefordert hatten, über sie zu schreiben und Vorträge über sie zu halten, die Engel auf Befehl der Quelle in Scharen zur Erde geströmt waren, um das Bewusstsein der Menschheit zu erhöhen und den Aufstieg der Erde vorzubereiten. Ich fragte, ob das auch auf die Einhörner zuträfe.

Das Einhorn antwortete augenblicklich, dass sie als Antwort auf die Gebete und Hilferufe der Menschheit gekommen waren. Denn heute haben genügend Menschen ihre Schwingung so weit angehoben, dass die Einhörner nach und nach zurückkommen können, um denen, die dafür bereit sind, die Erleuchtung zu bringen. Die Einhörner reinigen und läutern uns, denn es ist ihre Bestimmung, die Unschuld des göttlichen Selbst zu aktivieren – die Unschuld der Essenz, die wir in dem Augenblick hatten, als wir ein göttlicher Funke wurden.

Die Einhörner erinnern uns daran, wer wir wirklich sind.

Gehorsam – und wie ich auch sagen darf, voller Freude – baute ich also Einhörner in die Geschichte ein. Eine Woche später reiste ich nach Frankreich, um ein Lehrerseminar an der *Diana Cooper School* zu leiten. Im Flugzeug dachte ich noch, dass ich mich ganz auf die Engel und den bevorstehenden Aufstieg konzentrieren müsste und die Einhörner daher nicht erwähnen würde.

Das Seminar fand in einem schönen Hotel statt, das von Feldern umgeben war und in der Nähe eines Gestüts lag. Ich traute meinen Augen nicht, als gleich am ersten Morgen ein herrlicher Schimmel direkt vor dem Seminarraum auf und ab galoppierte. Wenn das kein Zeichen war! Natürlich redete ich schon bald über Einhörner, und während ich das tat, bekam ich immer mehr Informationen über sie. Ihre Energie war so stark, dass jeder der Seminarteilnehmer eine starke Bindung zu ihnen herstellen konnte.

Ein Jahr später schrieb ich *Discover Atlantis*[1]. Ich war so von der gewal-

---

[1] Deutsch: *Entdecke Atlantis. Das Urwissen der Menschheit verstehen und heute nutzen.* Ansata Verlag, München 2006

tigen Energie des goldenen Zeitalters dieser Zivilisation fasziniert, dass ich zwei Jahre lang kein weiteres Buch schrieb. Dann schrieb sich *Angel Answers*[2] plötzlich wie von selbst. Merkwürdigerweise kann ich mich kaum noch daran erinnern, es geschrieben zu haben. Ich war nur erstaunt über gewisse Informationen, die mir die Engel übermittelten. So beantworten sie zum Beispiel einige meiner Fragen über Einhörner.

Nun tauchten überall in meinem Leben Einhörner auf, sodass ich ihre Anwesenheit ständig spürte. Ging ich spazieren, liefen sie neben mir durch den Wald. Oft kamen sie auch in meinen Garten. Hellseher sahen sie hinter mir stehen, wenn ich einen Vortrag hielt. Ich bekam das Gefühl, ich sollte wirklich ein Buch über sie schreiben, aber noch immer hatte ich nicht genug Informationen.

Eines Abends rief mich eine Freundin an, die ein Medium ist. Kathy und ich plauderten über unsere Zukunftspläne. Während wir uns unterhielten, tauchte plötzlich Maria, die Mutter Jesu, auf. Ich fühle mich Maria sehr eng verbunden und sie hat mir schon oft geholfen. An diesem Abend war sie gekommen, um mir zu sagen, dass ich ein Buch für sie schreiben solle. Sie sagte aber auch – und da war sie sehr bestimmt –, dass das Buch über Einhörner sehr wichtig sei und zuerst kommen müsse. Sie bat mich, endlich damit anzufangen.

Als ich ihr antwortete, dass ich nichts lieber täte, aber nicht genug über sie wüsste, sagte sie, ich solle eine Woche mit ihnen verbringen. »Also gut«, erwiderte ich und ging in Gedanken meinen Terminkalender durch, der absolut ausgebucht war. Ich würde irgendwie Zeit finden müssen. Und ich fand sie.

Wer sind sie nun, diese siebendimensionalen Geschöpfe aus Mythologie und Magie? Warum sind sie jetzt wieder da? Wie können sie uns helfen? Wie können wir lernen, mit ihnen zusammenzuarbeiten? Worin unterscheiden sie sich von den Engeln?

In diesem Buch beantworte ich all diese Fragen und berichte von eigenen Erfahrungen und denen anderer Menschen. Ich erörtere einige der alten Mythen und Legenden und versuche, sie von einer höheren spirituellen Warte aus zu interpretieren. Ich habe auch Übungen, Meditationen

---

2 Deutsch: *Die Engel antworten. Himmlische Hilfe für die wichtigsten Lebensfragen.* Ansata Verlag, München 2007

und Spiele in das Buch aufgenommen, damit Sie leichter mit den Einhörnern in Kontakt treten können.

Die Einhörner haben mich viel gelehrt. Ich spüre eine überwältigende Liebe für sie und habe großen Respekt und Ehrfurcht vor ihnen. Ich hoffe, dass auch Sie sich von ihrer Energie und Liebe berühren lassen werden, während Sie dieses Buch lesen.

KAPITEL 1
ÜBER EINHÖRNER

Einhörner gehören zum Reich der Engel und leben in der siebten Dimension, also im siebten Himmel. Wie die Engel sind auch sie Aspekte des Göttlichen.

Einhörner sind weiße Pferde, die in die höheren Dimensionen aufgestiegen sind. Wie Menschen so inkarnieren sich auch Pferde, bis sie sich vervollkommnet haben. Sie kehren immer wieder auf die Erde zurück, um hier ihre Lektionen zu lernen, bis sie schließlich zu weißen Pferden geworden sind und in einem feurigen Licht aufsteigen können. Dann arbeiten sie in ihren spirituellen Körpern als Einhörner mit uns.

*

Engel arbeiten mit unserem Herzen, Einhörner mit unserer Seele.

*

Engel helfen den ihnen anvertrauten Menschen auf verschiedene Art und Weise. Sie räumen uns Hindernisse aus dem Weg und reagieren auf unsere Bitten, solange diese im Interesse des Allgemeinwohls liegen. Sie beschützen die Menschen in ihrer Obhut und geben ihnen Ratschläge, die im Interesse ihres Seelenwachstums liegen. Sie hüllen uns in ihre Flügel, trösten uns und stehen uns bei.

Die großen aufgestiegenen Pferde hingegen suchen nach Menschen, die Licht ausstrahlen und Visionen haben, die über ihre kleinen Egos hinausgehen. Sie suchen nach Menschen, die anderen helfen und die Welt zum Besseren verändern möchten, selbst wenn sie nur einen kleinen Beitrag leisten können.

*

*Das Licht eines Einhorns ist so stark, dass es einen Menschen
nur ganz allmählich in Wellen erfüllt und nur in dem Maß,
wie der Betreffende damit umgehen kann.*

*

Die Einhörner helfen Ihnen, an Ihrer Vision festzuhalten. Sie geben Ihnen Mut und Vertrauen, wenn Sie mit Widerständen und Herausforderungen konfrontiert werden. Sie stärken und festigen Sie, damit Sie die nötige Würde und das erforderliche Charisma haben, um für das einzutreten, was Sie für richtig halten. Einhörner erfüllen auch Wünsche. Auch Engel tun dies, denn sie erfüllen die Wünsche des Herzens, also all das, was Sie glücklicher und Ihr Leben leichter macht.

*

*Einhörner erfüllen Seelenwünsche, also die Dinge,
die Sie auf einer ganz tiefen Ebene befriedigen und Ihnen helfen,
Ihre vorgeburtlichen Vereinbarungen einzuhalten.*

*

Sie ermutigen Sie, an Ihren Zielen und Visionen festzuhalten und für das einzutreten, was im höchsten Interesse aller liegt. Sie sind am langfristigen Wachstum Ihrer Seele, der Gemeinschaft, in der Sie leben, und der ganzen Welt interessiert.

Hellsichtige Menschen nehmen Einhörner als leuchtend weiße Pferde mit einem gedrehten Horn aus Licht wahr, das aus ihrem Stirn-Chakra, dem Chakra der Erleuchtung, wächst. Eine hellsichtige Frau erzählte mir einmal, der Anblick eines Einhorns sei für sie so überwältigend gewesen, dass es ihr vorkam, als würde sie eine Million Diamanten im Sonnenlicht funkeln sehen. Das Licht war so hell, dass sie kaum hinschauen konnte.

Das Horn kann mit einem Zauberstab verglichen werden, aus dem göttliche Energie strahlt. Wenn das Einhorn sein Horn auf etwas richtet, geschieht dort Heilung – und zwar nicht nur auf körperlicher und emotionaler Ebene, sondern auch auf der Seelenebene. Einhörner können die tiefsten und größten Verletzungen der Seele, die einen seit vielen Leben plagen, auflösen und heilen. Wenn Sie bereit sind, können Ihnen die Einhörner helfen, alles Karma aufzulösen – sei es persönliches, Familien-

oder Landeskarma. Sie müssen sie nur anrufen, damit sie Ihnen helfen können.

Einer der wunderbarsten Anblicke überhaupt ist der Anblick der Herren des Karma, die in der Engelshierarchie zu den Mächtigen gehören, wenn sie begleitet von Hunderten Einhörnern durch die Himmel ziehen, um ihre Aufgaben zu erfüllen. Die »Mächtigen« haben eine Schwingungsfrequenz, die viel höher ist als die der Erzengel, und strahlen ein gewaltiges Licht aus.

Einhörner helfen den Menschen, sich wieder mit dem Geist zu verbinden. Wenn Sie an ein Einhorn denken, erwacht eine Energie in Ihnen, die Sie wieder in Harmonie mit den höheren Welten bringt. Wenn Ihnen im Traum oder während der Meditation ein Einhorn begegnet, hat Ihre Seele Kontakt zur Einhorn-Energie aufgenommen und große Veränderungen können geschehen. Die Einhörner arbeiten dann ständig im Hintergrund, um Sie zu inspirieren.

Eigenschaften der Einhörner sind Liebe, Frieden, Ruhe, Sanftmut, Hoffnung, Majestät, Fürsorglichkeit, Magie und das Mysterium. Sie werden zu Ihnen kommen, wenn Sie bereit sind, und sie werden Ihnen helfen, diese Einhorn-Eigenschaften zu entwickeln. Selbstverständlich arbeiten sie mit Tieren, Engeln und Elementarwesen zusammen.

Obwohl sich ihre männlichen und weiblichen Anteile in einem perfekten Gleichgewicht befinden, werden sie doch als eher weiblich gesehen. Das liegt wohl daran, dass Weisheit, Mitgefühl und Liebe mächtiger sind als die männlichen Eigenschaften.

Die Engel tragen die Gebete der Menschen und die Wünsche, die von Herzen kommen, zu Gott. Die Einhörner, die ja auf der Seelenebene arbeiten, tragen die Sehnsucht der Seele eines Menschen zum Schöpfer und ermöglichen es auf diese Weise, dass große Vision wahr werden. Manchmal gleichen diese Sehnsüchte nur dem Flackern einer Kerze im Wind, aber die Einhörner sehen sie trotzdem und hauchen ihnen ihren Atem ein, damit aus dem Funken ein Feuer wird. Auf diese Weise sind schon die Visionen und Wünsche vieler großer Menschen wahr geworden.

Viele von uns sind sich gar nicht bewusst, welche Träume ihre Seele hat, wonach sie strebt und welche unwahrscheinlichen Möglichkeiten ihr offenstehen. Die meisten Menschen gehen wie Schlafwandler durch ihr Leben. Manchmal kommt es vor, dass ein Einhorn einen solchen Menschen im

Traum aufsucht und versucht, ihn aufzuwecken. Gelingt ihm das, so verändert sich das Leben des Betreffenden über Nacht.

*

Eines der größten Geschenke, das Sie in diesem Leben erhalten können, ist der Kontakt zu Ihrem wunderbaren Einhorn.

*

EINE ÜBUNG

Wenn Sie etwas ganz Außergewöhnliches tun könnten, das der Welt wirklich helfen würde, was würde das sein?
Wenn Sie wüssten, dass Sie es tun könnten, womit würden Sie beginnen?
Wie können Sie es schaffen, diesen ersten kleinen Schritt zu tun?
Bitten Sie die Einhörner, Ihnen dabei zu helfen.

KAPITEL 2

BEGEGNEN SIE IHREM EINHORN

Damit Sie Ihrem Einhorn begegnen können, müssen Sie es erst einmal anlocken. Die gesamte Schöpfung unterliegt dem Gesetz der Anziehung. Wenn Sie Reichtum in Ihr Leben bringen möchten, müssen Sie an Reichtum denken; wenn Sie viele Freunde haben wollen, müssen Sie Wärme, Freundlichkeit und Großzügigkeit ausstrahlen. Wenn Sie glücklich sein möchten, müssen Sie Dinge tun, die Sie glücklich machen. Wenn Sie also ernsthaft den Wunsch haben, Ihrem Einhorn zu begegnen, müssen Sie an Einhörner denken, sie sich vorstellen, mit ihnen sprechen und in die Einhorn-Energie eintauchen. Zur Einhorn-Energie gehören unter anderem Eigenschaften wie Unschuld, Reinheit, Glück und Liebe. Das wichtigste Element ist aber immer der Wunsch zu dienen.

*

*Wenn Sie häufig an Einhörner denken
und den ehrlichen Wunsch haben, der Welt zu helfen,
wird schon bald ein Einhorn bei Ihnen sein.*

*

Wenn Sie sich entspannen und fest daran glauben, werden Sie bald feststellen, dass Sie während der Nacht von den Einhörnern sanft in die richtige Richtung geschubst werden und dass Ihnen neue Einfälle kommen werden. Sie werden auch größeres Selbstvertrauen haben und das Gefühl, wirklich etwas bewirken zu können. Ihr Wunsch, etwas Konstruktives zu tun, das anderen Wesen hilft, wird immer stärker werden.

Allmählich werden Sie spüren, ahnen oder wissen, dass Ihnen ein Einhorn hilft. Vielleicht finden Sie ja eine kleine weiße Feder. Das ist ein Zeichen, dass eines in Ihrer Nähe ist, denn Einhörner hinterlassen Federn genauso wie Engel. Vielleicht geben sie Ihnen auch einen anderen Hinweis.

Ein Beispiel: Evadne erzählte einer Freundin von mir, dass sie eine Idee hatte, wie sie Schulkindern helfen könnte. Nach dem Gespräch dachte sie auf dem Nachhauseweg darüber nach, wie die Einhörner ihr helfen könnten, diesen Plan in die Tat umzusetzen. Als sie zu Hause ankam, fand sie das Bild eines Einhorns, das ihre kleine Tochter für sie gemalt hatte. Evadne verspürte ein überwältigendes Glücksgefühl, denn sie wusste, dass ihr die Einhörner ein Zeichen gegeben hatten.

Viele Menschen begegnen ihrem Einhorn während der Meditation, wenn sie sich in ihrer inneren Welt befinden. Wenn Sie an einen Ort mit hoher Energie gehen, wo die Schleier zwischen den Welten dünn sind, zum Beispiel zu einem Wasserfall, auf einen Berggipfel oder auf eine Waldlichtung, und dort ganz still verharren, können Sie vielleicht sogar einmal eines sehen.

RUHMSUCHT UND ILLUSIONEN

Illusionen und der Wunsch nach Ruhm sind der Untergang jeder spirituellen Bemühung. Es ist so aufregend, mit anderen Dimensionen und Welten in Kontakt zu treten, dass man dabei manchmal den Boden unter den Füßen verliert. Deshalb halten manche Religionen nichts von Meditation und allen Praktiken, die den Menschen für das Übersinnliche öffnen.

Manche Menschen werden sehr euphorisch, wenn sie ihren Einhörnern begegnen, wogegen auch nichts einzuwenden ist, solange man auf dem Teppich bleibt. Diese großartigen Lichtwesen erhellen unseren Weg und helfen uns, die Bestimmung unserer Seele zu verwirklichen. Aber wenn man alberne Hoffnungen in sie setzt oder unrealistische Dinge auf sie projiziert, ziehen sie sich zurück. Dadurch entsteht eine Leere, in die eine Wesenheit mit geringerer Integrität schlüpfen kann, die dann so tut, als sei sie ein Einhorn. Ein solches niederes Wesen kann einen an der Nase herumführen und mit falschen Informationen füttern, in die ein Körnchen Wahrheit eingestreut ist. Das führt bestenfalls zu völliger Verwirrung. Wenn man aber an seinen hohen spirituellen Idealen festhält, geerdet bleibt und den gesunden Menschenverstand gebraucht, wird man niemals auf diese Weise in die Irre geführt werden.

Ich muss zugeben, dass ich zu Beginn meines spirituellen Weges gelegentlich einmal aufs Glatteis geführt worden bin. Glücklicherweise bin ich ziemlich bodenständig. Dennoch habe ich mir ein paar Mal die Finger verbrannt und gelernt, immer achtsam zu bleiben.

*

*Ruhmsucht setzt ein, wenn man zulässt, dass man
von den Verführungskünsten der Wesen, denen man begegnet,
und den andersweltlichen Erfahrungen, die man macht,
vom Weg der Reinheit des Göttlichen abgebracht wird.
Illusionen entstehen, wenn man die Wahrheit mit falschen
Vorstellungen und eigenen Projektionen vermischt.*

*

Engel, Geistführer, Einhörner und Meister sind göttliche Wesen. Mediale Durchsagen und Heilungen sind Wege zum Göttlichen. Diese inspirierenden Wesen und Erfahrungen können Ihnen auf Ihrem spirituellen Weg helfen, Sie trösten, Ihr Bewusstsein erweitern, Sie heilen und Ihnen Mut machen, aber wie alles Mächtige müssen sie mit Respekt und Sorgfalt behandelt werden. Es ist besser, den Kontakt zu ihnen zusätzlich zur eigenen Meditationspraxis herzustellen, statt an seiner Stelle.

*

*Die Verbindung zu Ihrer stillen Mitte,
wo Sie die Stimme Gottes hören können,
ist Ihr Schutz und Ihre Stärke.*

*

EIN EINHORN HANDELT IMMER NUR AUS LIEBE

Einhörner und Engel sehen alles immer nur aus der höchstmöglichen spirituellen Perspektive. Wenn Sie sich gedrängt fühlen zu kämpfen, jemand anderem weh zu tun, ihn zu verletzen oder in irgendeiner Weise unehrlich zu sein, steckt nicht die Energie der Einhörner dahinter. Ignorieren Sie diese Impulse, läutern Sie sich mit der Gold und Silber violetten Flamme und erden Sie sich. Dann können Sie sich wieder auf die Einhörner einstimmen, die Sie mit edlen, hehren und friedvollen Gedanken erfüllen werden.

DENKEN SIE DARAN ZU BITTEN

Wenn Sie Ihr Einhorn bitten, Ihnen zu helfen, hintergehen Sie damit nicht Gott, denn die Einhörner und der Schöpfer stehen ununterbrochen in Verbindung. Wie Engel so haben auch Einhörner keinen freien Willen, daher werden sie nie etwas tun oder vorschlagen, das nicht dem göttlichen Willen entspricht. Und niemals werden sie etwas gegen den Willen Ihrer Seele tun.

EINHÖRNER SIND REINES WEISSES LICHT

Ihr Einhorn ist ein Wesen aus reinem weißen Licht. Weil es so rein und so hell ist, kann Sie sein Anblick möglicherweise blenden oder Sie überwältigen, deshalb wird es seine Energie immer auf das Niveau absenken, mit dem Sie umgehen können. Es wird Sie niemals mehr Licht aussetzen, als Sie vertragen können.

EIN EINHORN-TAGEBUCH

Es kann sehr hilfreich sein, ein Einhorn-Tagebuch zu führen. Suchen Sie dafür ein ganz besonderes Buch aus und dekorieren Sie es entsprechend, wenn Sie wollen. Schreiben Sie alle Ihre Erfahrungen mit den Einhörnern und Ihre Eindrücke auf. Je mehr Sie schreiben, desto enger wird Ihre Verbindung werden. Datieren Sie Ihre Einträge, denn wenn Sie später einmal zurückschauen, werden Sie verblüfft sein, welchen spirituellen Weg Sie in der Begleitung der Einhörner zurückgelegt haben.

BEREITEN SIE SICH DARAUF VOR, IHREM EINHORN ZU BEGEGNEN

Besonders leicht können Sie Ihrem Einhorn während einer meditativen Visualisierungsübung begegnen, wenn Ihr Verstand still und klar ist.

Da Einhörner friedvolle Orte in der Natur lieben, sollten Sie möglichst draußen meditieren – besonders an Orten, an denen Sie das Geräusch fließenden Wassers hören können. Das Singen der Vögel und das Rascheln des Laubs wird Ihre Musik sein.

Wenn Sie im Haus meditieren, suchen Sie sich einen Ort, an dem Sie still sein können und nicht gestört werden. Zünden Sie eine Kerze an und weihen Sie sie den Einhörnern. Kerzenlicht wird wie das Verbrennen von Räucherstäbchen oder spirituelle Musik die Energie im Raum erhöhen.

VISUALISIERUNGSÜBUNG, UM IHREM EINHORN ZU BEGEGNEN

- Schließen Sie die Augen und atmen Sie eine Weile lang ruhig in Ihr Herzzentrum hinein.
- Hüllen Sie sich in eine Kugel aus weiß schimmerndem Licht, damit nur die reine Einhorn-Energie hinein kann.
- Atmen Sie so lange Liebe ein und Frieden aus, bis Sie ganz entspannt sind.
- Stellen Sie sich vor, Sie sitzen ganz friedlich und geborgen am Ufer eines wunderschönen Sees. Nehmen Sie sich Zeit, den Geräuschen zuzuhören. Atmen Sie den Duft des hereinbrechenden Abends ein.
- Im Mondschein sehen Sie nun ein silberweißes Licht auf Sie zukommen. Als es näher kommt, sehen Sie, dass es ein herrliches Einhorn ist.
- Das leuchtende Geschöpf tritt auf sie zu und bleibt vor Ihnen stehen. Sie sind in sein sanftes Licht getaucht.
- Spüren Sie die Liebe, die von ihm zu Ihnen fließt.
- Das Einhorn senkt seinen Kopf und richtet das Licht seines Horns auf

Ihr Herz. Lassen Sie sich Zeit, dies wirklich zu spüren. Vielleicht fühlt es sich wie eine Flamme der Liebe an, die in Ihren Körper eindringt.
- Wenn Sie es wünschen, können Sie nun aufstehen und Ihr Einhorn streicheln.
- Schauen Sie ihm in die Augen, um den Kontakt von Seele zu Seele herzustellen.
- Lassen Sie sich Zeit, Ihr Einhorn kennenzulernen.
- Bitten Sie es, Ihnen auf telepathischem Wege eine Botschaft zu übermitteln. Hören Sie aufmerksam zu.
- Bedanken Sie sich beim Einhorn und schauen Sie ihm hinterher, während es sich im Licht des Mondes von Ihnen entfernt.
- Öffnen Sie die Augen.
- Schreiben Sie in Ihr Einhorn-Tagebuch, was Sie erlebt haben.

Sie können diese Visualisierungsübung machen, so oft Sie wollen. Sie können sie auch gemeinsam mit Ihren Freunden und Verwandten machen.

KAPITEL 3

WIE UNS DIE EINHÖRNER HELFEN

SCHUTZ

Meine Freundin Liz Roe French, eine ausgezeichnete Astrologin und Heilerin und zudem ein Medium, erzählte mir am Telefon, dass sie gerade ein großes altes Haus in Yorkshire von schlechten Energien gesäubert hätte. Sie sagte weiter, dass es auf einer sehr starken Leylinie gestanden hatte und dass sie auf verschiedenen Ebenen hatte arbeiten müssen.

Während sie daran arbeitete, die blockierten Energien aufzulösen, nahm sie plötzlich ein riesiges gold- und pfirsichfarbenes Licht, das wie eine Wolke geformt war, über dem Haus war. Dann sah sie sechs Einhörner, die um die Wolke herumliefen. Es war offensichtlich so, dass sie ihre Arbeit beschützen wollten. Als sie sich ein paar Tage später wieder darauf einstimmte, sah sie nur noch ein Einhorn, aber dieses hatte eindeutig Wachdienst, denn es tänzelte um die Gegend herum.

Duncan Gemel erzählte mir, dass er einmal einem energetischen Angriff ausgesetzt war, woraufhin er sofort seine beiden Einhörner Starlight und Solerius rief. Er sah ganz klar einen weißen Blitz und ihre Schultern, als sie zu seiner Rettung herbeigaloppiert kamen. Sie sagten ihm später, dass seine Lektion darin bestanden hatte, um Hilfe zu bitten.

UNTERSTÜTZUNG

Wenn Sie sich in einer langen Schlange an der Supermarktkasse langweilen oder auf einen Zug warten, nutzen Sie die Zeit, um Ihr Einhorn zu spüren. Es kann sein, dass es direkt neben Ihnen steht, um Ihnen den Stress abzunehmen. Obwohl es für Ihre Augen unsichtbar ist, werden Sie seine Energie spüren können, wenn Sie sich ganz öffnen und sich unterstützen lassen. Aber seien Sie vorsichtig, denn dies ist keine körperliche Unterstützung. Das Einhorn wird Sie auf der energetischen Ebene erfrischen, sodass Sie neue Kraft gewinnen.

KOMMUNIKATION

Wenn Ihr Einhorn Ihre Aufmerksamkeit erregen möchte, kann es sehr wohl sein, dass es Ihnen einen Schubs versetzt. Viele Menschen haben mir schon berichtet, dass sie einen körperlichen Schubs gespürt haben, so als ob sie ein Pferd mit seiner Nase angestupst hätte. Und dies, obwohl sie sich allein mitten in der Wildnis befanden oder in einem überfüllten Einkaufszentrum.

Wenn Sie meinen, dies sei Ihr Einhorn gewesen, dann verlassen Sie sich darauf, es war es wirklich! Nehmen Sie energetischen Kontakt zu ihm auf, und hören Sie, was es Ihnen zu sagen hat, statt zu zweifeln und sich zu fragen, ob Sie sich das alles nur einbilden. Verlangsamen Sie sofort Ihre Atmung und richten Sie Ihre Aufmerksamkeit nach innen und weg von dem geschäftigen Treiben, das Sie umgibt. Selbst wenn Sie sich an einem lauten Ort befinden, können Sie innere Ruhe finden. Dann werden Sie die Botschaften Ihres Einhorns wahrnehmen können. Diese werden sich vermutlich als plötzliche Einsichten oder als Bauchgefühl zeigen. Mich überschütten die Einhörner immer gleich mit einem ganzen Haufen Informationen. Wenn Sie Antworten erhalten, respektieren Sie diese und handeln Sie dementsprechend.

INSPIRATION

Truda Clark und Susan Venus waren mit einer Freundin auf dem Weg zu einer älteren Dame, die weit draußen auf dem Land lebte, um ihr eine Reiki-Sitzung zu geben. Truda erzählte mir, dass diese Dame in einem ziemlich gespenstischen, völlig überwucherten Haus lebte. Neben dem Haus war ein Pferch, in dem sich vier Wildpferde befanden, die noch nicht zugeritten worden waren.

Da die Heilsitzung ziemlich lange dauerte, war es bereits dunkel geworden, als sie fertig waren. Da fragte die Dame, die die Heilung empfangen hatte, plötzlich: »Würden Sie vielleicht gern einmal mein Einhorn sehen?« Überrascht antworteten sie: »Sie meinen sicher, das Bild eines Einhorns, oder?« »Aber nein, ein echtes«, erwiderte die alte Dame und fügte hinzu: »Kommen Sie mit.«

Neugierig folgten Truda und Susan der Dame in den Pferch hinaus. Ich gebe hier nun wieder, was sie über das Erlebnis niederschrieben.

»Es war einer dieser ganz besonderen Abende, die Luft war kühl und es war ganz still. Wir näherten uns dem Tor, das Feld dahinter war in Dunkelheit gehüllt. Als sich unsere Augen an die Dunkelheit gewöhnt hatten, sahen wir einen vollkommenen Nachthimmel. Zwischen und über den riesigen Bäumen leuchteten hell die Sterne. Leise rief Lorraine die Pferde. Man konnte sie schon spüren, bevor wir ihr Wiehern hörten, mit dem sie antworteten. Wir warteten in dem sicheren Gefühl, dass dies ihr Territorium war und ihre Zeit und dass wir nur Zuschauer waren, die sich glücklich schätzen durften, hier zu sein.

Urplötzlich kamen sie aus der Dunkelheit: Links eine kleinere, dunklere Gestalt mit strahlenden Augen, den Kopf hoch erhoben, und rechts ein majestätisches weißes Geschöpf. Der Anblick verschlug uns den Atem. Wir umarmten uns vor Freude und vor Erstaunen. Wir sahen einen Augenblick lang Flügel glänzen und ein Horn, das aus einer Stirn über wissenden warmen Augen hervorwuchs. Es war ein magischer Moment. Ein Einhorn war aus der Dunkelheit ins Licht getreten!«

HILFE

Kathy leitet eine spirituelle Gruppe. Eines Abends saß diese ganz in ihre Arbeit vertieft beisammen, als Kathy aufblickte und sah, dass sie von Einhörnern umgeben waren, die gekommen waren, um ihnen zu helfen.

Eine ähnliche Geschichte hörte ich nach einer Sitzung während einer Atlantis-Woche. Diese Gruppe nahm durch Gesänge Kontakt zu ihren Einhörnern auf. Am Ende schauten sie nach oben und alle sahen eine Gruppe Einhörner, die über ihnen in der Luft schwebte.

KAMERADSCHAFT

Haben Sie schon einmal etwas allein getan und sich gewünscht, Sie hätten einen Freund dabei? In einem solchen Fall können Sie Ihr Einhorn herbeirufen. Einhörner begleiten nämlich häufig Menschen, die allein unterwegs sind. Sie leisten Ihnen sogar im Einkaufszentrum Gesellschaft, wenn Sie sie wirklich brauchen.

FRAGEN BEANTWORTEN

Ich bekam einen sehr interessanten Brief von Laura, die gerade ihren alten Beruf aufgegeben und mit 50 beschlossen hatte, Lebensberaterin zu werden. Während einer Meditation, in der wir zu unseren Einhörnern Kontakt aufgenommen und sie um Hilfe gebeten hatten, fand sie heraus, dass ihres Unec hieß. Sie entschloss sich, Unec zu fragen, ob ihre Entscheidung richtig gewesen war.

Zuerst fragte sie: »Habe ich das Richtige getan, als ich meinen Beruf gewechselt habe?« Die Antwort kam in Form eines energischen Kopfnickens: auf und ab, auf und ab. Dann fragte sie: »Damit dies geschehen kann, brauche ich ziemlich viel Geld, das ich im Moment nicht habe.« Wieder kam als Antwort ein energisches Kopfnicken, als ob das Einhorn auf der Stelle tänzeln würde.

Laura wusste nun, dass sie die richtige Entscheidung getroffen hatte und von den Engeln und Einhörnern genau die Unterstützung bekommen würde, die sie brauchte.

WIE ICH AUF DEN TITEL DIESES BUCHES KAM

Als ich an einem herrlichen Novembertag am Strand spazieren ging, dachte ich über einen passenden Titel für dieses Buch nach. Aus irgendeinem Grund war ich weder mit dem Arbeitstitel noch mit der Alternative zufrieden, für die ich mich entschieden hatte. Ich spürte die Meeresbrise auf meinem Gesicht und war mir gleichzeitig bewusst, dass ich von Einhörnern umgeben war. Ich dachte daran, wie sehr sie mir doch geholfen hatten.

Plötzlich kam mir aus heiterem Himmel der Titel »The Wonder of Unicorns« in den Sinn. Je mehr ich darüber nachdachte, desto richtiger schien er mir zu sein. Ich setzte mich auf eine Bank und bat die Einhörner um Hilfe. Aus meiner Tasche nahm ich ein Blatt Papier, riss es in vier Stücke und schrieb auf jedes einen der drei möglichen Titel. »Unicorn Magic«, »A Little Light on Unicorns« und »The Wonder of Unicorns«. Auf das letzte Stück malte ich ein Kreuz für den Fall, dass die Einhörner einen völlig anderen Titel wollten.

Ich zerknüllte die Papierstücke und vermischte sie. Dann hielt ich sie zwischen den Handflächen und bat die Einhörner, mir ihren Wunschtitel mitzuteilen. Als ich ein Stück Papier berührte, spürte ich, dass die vier Einhörner, die vor mir standen, ihre Köpfe schüttelten. Als ich das nächste berührte, nickten alle vier. Beim dritten und vierten schüttelten sie wieder die Köpfe.

Einen Moment lang war ich furchtbar nervös, so als ob es hier um etwas Lebenswichtiges gehen würde. Als ich das zweite Papierknäuel öffnete und »The Wonder of Unicorns« las, verspürte ich ein überwältigendes Glücksgefühl. Es fühlte sich so richtig an. So hat das Buch seinen Namen bekommen.

EINE ÜBUNG, UM HILFE BEI ENTSCHEIDUNGEN ZU BEKOMMEN

SCHRITT 1 Überlegen Sie sich eine Frage. Wahrscheinlich wird Ihnen, wenn Sie über mögliche Antworten nachdenken, eine besonders richtig erscheinen. Dann haben Sie bereits Hilfe bekommen. Angenommen, dies ist nicht der Fall, dann sollten Sie die Frage aufschreiben. Dies ist zwar nicht unbedingt notwendig, aber es hilft Ihnen, Klarheit zu gewinnen.

SCHRITT 2 Schreiben Sie die möglichen Antworten auf verschiedene Blätter. Lassen Sie eines leer. Dies ist für den Fall, dass keine der Antworten die gewünschte ist. Dann knüllen oder falten Sie die Stücke zusammen und mischen Sie sie gut.

SCHRITT 3 Erschaffen Sie nun einen heiligen Raum, in den die Einhörner eintreten können. Hier sind einige Vorschläge, wie Sie das tun können.
- Heben Sie die Energie im Raum oder draußen durch Gesang oder Klangschalen an.
- Stellen Sie Kerzen im Kreis auf, zünden Sie sie an und setzen Sie sich in die Mitte.
- Falten Sie Ihre Hände in der Namaste-Position und halten sie die Papierstücke zwischen den Handflächen.
- Rufen Sie in Gedanken oder laut die Einhörner herbei und bitten Sie sie, Ihnen das Papier zu zeigen, auf dem die beste Lösung für Ihr Problem steht.
- Berühren Sie jedes Papierstück. Vielleicht spüren Sie ja bei einem ein Kribbeln. Sie können sich auch vorstellen, dass die Einhörner vor Ihnen stehen und Ihnen zunicken oder den Kopf schütteln. Vielleicht verspüren Sie aber auch nur den Drang, ein bestimmtes Stück auszuwählen.
- Lesen Sie die optimale Antwort.
- Danken Sie den Einhörnern für ihre Hilfe.

KAPITEL 4

DIE NAMEN DER EINHÖRNER

Jedes Wesen, sei es nun ein Mensch, ein Tier, eine Fee, ein Engel oder ein Einhorn, hat einen Namen mit einer einzigartigen Schwingung, die hilft, den Kontakt zur Seele herzustellen. Die Schwingung des Namens offenbart die Absicht der Seele. Wenn Sie ein Geschöpf mit seinem Namen rufen, können Sie eine tiefere Bindung entwickeln, so wie Sie sich auch einem Menschen näher fühlen, wenn Sie seinen Namen kennen. Darum ist es so wichtig, einen Namen auf liebevolle Weise auszusprechen, da der Betreffende die Liebe dann auf der innersten Ebene seines Wesens empfängt.

Die meisten Menschen haben ganz gewöhnliche Namen, die von ihren Freunden und ihrer Familie benutzt werden und die dazu dienen, sich auf einer bestimmten Ebene mit ihnen zu verbinden. Wenn sich jemand spirituell weiterentwickelt, mag er einen spirituellen Namen annehmen, der ihn näher an die höheren Aspekte seiner Seele bindet. Heute entscheiden sich mehr und mehr Menschen für einen spirituellen Namen und lassen sich von ausgewählten Menschen damit ansprechen.

Es kommt häufig vor, dass uns das Einhorn sofort seinen spirituellen Namen mitteilt. Manchmal kommt es aber auch vor, dass es einem zuerst einen Namen mit einer niedrigeren Schwingung sagt, sodass Sie erst einmal mit dieser Energie in Kontakt kommen können. Wenn Sie dann so weit sind, wird es Ihnen seinen höheren Namen verraten, damit Sie es in seiner vollen Herrlichkeit wahrnehmen können. Auf jeden Fall ist es wichtig, eine persönliche Beziehung aufzubauen und herauszufinden, mit welchem Namen Ihr Einhorn angesprochen werden möchte.

Wenn Sie ruhig dasitzen und Ihr Einhorn bitten, Ihnen seinen Namen mitzuteilen, mag Ihnen dieser unvermittelt in den Sinn kommen. Ihnen wird dies wie ein eigener Gedanke vorkommen, aber in Wirklichkeit hat das Einhorn Ihnen seinen Namen auf telepathische Weise übermittelt.

EIN EINHORN NAMENS DOBBIN

Susan Ann ist Lehrerin an der *Diana Cooper Angel School*. Sie schrieb mir Folgendes: »2005 nahm ich an Dianas *Mind, Body, Spirit Event* in London teil, wo Diana mich dem Publikum vorstellte. Nach der Pause führte Diana uns durch eine intensive Visualisierungsübung, während der wir unsere Einhörner kennenlernen und ihre Namen erfahren sollten. Hinterher fragte sie, welche Namen wir empfangen hatten. Während die Teilnehmer die Hände hoben, saß ich im Hintergrund und fragte mich, was ich jetzt wohl tun solle. Mein Einhorn hatte sich mir nämlich als ›Dobbin‹[3] vorgestellt. Und nun riefen die Teilnehmer wunderschöne und ausgefallene Namen. Wie konnte ich da sagen, dass meines Dobbin hieß? Es war mir so peinlich. Also hielt ich den Mund.

Während der folgenden Monate wurde unsere Verbindung immer enger. Eines Tages offenbarte es mir, dass sein wahrer Name ›Aurora‹ sei. Seither benutze ich diesen Namen. Wenn ich heute von Dobbin erzähle, kann ich darüber lachen, denn ich habe erkannt, was für eine wichtige Lektion dies für mich war. Mein Ego wurde wieder auf den Boden der Tatsachen heruntergeholt, als ich einen Namen empfing, den ich als albern und sehr unpassend empfand. Ich lernte daraus, dass jeder einen ganz ›gewöhnlichen‹ Namen haben kann, und dass es nicht darauf ankommt, ob dieser besonders extravagant oder ungewöhnlich ist. Trotz seines Namens arbeitete ich weiterhin mit Dobbin und vertiefte meine Bindung zu ihm.

Ein paar Jahre später saß ich mit Diana im Taxi zum Flughafen. Ich erzählte ihr die Geschichte und betonte, wie sehr mir der Name Aurora zusagte. Plötzlich sagte sie: ›Schau mal‹ und zeigte auf ein Hotel, an dem

---

3 Anm. d. Übers.: *Dobbin* ist das englische Wort für ein Arbeitspferd, einen langsamen Kaltblüter.

wir gerade vorbeifuhren. Es hieß ›Aurora Hotel‹. Ich nahm dies als Zeichen, dass mein Einhorn bei mir war, die Geschichte gehört hatte und wahrscheinlich darüber schmunzeln musste.«

EIN HORN, EIN LAND

Einhörner werden in den meisten Sprachen als »ein Horn« bezeichnet. Die folgende Liste zeigt faszinierende Gemeinsamkeiten, aber auch Unterschiede.

Deutsch	*Einhorn*	Esperanto	*Unukornulo*
Englisch	*Unicorn*	Lettisch	*Vienradzis*
Russisch	*Yedinorog*	Lateinisch	*Unicornis*
Litauisch	*Vienaragis*	Polnisch	*Jednorozec*
Portugiesisch	*Unicornio*	Griechisch	*Monokeros*
Spanisch	*Unicornio*	Holländisch	*Eenhorn*
Schwedisch	*Enhorning*	Französisch	*Licorne*
Finnisch	*Yksisarvinen*	Italienisch	*Alicorno oder Licorno*
Norwegisch	*Enhjorning*	Walisisch	*Uncorn*
Hebräisch	*Had-KerenHe*	Persisch	*Karkadann*
Rumänisch	*Inorog*	Japanisch	*Kirin oder Sin-you*
Arabisch	*Karkadann*	Chinesisch	*Qilin*

DER NAME MEINES EINHORNS

Mein Einhorn heißt Elfrietha. Ich brauchte einige Zeit, bis ich den Namen richtig verstanden hatte, hauptsächlich wegen meiner Idee, dass der Name Elfrieda sein sollte. Ich bekam immer wieder ein Kopfschütteln, also ein klares Nein, bis ich es endlich mit »Elfrietha?« versuchte, woraufhin ich ein Schnauben der Erleichterung hörte. Einhörner sind wirklich sehr geduldig.

FINDEN SIE DEN NAMEN IHRES EINHORNS HERAUS

DRINNEN
- Sitzen Sie still an einem Ort, an dem Sie nicht gestört werden können.
- Zünden Sie eine Kerze an, um Ihre Schwingung anzuheben.
- Atmen Sie ruhig und gleichmäßig, bis Sie ganz entspannt sind.
- Stellen Sie sich vor, an einem schönen Ort in der Natur zu sein.
- Bitten Sie Ihr Einhorn, zu Ihnen zu kommen. Vielleicht sehen Sie es, vielleicht spüren Sie es auch nur.
- Danken Sie Ihrem Einhorn, dass es zu Ihnen gekommen ist.
- Fragen Sie es, mit welchem Namen Sie es rufen sollen.
- Seien Sie offen für alles, was Ihnen in den Sinn kommen mag.

DRAUSSEN
- Gehen Sie an einem ruhigen schönen Ort spazieren.
- Entspannen Sie sich. Hören Sie den Geräuschen zu und atmen Sie die Düfte der Natur ein. Spüren Sie während des Gehens die Erde unter den Füßen.
- Schauen Sie sich um. Wenn Sie sich entspannen, sehen Sie vielleicht ein Einhorn.
- Bitten Sie das Einhorn, ein Stück mit Ihnen zu gehen.
- Ob Sie es nun sehen können oder nicht, seien Sie sich sicher, dass das Einhorn da ist.
- Fragen Sie es, mit welchem Namen es gerufen werden möchte.
- Während Sie ruhig weitergehen, wird Ihnen der Name des Einhorns in den Sinn kommen.

KAPITEL 5

VERBINDUNG ZU DEN EINHÖRNERN

Einhörner zeigen ihre Anwesenheit auf die unterschiedlichste Weise an. Manchmal erscheinen sie einem, aber meistens lassen sie einen auf andere Weise wissen, dass sie da sind.

Nach einem Seminar kam eine Frau zu mir, die ganz aufgeregt sagte: »Als Sie uns durch die Meditation geführt haben, auf der wir unserem Einhorn begegnen sollten, hat mir meines gesagt, dass es Stern heißt. Und nun haben Sie gerade mein Buch signiert und geschrieben: ›Folgen Sie Ihrem Stern.‹« Ich vermute, das Einhorn muss mir das eingeflüstert haben.

Donald McKinney, der Autor von *Walking in the Mist*, erzählte mir von einem Vorfall, der sich ereignete, als er eines Tages in seinem Laden mit einer Kundin redete. Sie unterhielten sich über alle möglichen spirituellen Dinge, als sie plötzlich sagte: »Sie werden glauben, dass ich verrückt bin, wenn Sie hören, was ich Ihnen nun sagen werde. Sie werden nicht glauben, was mir widerfahren ist. Eines Morgens ging ich schon früh im schottischen Hochland spazieren, es war neblig und plötzlich tauchte aus dem Nebel ein Einhorn auf. Es stand vor mir und beugte den Kopf, als ob es mich grüßen wollte.« Sie fügte noch hinzu, dass sie nie zuvor etwas Derartiges erlebt hatte und dass es sich wie pure Magie angefühlt hatte. Es bestätigte ihr, dass es durchaus Wunder in dieser Welt gibt.

Agnes McCluskey, eine Farbtherapeutin und eine sehr spirituelle und übersinnlich begabte Frau, beschrieb mir gegenüber ihren Bruder als einen »großen, langhaarigen Rocker«. Trotzdem schien er für die Führung durch die Einhörner offen zu sein, denn als er eines Tages in einem New-Age-Laden war, sah er ein Porzellaneinhorn, das zu ihm sagte: »Bring mich zu Agnes.« Er kaufte es und schenkte es ihr. Sie hat es noch heute und ist sich sicher, dass die Einhörner Verbindung zu ihr und ihrem Bruder aufnehmen wollten.

Ich freute mich sehr, als ich Laura Cameron Jackson und Lyn McNicol an ihrem Einhorn-Stand auf einer Messe traf. Sie erzählten mir, wie sie auf die Idee für ihr Geschäft gekommen waren. Beide waren unzufrieden mit ihren jeweiligen Jobs gewesen und hatten sich durch ihre Begeisterung für Einhörner, Elfen und die Welt der Elementargeister kennen gelernt. Eine ganze Weile hatten sie gemeinsam intensiv überlegt, was sie tun könnten, um die Sehnsucht ihrer Seele zu stillen.

Eines Tages fuhr Laura mit dem Bus über Land. Sie kam durch verschiedene Dörfer und plötzlich sah sie einen Pub, der *Das Einhorn* hieß. Sie hatte das Gefühl, ein Zeichen bekommen zu haben, und in einer plötzlichen Eingebung kam sie auf den Gedanken, einen Einhorn-Laden zu eröffnen.

Heute widmen die beiden ihr Leben dem Ziel, Kindern und Erwachsenen zu helfen, Kontakt zu den Einhörnern aufzunehmen und so neue Hoffnung zu gewinnen. Sie veranstalten Einhorn-Partys und -Seminare für Kinder, die Einhörner lieben. Wenn sie die Kinder fragen: »Wer von euch glaubt an Einhörner?« antworten alle: »Ich, ich, ich!« Und wenn sie dann weiterfragen, ob jemand schon einmal eins gesehen hat, dann gibt es immer zwei oder drei Kinder, die von ihren Erfahrungen berichten.

Laura begegnete ihrem Einhorn durch ihren Geistführer Ashon, einem sehr ernst wirkenden Mönch aus dem zwölften Jahrhundert. Und zwar geschah dies folgendermaßen: Als sie einmal meditierte, sagte der Mönch zu ihr: »Komm, meine Liebe.« Er nahm sie an der Hand und führte sie einen Weg entlang. Plötzlich stand *Wanderer*, ihr Einhorn, vor ihnen. Das war ihre erste Begegnung mit einem Einhorn.

Laura hat auch ein sehr verspieltes junges Einhorn, das eines Tages gemeinsam mit Wanderer auftauchte. Einmal rief das Fohlen unvermittelt: »Da kommt ja Charger!«, woraufhin ein weiteres Einhorn mit blitzenden Augen angaloppiert kam. Es ist offensichtlich, dass Laura eine sehr starke Verbindung zum Reich der Einhörner hat und dass die Einhörner eng mit ihr zusammenarbeiten.

Lyn hat ein sehr freimütiges Einhorn namens Jasminda. Wenn es mit ihr kommuniziert, ist es immer sehr direkt und streng, um Lyn aufzuwecken. Eines Tages sagte es ihr zum Beispiel, dass sie sich ganz schrecklich ernähre und dass sie das sofort ändern müsse. Lyn nahm das natürlich sehr ernst. Wie alle Wesen aus den höheren Dimensionen unterstützt es Lyn natürlich aber auch auf liebevolle Weise.

Alle hielten Lyn und Laura für verrückt, ihre sicheren Arbeitsplätze und ihre Rentenansprüche aufzugeben, um das Licht der Einhörner zu verbreiten. Sie fingen schon selbst an, ihre Entscheidung infrage zu stellen. An einem Nachmittag im Winter fühlte sich Lyn total erschöpft. Sie saß im Badezimmer, das Licht war an und sie starrte gegen die Wand. Plötzlich sah sie auf der linken Seite Lichtreflexe in Form eines Einhornkopfes. Das Licht bewegte sich von links nach rechts, aber es behielt immer seine Form. Das war die Bestätigung, die sie gebraucht hatte. Dadurch wurde sie in ihrem Entschluss bestärkt, an ihrer Mission festzuhalten.

Es war für mich ein großes Vergnügen, Lyn und Laura an ihrem Einhorn-Stand kennenzulernen und mitzuerleben, mit welcher Freude und Begeisterung sie das Licht der Einhörner verbreiten.

Hier ist noch eine Geschichte von Mary Thomson, die ihren Einhörnern während einer Meditation begegnete. »Ich war heute bei Ihrem Vortrag in Glasgow und möchte Ihnen mitteilen, was mir während der Meditation, bei der wir unser Einhorn kennenlernen sollten, widerfahren ist. Ich sah einen Bach, der durch einen herrlichen Laubwald floss. Auf der anderen Seite des Wassers tauchte plötzlich ein großes, beeindruckendes braunes Pferd auf. Dann hörte ich eine Stimme, die sagte, ich sei noch nicht bereit, meinem Einhorn zu begegnen. Ich akzeptierte das, ging vorwärts und streichelte den Hals des Pferdes. Es war ein starkes, aber doch sehr sanftmütiges Geschöpf. Ich fühlte mich ganz zufrieden und ziemlich geehrt, dass ich ihm begegnen durfte, als ich plötzlich umgeben von mehreren Einhörnern mitten in einem Teich stand. Alle leuchteten weiß und waren von weißem Licht umgeben. Eines der Einhörner kam zu mir und ich durfte seinen Hals und seine Mähne streicheln. Eine Stimme in meinem Kopf sagte mir, dass es Urbill hieß.«

Ich fand es interessant, dass Mary die Aussage, sie sei noch nicht so weit, den Einhörnern zu begegnen, akzeptierte und sich nicht dagegen wehrte. Durch ihre Akzeptanz war sie dann doch so weit.

Flavia-Kate befand sich mit ihrem Mann in Hastings, wo sie ein süßes Einhorn-Plüschtier kaufte. Sie verliebte sich sofort in das kuschelige Wesen und fing an, immer öfter an Einhörner zu denken. Sie ließ sich sogar eines auf den unteren Teil des Rückens tätowieren. Sie schrieb mir Folgendes: »Das gab wohl den Ausschlag, denn danach wurde ich von Einhörnern im Traum besucht. Ich hatte die Einhörner angezogen, ohne mir dessen wirklich bewusst zu sein. Aber natürlich ist es so, dass sich gleich und gleich gern gesellt. Seither umgeben mich Einhörner überall im Alltag.«

Sie fügte hinzu, dass die Einhörner sie ausgewählt hatten, weil sie noch andere Leute für Einhörner interessieren sollte. Und genau das geschah auch. Ihr fiel auf, dass Menschen, die dazu bestimmt sind, mit Einhörnern zu arbeiten, plötzlich merken, dass sie eine Leidenschaft für Einhörner haben und darum bitten, dass sie mit ihrer Energie Kontakt aufnehmen können, um bei der Heilung des Planeten zu helfen.

Flavia-Kate nannte mir zwei Beispiele, wie Menschen klar geworden war, dass sie sich für Einhörner interessieren. Einmal erwähnte sie Einhörner in ihrer Meditationsgruppe und erzählte den Teilnehmern, dass Einhörner in Scharen herbeiströmen, um uns zu helfen, mit den sich verändernden Energien zurechtzukommen und uns auf den Aufstieg vorzubereiten. Eine Frau, Mitte dreißig, erzählte ihr daraufhin, dass sie schon als Kind Einhörner verehrt hatte und noch während ihrer Jugend ständig an sie denken musste. Sie zeigte ihr sogar eine Tätowierung auf der Schulter, die sie sich mit 18 hatte machen lassen. Danach hatte sie bis zu diesem Moment nicht mehr an Einhörner gedacht. Nun ist sie wieder leidenschaftlich bei der Sache und hat kürzlich entdeckt, dass ihre 13-jährige Tochter ein Einhorn als Führer hat, das sie häufig sieht und sich oft mit ihm unterhält. Und das als ob es das Selbstverständlichste auf der Welt wäre, wie das bei Kindern ja oft der Fall ist.

Einmal kam eine Klientin wegen einer Beratung zu ihr. Als Flavia-Kate eine Einhorn-Karte zog, schluckte sie und erzählte, dass sie während der Herfahrt immer an Einhörner hatte denken müssen. Sie konnte nicht verstehen, warum sie vorher nie an sie gedacht hatte, weil sie nun plötzlich eine überwältigende Liebe zu ihnen verspürte.

Als Flavia-Kate sich auf die Energien ihrer Klientin einstimmte, konnte sie sehen, dass diese von Einhörnern umgeben war. Sie baten sie, der Frau zu sagen, dass sie mit ihr arbeiten und ihr bei ihren Heilungen helfen wollten.

EINHORN-LICHTKUGELN
(»ORBS«)

Die Engel haben uns geholfen, Digitalkameras zu entwickeln, damit spirituelle Wesen fotografiert werden können. In ihren feinstofflichen Körpern erscheinen sie uns als Lichtkugeln – dafür hat sich der Name »Orbs« eingebürgert. Wenn Sie sich ein solches Einhorn-Orb anschauen, können Sie die Energie und Eigenschaften der Einhörner durch das Bild aufnehmen. Einige dieser außergewöhnlichen Orbs finden Sie auf meiner Website www.dianacooper.com.

VERTIEFEN SIE IHRE VERBINDUNG ZU DEN EINHÖRNERN

Je unschuldiger Sie sind, desto tiefer wird Ihre Verbindung zu den Einhörnern sein. Das bedeutet, dass Sie sich immer mehr Ihrem göttlichen Kern annähern. Viel zu oft verlieren wir uns in den Erwartungen und Wünschen anderer Menschen oder in unserer eigenen Bedürftigkeit oder unserem mangelnden Selbstwertgefühl. Um Ihre Verbindung zu den Einhörner zu vertiefen, sollten Sie daher zuerst Ihr Innerstes läutern.

- Schreiben Sie die Dinge auf, die Sie davon abhalten, die zu sein, die Sie in Wirklichkeit sind, oder die Ihnen Ihre Lebensfreude rauben. Vielleicht sind das Ängste oder das Gefühl, nichts wert zu sein; vielleicht sind es die Erwartungen anderer Menschen; vielleicht sind Sie emotional oder mental zu verstrickt. Vielleicht befinden Sie sich in Situationen, Berufen oder finanziellen Umständen, die für Sie zum Gefängnis geworden sind, aus dem Sie nicht ausbrechen können. Wenn Sie die Liste fertig gestellt haben, begeben Sie sich auf die folgende innere Reise.
- Halten Sie an Ihrer Absicht fest, Ihr Innerstes zu läutern und Ihre Verbindung zu den Einhörnern zu vertiefen.
- Suchen Sie sich einen ruhigen Platz, an dem Sie ungestört sein werden.
- Schließen Sie die Augen, und stellen Sie sich vor, Sie seien von einem blauen Schutzmantel umgeben.
- Atmen Sie ruhig und gleichmäßig, bis Sie ganz entspannt sind und sich wohlfühlen.

- Stellen Sie sich vor, dass Sie einen Hügel hinaufwandern. Auf halber Höhe sehen Sie ein Gebüsch, in das Sie sich hineinzwängen. Hier sind Sie vollkommen sicher.
- In der Mitte des Gebüschs befindet sich ein großer Käfig, in dem ein Mensch sitzt, in dem Sie sich wieder erkennen. Dieser Mensch ist von Dornenzweigen, Stacheldrähten und allem möglichen Abfall umgeben.
- Nun entdecken Sie aber, dass Sie sowohl die Kraft als auch die nötigen Werkzeuge haben, um die Käfigtür aufzuschließen und die Dornen und Drähte zu beseitigen. Dadurch befreien Sie einen der reinen Aspekte ihres Selbst.
- Wenn der Käfig von allem Müll befreit ist, sehen Sie, dass der Mensch darin leuchtet. Heißen Sie diesen Aspekt von sich selbst willkommen und verschmelzen Sie mit ihm. Das mag sich entweder ganz wunderbar oder etwas merkwürdig anfühlen.
- Verlassen Sie den Käfig und das Gebüsch.
- Rufen Sie Erzengel Zadkiel an und bitten Sie ihn, das Gebüsch und den Käfig mit seinem ganzen Inhalt in der Gold und Silber violetten Flamme zu verwandeln.
- Gehen Sie nun auf einem silbernen Weg weiter den Berg hinauf.
- Vor sich sehen Sie nun ein großes weißes Orb, das auf Sie zukommt. Auch es verschmilzt mit Ihnen.
- Jetzt können Sie Ihr Einhorn fühlen, spüren oder vielleicht sogar sehen.
- Berühren Sie es, streicheln Sie es, reiten Sie auf ihm. Lernen Sie es kennen. Lassen Sie sich Zeit dabei.
- Wenn Sie das Gefühl haben, dass es genug ist, danken Sie Ihrem Einhorn dafür, dass es zu Ihnen gekommen ist.
- Öffnen Sie die Augen und kehren Sie in Ihr Zimmer zurück.
- Wenn Sie wollen, schreiben Sie Ihre Erlebnisse in Ihr Einhorn-Tagebuch.

KAPITEL 6

DIE HIERARCHIE DER EINHÖRNER

Einhörner gehören der Hierarchie der Engel an. Die Elementarwesen – zum Beispiel Feen, Kobolde, Gnome, Salamander, Meerjungfrauen, Undinen, Luft- und Wassergeister – sind ihre jüngeren Schwestern und Brüder, die den Einhörnern oft bei einfacheren Aufgaben zur Seite stehen. Darüber stehen die Engel, von denen einige Schutzengel sind, die die Aufgabe haben, sich während eines ganzen Lebens um einen bestimmten Menschen zu kümmern. Aber auch die anderen Engel helfen den Menschen, wenn sie darum gebeten werden.

Die Erzengel sind die Führer der Engel und haben ihre eigenen Aufgabenbereiche. Die bekanntesten unter ihnen sind die Erzengel Michael, Raphael, Uriel und Gabriel.

Erzengel Michael trägt das Schwert der Wahrheit und den Schild des Schutzes, deshalb ist er als der Beschützer bekannt. Er gibt den Menschen Mut und Kraft.

Erzengel Raphael ist der Engel der Heilung. Zudem hilft er Reisenden und unterstützt Menschen darin, Reichtumsbewusstsein zu entwickeln. Seine Zwillingsflamme ist Maria, die göttliche Mutter. Maria und die Einhörner haben eine sehr enge Verbindung zueinander.

Erzengel Uriel ist der Führer der Friedensengel. Er schickt seine Engel in Krisengebiete und in heikle Situationen, um den beteiligten Menschen zu helfen, sich ihrer Macht bewusst zu werden.

Erzengel Gabriel strahlt das leuchtende Weiß der Reinheit aus. Er bringt den Menschen Klarheit und Freude und arbeitet mit dem reinweißen Licht – wie die Einhörner auch.

Die Einhörner haben denselben Rang wie die Erzengel. Der König und die Königin der Einhörner haben sogar eine noch höhere Schwingung. Sie tragen Lichtkronen über ihren Köpfen, die durch die Strahlen ihrer Kronen-Chakras gebildet werden. Vor Äonen konnten sich nur der König und die Königin fortpflanzen. (Dies werde ich in Kapitel 23 noch näher ausführen.) Aber diese Gabe wurde weitergegeben, als auch andere Einhörner ein gewisses Maß an Reife und Licht erlangten.

Aufgrund ihrer großen Weisheit und ihres großen Lichts herrschen der König und die Königin über das Reich der Einhörner. Sie haben sich so weit entwickelt, dass sie diesen hohen Rang einnehmen konnten und werden verehrt und respektiert. Sie erhalten ihre Anweisungen direkt von den Seraphen oder direkt von der Quelle und ihnen untersteht das gesamte Reich der Einhörner.

Teil ihrer Aufgabe ist es, die Schwingung aller Einhörner hoch zu halten. Sie tun dies, indem sie die Vision ihrer göttlichen Vollkommenheit aufrechterhalten. Sie bestimmen auch, welche Einhörner die Erde besuchen und was sie hier tun dürfen. Natürlich arbeiten die Einhörner in vielen Universen und Dimensionen. Als Beschützer der Seelen haben sie ein riesiges Aufgabengebiet.

Der König und die Königin überwachen die Evolution der Einhörner, die durch Hingabe an den göttlichen Willen stattfindet. Daher besitzen die Einhörner auch keinen freien Willen. Ihre Herzen und Seelen sind so rein, dass sie nur dem Licht folgen können.

Es gibt andere Ränge, die den Titeln der irdischen Königshäuser ähneln – zum Beispiel Prinz und Prinzessin, Herzog und Graf. Diese Einhörner erringen ihre Titel nur aufgrund des Lichts, das sie in sich tragen. Sie steigen in diese Positionen auf, um dem König und der Königin zu dienen.

Weiß enthält alle Farben. Aber Schwarz, die Abwesenheit allen Lichts, ist geheimnisvoller. Es repräsentiert die Leere, in der die tiefsten Geheimnisse enthalten sind, aber auch Dunkelheit und Negativität. So symbolisiert ein schwarzes Pferd Gier, Kontrollsucht und Macht über andere.

PEGASUS UND DIE EINHÖRNER

Das Einhorn, das immer mit einem offenen dritten Auge dargestellt wird, ist ein erleuchtetes, allwissendes, allsehendes, allweises Wesen. Einhorn-Menschen sind erleuchtete Menschen, deren drittes Auge klar und scharf sieht. Das bedeutet nicht unbedingt, dass sie auch hellsichtig in dem Sinne sind, dass sie Bilder, Farben oder Licht in anderen Dimensionen sehen können. Viele Menschen sind einfach hellwissend: Sie wissen einfach.

Auch der Pegasus ist ein aufgestiegenes weißes Pferd, das sein Herzzentrum vollständig entwickelt hat. Deshalb wird es auch mit Flügeln dargestellt. Die Flügel der Engel sind Ausstrahlungen der Liebe aus ihren Herzen. Das trifft auch auf den Pegasus zu. Engel- oder Pegasus-Menschen sind jene, aus denen das Licht in Flügelform herausströmt. Bewusst oder unbewusst können sie ihre Flügel ausbreiten, sie um Menschen oder Tiere legen und ihnen so ein Gefühl des Friedens und der Geborgenheit vermitteln.

Der Pegasus und das Einhorn haben aber unterschiedliche Aufgaben. Aufgabe der Einhörner ist es, Menschen zu inspirieren, ihnen Hoffnung zu vermitteln, sie an ihre eigene Kraft zu erinnern und ihnen zu helfen, das Licht zu sehen. Der aus dem Herzen handelnde Pegasus hingegen soll Menschen trösten, ihnen beistehen und ihnen Geborgenheit schenken.

Wenn Sie sich erst einmal mit den Einhörnern und den Pegasoi verbunden haben, brauchen Sie noch eine weitergehende Läuterung, um mit dem König und der Königin der Einhörner in Kontakt treten zu können. Diese beiden können Ihnen auf Ihrem Weg des spirituellen Wachstums enorm weiterhelfen.

Ich begegnete dem König und der Königin zum ersten Mal während einer Meditation. Nachdem ich das Reich der Einhörner betreten hatte, öffneten sich die Türen und ein gewaltiges Licht strömte herein. Ich wurde zu den königlichen Wesen geführt und bot ihnen meine Dienste an. Ich bat auch um Heilung für meine Verletzung aus Atlantis, die für ein Problem in meinem Kehlkopfzentrum verantwortlich war. Damals sagten sie mir, dass ich noch nicht vollkommen bereit war, die Schwingung des Lichts in mir zu tragen und sie zu verbreiten – was ich unbedingt wollte. Sie sagten mir aber auch, dass ich fast so weit wäre und dass sie meine Energie halten würden.

Sie halfen mir, das Problem mit meinem Kehlkopf zu verstehen und gewährten mir Heilung. Ein paar Wochen später informierten sie mich, dass ich nun bereit sei, die höhere Schwingung in die Welt hinauszutragen.

Ich stelle Ihnen nun eine Meditationsübung vor, die Ihnen helfen wird, mit dem König und der Königin der Einhörner Kontakt aufzunehmen.

EINE MEDITATION, UM DEM KÖNIG UND DER KÖNIGIN DER EINHÖRNER ZU BEGEGNEN

- Setzen Sie sich still an einen Ort, wo Sie ungestört sein können.
- Wenn Sie möchten, zünden Sie eine Kerze an oder legen Sie sanfte, inspirierende Musik auf.
- Stellen Sie sich vor, Sie sitzen unter einem üppigen Laubbaum. Alles um Sie herum ist weich und grün.
- Vielleicht können Sie ja sogar die Vögel singen hören oder das Rascheln der Blätter im Wind.
- Ein klares, weißes Licht nähert sich Ihnen, aus dem ein Einhorn tritt. Es ist gekommen, um Sie in das Reich der Einhörner mitzunehmen.
- Begrüßen Sie das Einhorn respektvoll, und fragen Sie, ob Sie es streicheln dürfen.
- Das Einhorn lädt Sie ein, auf seinen Rücken zu steigen. Dies ist eine große Ehre, die ehrfurchtsvoll angenommen werden muss.
- Vielleicht spüren Sie ja, dass Ihr Schutzengel hinter Ihnen sitzt.
- Sie fühlen sich vollkommen sicher, während das Einhorn mit Ihnen über die Berge hinauf zu den Sternen fliegt.
- Vor sich sehen Sie nun die gewaltigen weißen Pfeiler des Tores zum Reich der Einhörner.
- Als Sie durch das Tor hindurchreiten, sehen Sie überall Einhörner, die ganz ruhig und friedlich dastehen.
- Vor Ihnen steht ein völlig weißer Pfau, der sein Rad schlägt.
- Mehrere Einhörner ehren Sie, indem sie sich um Sie herum versammeln und aus ihren Hörnern einen Sternenschauer über Sie ergießen. Dann bilden sie eine Prozession.
- Sie gehen inmitten der Einhörner zu einem verzauberten Schloss.

- Über Ihnen fliegen viele weiße Vögel durch die Luft.
- Vor dem Schloss bleiben Sie stehen und weißes Licht wird über Sie ausgeschüttet, um Sie zu läutern und Ihre Schwingung anzuheben.
- Dann treten Sie durch das Tor in das Schloss ein und gehen begleitet von den Einhörnern in die große Empfangshalle.
- Dort warten der König und die Königin der Einhörner auf Sie. Beide haben ein Horn, eine Krone und Flügel aus Licht. Sie strahlen so sehr, dass es fast schmerzt sie anzuschauen.
- Sie dürfen sich ihnen nähern und sich ehrfurchtsvoll vor ihnen verbeugen.
- Telepathisch werden Sie gefragt, wie sie Ihnen helfen können.
- Teilen Sie ihnen Ihre Bitte mit oder stellen Sie ihnen eine Frage.
- Seien Sie still und öffnen Sie sich für die Antwort.
- Empfangen Sie ihren Segen in Form eines Lichtstrahls in Ihr drittes Auge.
- Danken Sie ihnen. Gehen Sie dann rückwärts aus der Halle heraus und gehen Sie denselben Weg, auf dem Sie gekommen sind, wieder zurück.
- Verabschieden Sie sich von den Vögeln und Einhörnern.
- Kehren Sie zum Baum zurück und setzen Sie sich wieder unter ihm nieder.
- Wenn Sie so weit sind, öffnen Sie die Augen.

KAPITEL 7
EINHORN-ZEICHEN

Ich war ziemlich überrascht, als mir die Einhörner erzählten, dass sie wie die Engel auch kleine weiße Federn hinterlassen, weil sie zur Hierarchie der Engel gehören. Sie werden Ihnen eine dalassen, um Sie an ihre Gegenwart zu erinnern, Ihnen Hoffnung zu geben, Sie zu ermutigen, nicht aufzugeben, oder einfach um Ihnen zu sagen, dass sie Sie lieben und in Ihrer Nähe sind. Wenn Sie also eine kleine weiße Feder finden, können Sie sicher sein, dass Einhörner oder Engel in Ihrer Nähe waren.

Ich kenne meinen Freund Andrew Brel, der inspirierte Engelmusik komponiert, seit vielen Jahren. Zu der Zeit, als sich diese Geschichte ereignete, hatte er gerade einige Stücke mit Einhorn- und Engelmusik fertig gestellt und war deshalb seit einiger Zeit schon von ihrer Energie umgeben gewesen. Wenn er nicht komponiert oder schreibt, spielt er gerne Tennis – und zwar so ernsthaft wie leidenschaftlich. Er rief mich während der betreffenden Woche zweimal an, da er gestresst war, weil er am Samstag bei einem Turnier gegen den Vereinsmeister spielen sollte. Da sein Gegner der weitaus bessere Spieler war, gab ihm niemand eine Chance, auch nur ein einziges Spiel zu gewinnen. Dann aber geschah etwas sehr Merkwürdiges.

Am Tag vor dem wichtigen Spiel trainierte Andrew mit einem Freund. Er wollte gerade aufschlagen, als vor ihm eine weiße Feder zu Boden flatterte. Er hielt mitten im Schwung inne und sah, wie sie langsam zur Erde sank und neben ihm landete. Danach spielte er wirklich gut. Den ganzen Abend dachte er über die Feder nach. Für ihn bedeutete sie, dass es in seiner Macht lag zu gewinnen, denn die Einhörner helfen den Menschen häufig, kleinere Probleme zu überwinden.

Am folgenden Nachmittag, als der schicksalsträchtige Augenblick gekommen war, gegen seinen überlegenen Gegner anzutreten, dachte Andrew bei jedem Aufschlag an die Feder. Sie wurde sein mentaler Fokus, während er Bälle schlug, wie er sie noch nie geschlagen hatte. Plötzlich entdeckte er, dass er mehr Ausdauer besaß, als er jemals gedacht hätte. Es war unglaublich. Woher kam dies alles? Er gewann die ersten elf Spiele. Das Endergebnis lautete 6:0 und 6:1. Und wie er mir später erzählte, verlor er das einzige Spiel, als er dachte: »Wie kann ich ihn nur so demütigen? Das muss doch schrecklich für ihn sein!«

Andrew war überzeugt, dass ihm die Energie der Einhörner geholfen hatte.

Kurz nachdem ich angefangen hatte, dieses Buch zu schreiben, wollte ich mit dem Auto eine Freundin besuchen. Kaum war ich eingestiegen, sah ich eine ganze Gruppe Einhörner vor mir auf der Straße, als ob sie mich irgendwo hinführen wollten. Es waren mindestens acht oder zehn. Natürlich unterhielt ich mich mit meiner Freundin vor allem über Einhörner, und als ich zurückfuhr, dachte ich wieder an sie. Plötzlich fuhr ich durch eine Wolke aus weißen Federn hindurch. Es sah aus, als ob jemand direkt über dem Auto ein ganzes Federbett ausgeschüttet hätte. Überall waren Federn. Das ist ja unglaublich, dachte ich noch. Sind wirklich so viele Einhörner bei mir?

Einige Wochen später musste ich immer noch viel an die Einhörner denken, als mich meine wunderbare Putzfrau Michelle fragte: »Was soll ich mit all den Federn machen, die überall im Haus herumliegen?« »Wie bitte?« fragte ich völlig überrascht. Sie antwortete: »Sie liegen überall herum, und ich weiß nie, was ich mit ihnen machen soll, denn ich will sie nicht aufsaugen.« Ich bat sie, die Federn einzeln aufzuheben und sie auf einen Haufen zu legen, damit ich sie segnen und den Einhörnern und Engeln danken konnte. Was sagt das über meine Beobachtungsgabe im Haus aus? Zugegeben, ich hatte schon ein paar gesehen, aber niemals so viele, wie Michelle gefunden hatte. Heute bin ich mir der Federn in meinem Haus weitaus mehr bewusst.

Jemand hat mich einmal gefragt, warum ich glaube, dass diese Federn von Einhörnern stammen. Woher ich das weiß? Ich spürte einfach rein intuitiv, dass sie von diesen herrlichen Geschöpfen stammen, weil ich mich gerade so intensiv mit ihnen befasst hatte. Ich spüre immer die Nähe der Engel, aber die Einhörner waren erst seit ein paar Wochen in meiner

Nähe, daher hatten sie mir ihre Anwesenheit auf diese Weise kundgetan. Ich fand es noch interessant, dass sie erst die Aufmerksamkeit eines anderen Menschen erregen mussten, damit dieser mich darauf aufmerksam machte.

EINHORN-GESCHENKE

Mir ist aufgefallen, dass es heute mehr Einhornfiguren aus Glas, Blei, Porzellan oder anderen Materialien in den Geschäften gibt als je zuvor.

Meine Freundin Heather, die jetzt 86 Jahre jung ist, hat eine enge Beziehung zu den geistigen Welten. Sie sieht Elfen, bestimmte Elementarwesen und Engel und kommuniziert mit ihnen. Natürlich liebt sie Einhörner.

Joyce, ihre Putzfrau, ist eine sehr bodenständige und vernünftige Frau, die seit vielen Jahren für sie arbeitet. Joyces Schwester hingegen ist verträumt, künstlerisch begabt und sehr kreativ. Sie wusste nichts von Heathers Talenten oder ihren Interessen und hatte sie auch nur ein paar Mal gesehen.

Als Joyces Schwester eines Tages in einem Geschenkladen stand, hatte sie plötzlich das Gefühl, jemand würde ihr über die Schulter blicken, aber als sie sich umdrehte, war niemand da. Verblüfft drehte sie sich wieder um und sah direkt auf ein wunderbares Porzellaneinhorn, auf dessen Rücken eine Fee ritt. Im selben Moment sagte eine Stimme in ihrem Kopf: »Heather!« Sie kaufte es und ließ es in Geschenkpapier einwickeln. Dann gab sie es ihrer Schwester, die es Heather überreichte. Heather war überglücklich, denn sie wusste sofort, dass dies ein Geschenk der Einhörner war. Sie liebt das Porzellaneinhorn über alles.

Als mir Heather diese Geschichte erzählte, fiel ihrer Freundin Mary, die auch anwesend war, eine andere ein. Sie war mit Heather im Urlaub in Irland gewesen. Mary fuhr und Heather sah aus dem Fenster. Sie erblickte ein kleines Kind, das auf einem Pony ohne Sattel in halsbrecherischem Tempo durch das Moor ritt. Als Mary und Heather den Bauernhof am Ende der Straße erreichten, stand das Pony schwitzend dort, aber vom Kind war keine Spur zu sehen. Auf dem Bauernhof gab es nämlich gar kein Kind.

Als Heather sich an die Fröhlichkeit und Verspieltheit des Kindes auf dem Pony erinnerte, wurde ihr plötzlich klar, dass es sich um ein Elfenkind gehandelt haben musste. Einige Tage, nachdem sie mir diese Geschichte erzählt hatte, sah ich meine Notizen über Einhörner durch und entdeckte folgenden Eintrag: »Einhörner sind frei und ertragen weder Sattel noch Zaumzeug, aber weil sie großzügig und liebevoll sind, lassen sie manchmal zu, dass sie der Geist eines Menschen reitet. Dieses ist eine unglaubliche Ehre und sollte niemals als selbstverständlich hingenommen werden. Auch Wesen aus dem Reich der Elementargeister reiten manchmal auf ihnen, zum Beispiel Elfen.«

ANDERE ZEICHEN

Wenn Einhörner möchten, dass man an sie denkt, oder die Aufmerksamkeit auf sich lenken wollen, werden sie einen Weg finden. Vielleicht geht plötzlich jemand an Ihnen vorbei, der ein Einhorn-T-Shirt trägt, oder Sie sehen ein Einhornschild über einer Bar oder einem Café. Wie bei Heather kann es auch sein, dass Ihnen jemand eine Einhornfigur oder eine Karte mit einem Einhorn schenkt. Es kann auch sein, dass Sie ein Einhorn-Orb auf einem Foto sehen, das Sie oder eine Freundin aufgenommen haben. Es ist immer gut, die Augen offen zu halten. Das erleichtert den Einhörnern ihre Arbeit enorm.

WEISSE BLUMEN

In einem meiner früheren Bücher erzählte ich von meiner verwitweten Freundin Pauline, die eine White-Eagle-Heilerin ist. Eines Nachmittags kam Pauline zu mir, und ich lud sie zu einem Spaziergang ein, denn ich wollte ihr etwas ganz Besonderes zeigen. Es war ein milder Frühlingstag, und wir wanderten im Sonnenschein zu einem Flussufer, wo weiße Veilchen wuchsen. Als Pauline sie sah, schluckte sie und sagte dann, dass ihr vor ein paar Tagen ein Medium gesagt hatte, ihr Mann würde an einer Stelle auf sie warten, wo weiße Veilchen blühen. Die Energie dieses Ortes war unglaublich.

Erst als ich später erfuhr, dass sie Einhörner liebte, wurde mir klar, dass auch ein Einhorn dort gewesen war. Wenn ich nun weiße Veilchen sehe, denke ich nicht nur an Pauline, sondern auch an die Einhörner. Dann frage ich mich immer, welche Botschaft sie wohl für mich haben.

Ich bekam einmal eine E-Mail von einer Freundin, die gerade aus Südafrika zurückgekehrt war. Sie schrieb: »Du hast einmal erwähnt, dass Einhörner weiße Blumen lieben, besonders die exotischen Liliensorten. Oft habe ich gehört, dass du gesagt hast, Nelson Mandela sei von der Energie der Einhörner berührt worden. Auf meiner letzten Südafrikareise sah ich große weiße Blumen an den Wegrändern wachsen, wusste aber nicht, wie sie hießen. Bei einem Ausflug nach Robben Island, wo Nelson Mandela 18 seiner 27 Gefängnisjahre verbracht hatte, konnte ich mir eine dieser Blumen genauer ansehen. Sie hatte eine wunderschöne Trompetenform, die einen Durchmesser von etwa 15 Zentimetern hatte. Es schien mir mehr als nur ein Zufall zu sein, dass diese schöne Blume ausgerechnet dort wachsen sollte, wo Mandela die schlimmste Zeit seines Lebens verbracht hatte. Erst als ich wieder nach Hause kam, fand ich heraus, dass es sich um eine Calla gehandelt hatte.«

Die Einhörner sagten mir, dass sie Nelson Mandela während seiner Gefängniszeit unterstützt hatten. Er hatte sich ihre Hilfe verdient, war sich dessen aber sicher nicht bewusst. Sie halfen ihm, die seelische Kraft und Charakterstärke zu entwickeln, die er brauchte, um diese Prüfung zu meistern. So kehrte er als weiser Führer aus dem Gefängnis zurück.

EINHORN-ZEICHEN

Schreiben Sie eine Woche lang jedes Zeichen der Einhörner auf, das Sie sehen oder hören. Es wird Sie vielleicht überraschen, wie viele es sind.

KAPITEL 8

DAS HORN DES EINHORNS

In den meisten Kulturen existieren Geschichten über mystische Wesen, denen ein gedrehtes Horn aus dem dritten Auge in der Mitte der Stirn wächst – also aus dem Chakra der Erleuchtung, Weitsicht und Weisheit. Die Spirale erzeugt einen starken nach außen gerichteten Energiewirbel. Sie gilt als weibliches Symbol, weil sie die Macht besitzt, Blockaden auf allen Ebenen aufzulösen.

Eine sich im Uhrzeigersinn drehende Spirale führt Energie zu, während eine im Gegenuhrzeigersinn drehende alte Energien abzieht.

WEISSE UND GOLDENE HÖRNER

Manchmal werden Einhörner mit einem weißen und manchmal mit einem goldenen Horn dargestellt. Ich habe mich schon immer gewundert, warum das so ist. Als ich die Einhörner danach fragte, antworteten sie mir, dass das Gold seines Horns umso dunkler wird, je mehr sich das betreffende Einhorn entwickelt und dass Gold auf große Weisheit hindeutet. Ein junges Einhorn hat ein weißes Horn, das erst weißgold wird und später eine satte goldene Farbe aufweist.

Wie aber entwickeln sich Einhörner? Schutzengel entwickeln sich, wenn sich die in ihrer Obhut befindlichen Menschen weiterentwickeln. Aber Einhörner entwickeln sich durch das Ausmaß ihres Dienens. Je höher die Qualität des Lichtes ist, das aus ihrem Horn strömt, desto weiter sind sie entwickelt.

HEILENDE HÖRNER

Ein Thema, das in allen Mythen wiederkehrt, ist das von der Heilkraft des Horns und hier besonders seiner Macht, Gifte zu neutralisieren, was nichts weiter bedeutet, als dass das Horn Böses abwehren kann.

DIE GESCHICHTE DES VERGIFTETEN TEICHES

In einer populären asiatischen Geschichte kommen die Tiere des Waldes jeden Tag an einen Teich, um dort zu trinken. Sie sind alle sehr nervös und haben Angst voreinander. Eines Tages kriecht eine Schlange zum Teich und spuckt ihr Gift hinein. Als die Tiere abends kommen, riechen sie das Gift und trauen sich nicht zu trinken. Eines von ihnen wird ausgeschickt, das Einhorn zu finden und es um Hilfe zu bitten. Während sie warten, kuscheln sich die Tiere aneinander, um sich so gegenseitig zu beschützen. Dabei fangen sie an, miteinander zu reden. Als das wunderbare Einhorn erscheint, taucht es sein Horn in das Wasser, woraufhin das Gift unschädlich gemacht wird. Nun können die Tiere wieder ihren Durst stillen.

Diese Geschichte zeigt, wie das Dunkle dem Licht dient. Weil die Schlange ihr böses Gift verspritzt, sind die Tiere gezwungen, miteinander zu kommunizieren und zu kooperieren, um gemeinsam Hilfe zu suchen. Sie lernen auch, die Macht des Guten zu würdigen.

DAS KREUZSYMBOL

In einigen Versionen der Geschichte vom vergifteten Teich macht das Einhorn mit seinem Horn das Kreuzzeichen über dem Wasser. Schon das reicht aus, um das Böse zu vertreiben.

Das Kreuz ist ein sehr machtvolles Symbol. Durch die vertikale Linie kommt der Himmel auf die Erde, die horizontale Linie – von links nach rechts gezogen – bringt die Absicht, in diesem Fall die Reinigung des Wassers, aus der nicht materiellen Welt in die materielle.

DAS MITTELALTER

Im Mittelalter galt das Horn eines Einhorns als sehr wertvoll, da man damit Wasser reinigen, Gifte neutralisieren und alle Krankheiten heilen konnte. In einigen europäischen Ländern trug ein Diener das, was man für das Horn des Einhorns hielt, um die Festtafel und berührte damit die Speisen und Getränke, um herauszufinden, ob sie vergiftet waren.

Riesige Geldsummen wurden für pulverisiertes Horn ausgegeben. Im 16. Jahrhundert soll Königin Elisabeth I. 10 000 Pfund für ein Horn bezahlt haben, aus dem dann das königliche Szepter gefertigt wurde, das bis heute in der königlichen Schatzkammer aufbewahrt wird. Hörner und Zähne werden immer noch benutzt, um symbolisch königliche Throne, Triumphbögen und wichtige Orte zu beschützen. Dabei handelt es sich aber um die Hörner oder Stoßzähne von Walen, Elefanten, Nashörnern, Antilopen oder anderen Geschöpfen, die als Einhörner durchgehen könnten.

NASHÖRNER

Ich habe das Gefühl, das gute alte Nashorn hat so viel erleiden müssen, weil die Menschen sich im kollektiven Unbewussten daran erinnern, dass ein gehörntes Geschöpf ein besonders machtvolles Wesen ist, dessen Horn Heilung und Läuterung bringen kann. Die Menschheit hat dieses höhere Wissen auf ein physisches Tier mit einem Horn übertragen. Als Folge davon wurde dieses riesige Tier wegen des Aberglaubens gejagt, sein Horn habe neben heilenden und magischen Kräften auch eine aphrodisische Wirkung und man könne damit Gifte entdecken.

ERLEUCHTUNG

Die meisten Menschen leben ihr Leben, als ob es eine Seifenoper im Fernsehen wäre, und verlieren sich völlig im Drama ihrer Lebensumstände. Der ganze Schmerz, all die Verletzungen, die Eifersucht, Wut und Liebe machen hochgradig süchtig, und solange wir an diesem Spiel teilnehmen, fühlen wir uns lebendig. Zugegebenermaßen auch unglücklich, aber immerhin lebendig.

Wenn Sie sich weiterentwickeln, können Sie aus dem Spiel aussteigen und beobachten, wie sich das Drama Ihres Lebens entfaltet, ohne aktiv daran teilzunehmen. Sie beobachten einfach, analysieren, was Sie dazu beitragen, und entscheiden sich, was Sie anders und bewusster tun können.

Wenn Sie an diesem Punkt angelangt sind, kann es sein, dass ein Einhorn auftaucht, um Ihnen beim nächsten Schritt zu helfen. Der besteht nämlich darin, sich ganz aus dem Spiel zurückzuziehen und das Leben aus einer völlig anderen Perspektive zu betrachten.

Das Horn des Einhorns, das aus seinem dritten Auge hervorwächst, ist das sichtbare Zeichen der Erleuchtung, denn Einhörner sind vollkommen erleuchtete Wesen. Sie können uns Vorbilder und Führer sein.

*

*Mit einem erleuchteten Bewusstsein
können Sie ganz Sie selbst sein – zufrieden mit ihrer Situation
und fähig, in allem das Göttliche zu sehen.*

*

Wenn Sie bereit sind, diesen nächsten Schritt zu tun, sollten Sie nicht überrascht sein, wenn Sie spüren, dass Sie ein unsichtbares Pferd anstupst, oder wenn Sie die Nähe eines Einhorns spüren oder von einem träumen. Dann werden Sie wahrscheinlich auch in der Lage sein, das Licht in allen Menschen und Dingen zu sehen, oder ganz einfach ein tiefes Gefühl der Zufriedenheit erfahren.

Erleuchtung ist einfach. Es ist im Grunde nichts weiter als ein Seinszustand. Erleuchtung ist Akzeptanz. Man kann nicht danach suchen, denn es gibt nichts zu finden. Erleuchtung ist Ihre Essenz und Ihr Geburtsrecht.

Viele Menschen haben verschiedene Grade der Erleuchtung erlangt. Manche Menschen haben einen Moment der Erleuchtung, in dem es Ihnen scheint, als werde plötzlich das Licht angeschaltet. Danach sind die Dinge niemals mehr das, was sie vorher waren, denn nun sehen sie das Göttliche in allen Menschen und Dingen. Es kann aber auch sein, dass das Erlebnis allmählich wieder verblasst. Aber nichts kann es völlig aus der Erinnerung löschen.

ERLEUCHTUNGSMEDITATION

Das Ziel dieser Meditation besteht darin zu lernen, in allem das Göttliche zu sehen. Das geht nur, wenn die höheren Funktionen Ihres dritten Auges aktiviert werden.

Manchmal ist es hilfreich, sich daran zu erinnern, dass die Nacht kurz vor Sonnenaufgang am dunkelsten ist. Das trifft nämlich auch auf das Bewusstsein zu. Je stärker das Gefühl ist, niemals das Licht sehen zu können, desto näher ist man ihm.

Sie können diese Visualisierungsübung so oft machen, wie Sie möchten.

- Suchen Sie sich einen ruhigen Ort, an dem Sie ungestört sein werden.
- Bitten Sie die Einhörner, einen Mantel aus Christus-Bewusstsein um Sie zu legen, der Sie beschützt.
- Sitzen Sie bequem und konzentrieren Sie sich auf die Atmung. Spüren Sie, wie die Luft kühl in Ihre Nasenlöcher einströmt, und entspannen Sie die Wirbelsäule, wenn Sie ausatmen. Wiederholen Sie dies zehnmal. Atmen Sie dann zehnmal in das rechte Knie ein und durch das linke aus. Spüren Sie, wie Sie sich mit jeder Ausatmung mehr entspannen.
- Bitten Sie Ihr Einhorn näher zu kommen. Vielleicht spüren Sie, wie es Sie anstupst, oder fühlen ein Kribbeln, wenn es in Ihr Energiefeld eintritt.
- Bitten Sie es, Ihr drittes Auge mit seinem Lichthorn zu berühren. Bleiben Sie danach eine Weile lang still sitzen.
- Stellen Sie sich Ihr drittes Auge als einen großen Ball vor, der vor Ihnen schwebt. Wie sieht er aus? Welche Farbe hat er? Wie viele Türen oder Bereiche sind noch verschlossen? Wie weit sind Sie noch von der Erleuchtung entfernt?
- Bitten Sie das Einhorn, eine Tür zu öffnen. Wenn sie offen ist, gehen Sie hinein.
- Wen oder was finden Sie dort?
- Geben Sie jedes Urteilen auf. Segnen Sie einfach, wen oder was Sie dort finden. Betrachten Sie es aus einer höheren Perspektive und bitten Sie Ihr Einhorn um Rat.
- Wenn Sie die göttliche Botschaft verstehen, die in dem enthalten ist, was Sie jetzt sehen, dann kann diese Tür in Ihrem dritten Auge offen bleiben und Sie werden mehr Licht in sich tragen.
- Danken Sie dem Einhorn.
- Öffnen Sie die Augen.

KAPITEL 9

DIE ROLLE VON EINHÖRNERN UND ENGELN

Obwohl sowohl Engel als auch Einhörner zur Hierarchie der Engel gehören, haben sie doch unterschiedliche Aufgabenbereiche. Natürlich gibt es einige Überschneidungen, da beide aus Liebe und Mitgefühl handeln, aber da wir Menschen den freien Willen besitzen, müssen wir uns entscheiden, wen wir um Hilfe bitten wollen.

HERZ UND SEELE

Einhörner arbeiten auf der Seelenebene mit uns. Sie helfen uns, unsere Bestimmung zu erfüllen und bringen Freude und Glück in unser Leben. Wenn Sie große und noble Ideale haben, werden sich die Einhörner von Ihnen angezogen fühlen, Ihre Ziele unterstützen und Ihnen Kraft geben. Wenn Ihre Absichten rein sind, Sie aber beginnen, die Hoffnung zu verlieren, werden die Einhörner Sie ermutigen und unterstützen. Wenn Sie wegen Ihrer hohen Ideale belächelt werden, werden sie Ihnen Mut geben und Ihnen helfen, Ihre Würde zu bewahren. Wenn Ihr Licht rein und unschuldig ist, werden die Einhörner es noch heller und größer erstrahlen lassen.

Wenn Sie ein Friedensstifter sein möchten, die Gesellschaft oder die Situation der Kranken, Ungebildeten oder Armen verbessern möchten, dann wird sich ein Einhorn zu Ihnen hingezogen fühlen. Es wird Ihnen Türen öffnen und Ihnen Kraft geben. Wenn sich Ihre Seele nach etwas sehnt, wird Ihnen das Einhorn den Weg erhellen und Ihnen helfen, dass sich Ihr Wunsch erfüllt.

Ein Opfer fühlt sich machtlos und sucht jemanden, der es rettet und sich um es kümmert. Einhörner reagieren niemals auf Menschen mit einem Opferbewusstsein, denn ihre Aufgabe ist es, alle hohen Ziele zu ermutigen und zu unterstützen. Natürlich werden sie jemandem helfen, der sich in Gefahr befindet, wenn dies im Interesse des Allgemeinwohls ist.

Schutzengel reagieren auf die Wünsche des Herzens. Wenn Sie verzweifelt sind, wird Ihr Schutzengel kommen und Sie trösten. Er wird versuchen, Sie aufzumuntern, und Ihnen helfen, Ihr Glück zu finden. Schutzengel suchen ständig nach Wegen, um Ihnen Liebe zu bringen – wenn Sie dafür bereit sind. Sie werden Ihnen das Leben erleichtern, indem sie Ihnen zum Beispiel helfen, einen Parkplatz, ein passendes Geschenk oder die richtige Richtung zu finden. Sie können auch mit einem anderen Menschen kommunizieren, indem Sie Ihren Engel bitten, mit dem Engel des Betreffenden zu reden. Auf diese Weise können viele Probleme gelöst werden, die auf der Persönlichkeitsebene nur schwer lösbar sind.

Ihr Schutzengel ist im Besitz des göttlichen Plans für Ihr Leben und flüstert Ihnen Ratschläge ins Ohr. Er erinnert Sie ständig daran, dass Sie auch andere – bessere – Entscheidungen treffen könnten, aber natürlich haben Sie den freien Willen, diese Ratschläge zu ignorieren. Viele Menschen haben schon den Gesang der Engel gehört, denn die Engel singen häufig über uns – zum Beispiel im Schlaf –, um unsere Schwingung zu erhöhen oder uns zu trösten.

EINE GESCHICHTE

Ich kannte einmal einen Arzt, der wirklich überhaupt nichts mit Spiritualität am Hut hatte, bis er eines Tages im Haus eines Freundes einem Medium vorgestellt wurde. Ein paar Tage später klärte ihn der Sohn eines anderen Freundes über Auras auf und erzählte ihm, dass er sie schon immer sehen konnte. Der Arzt war völlig verblüfft. Am selben Abend besuchte er meine Website www.dianacoopermovies.com und sah sich meine verschiedenen Fernsehauftritte an. Er erfuhr, dass jeder Mensch einen Schutzengel hat, der ihm hilft, wenn er darum gebeten wird, und dass es ganz leicht ist, Verbindung zu ihm aufzunehmen. Also legte er sich aufs Bett und bat darum, dass ein Engel erscheinen möge.

Augenblicklich erschien ein dunkelblaues Licht über ihm. Und schon bald floss auch Gold mit ein. Fasziniert sah er zu, wie die Farben einen Wirbel formten und begannen, in sein drittes Auge zu strömen. Es war ein außergewöhnliches Erlebnis, und er war sich sicher, dass er einen Engel gesehen hatte. Er stellte dem Engel eine Frage, auf die er noch am selben Wochenende eine unerwartete Antwort bekommen sollte.

Er übernachtete bei einer Freundin, als er nachts plötzlich herrliche Kirchenmusik hörte. Am Morgen fragte er seine Freundin, welche CD sie nachts noch aufgelegt hatte. Sie antwortete, dass sie die ganze Nacht geschlafen hatte und dass überhaupt keine Musik gespielt hätte. Völlig verwirrt ging er in einen Buchladen und kaufte sich mein erstes Engel-Buch *A Little Light on Angels*[4]. Als er es aufs Geratewohl durchblätterte, öffnete sich die Seite über die Gesänge der Engel.

Er erzählte mir, dass am nächsten Tag ein Baby aufhörte zu schreien, als er es auf den Arm nahm. Als ihm das Baby in die Augen sah, hatte er das Gefühl, eine Verbindung von Seele zu Seele hergestellt zu haben. Das war etwas, was er noch nie zuvor erlebt hatte. Aber das sollte nur der Anfang sein. Seit dem Tag des Erscheinens des Engels reagierten seine Klienten, besonders Babys und Kinder, völlig anders auf ihn. Seither ist er ein spiritueller Heiler geworden, und während ich dies schreibe, warten die Einhörner darauf, mit ihm zu arbeiten.

FÜHRUNG UND SCHUTZ

Wann immer ich ins Auto steige, danke ich den Engeln und Einhörnern dafür, dass sie mich beschützen und führen. Oft spüre ich, dass sich mehrere Einhörner vor dem Auto befinden, die mir den Weg bereiten. Die Lichtpferde schweben immer einen halben bis einen Meter über dem Boden. Das verhindert allerdings nicht immer, dass ich mich verfahre! Aber ich gehe davon aus, dass an den Orten, an die es mich »versehentlich« verschlägt, Einhornenergie gebraucht wird.

---

4 Deutsch: *Der Engel-Ratgeber. In jeder Lebenslage Schutz, Beistand und Trost durch die himmlischen Wesen finden.* Ansata, München 2003

*

Bitten Sie die Engel oder Einhörner um Schutz und Führung für Ihr Leben. Je mehr Sie mit ihnen sprechen und je öfter Sie Kontakt zu ihnen aufnehmen, desto näher kommen Sie ihrer wundervollen Energie und ihren wundersamen Eigenschaften.

*

HEILUNG

Sowohl Engel als auch Einhörner können heilen, denn alle Wesen der siebten Dimension sind dazu fähig. Sie können Ihre spirituellen Energiezentren, die Chakras, berühren und so Licht in Ihren Körper leiten. Oder sie schütten die heilende Energie über Ihnen aus.

Rebecca hatte noch nie mit Einhörnern gearbeitet. Sie hatte Schmerzen im Bein, und ich schlug vor, die Einhörner anzurufen und sie zu bitten, heilende Energie in die schmerzende Stelle zu leiten. Wir spürten beide, dass ein wunderschönes Einhorn zu uns kam, und Rebecca konnte spüren, wie sich in ihrem Bein etwas veränderte. Dann war der Schmerz schlagartig verschwunden. Einhörner senden hochfrequentes Licht aus ihren Hörnern, wodurch Blockaden oder karmische Faktoren aufgelöst werden, die den Schmerz verursachen.

RETTUNG AUS NOT UND GEFAHR

Wann wird man von einem Einhorn gerettet und wann von einem Engel? Wenn Ihre Zeit zu sterben noch nicht gekommen ist oder es nicht Ihr Karma ist zu leiden, wird Ihr Schutzengel einschreiten und Sie retten. Aber auch Ihr Einhorn wird Ihnen helfen. Genau wie Engel so reagieren auch Einhörner aus reinem Mitgefühl, wenn sie zu Hilfe gerufen werden – besonders dann, wenn die betreffende Person eine enge – möglicherweise sogar unbewusste – Beziehung zu seinem Einhorn hat.

Ein Mann erzählte mir, dass er einmal fast ertrunken wäre, aber von einem weißen Pferd über Wasser gehalten worden war, bis Hilfe kam. Es ist interessant, dass der weiße Schaum auf den Wellenkronen im Englischen »White Horses« (weiße Pferde) genannt wird, weil die Seeleute des Altertums sahen, wie ihre über Bord gegangenen Kameraden von Einhörnern über Wasser gehalten wurden.

Als Kathy Crosswell und ich uns für unsere Bücher *Enlightenment Through Orbs* und *Ascension Through Orbs* Hunderte Fotos ansahen, auf denen Orbs zu sehen sind, stießen wir auch auf eine Reihe von Fotos, die im Abstand von weniger als einer Minute aufgenommen worden waren. Auf einem von ihnen sieht man Einhörner und Elfen gemeinsam durch einen Sturm fliegen, um schiffbrüchigen Menschen auf See und den Tieren des Meeres zu helfen. Da die Gewalt eines Sturms bestimmte Menschen dazu bringt, sich ins Wasser zu stürzen, patrouillierten die Einhörner auch am Strand, um gefährdete Menschen davon abzuhalten sich umzubringen.

SEGNUNGEN

Sie können sowohl die Engel als auch die Einhörner bitten, Menschen, Orte und Situationen durch Sie zu segnen. Näheres steht im Kapitel 14 »Der Segen der Einhörner«.

EINE ÜBUNG FÜR HERZ UND SEELE

- Nehmen Sie sich zwei Blatt Papier. Schreiben Sie auf das eine: »Dinge, die mein Herz zum Singen bringen« und auf das zweite: »Dinge, die meine Seele erfüllen«.
- Führen Sie auf dem ersten Blatt all die Dinge auf, die Sie glücklich machen – gleich ob Sie sie schon haben oder sich wünschen. Dazu gehören ein guter Job, eine erfüllende Liebesbeziehung, Erfolg bei einem bestimmten Unterfangen oder sogar ein neues Auto.
- Schreiben Sie auf dem zweiten Blatt all das auf, was Sie ganz tief befriedigt, völlig erfüllt und Ihnen das Gefühl gibt, mit dem Göttlichen verbunden zu sein. Dazu gehören zum Beispiel liebevolles Dienen, künstlerische oder kreative Tätigkeiten, Musik, Meditation, Aufenthalt in der Natur oder ein Kind – wenn das die Sehnsucht Ihrer Seele sein sollte.

EINE VISUALISIERUNGSÜBUNG

- Suchen Sie sich einen ruhigen Ort, an dem Sie nicht gestört werden.
- Sorgen Sie für eine liebevolle Atmosphäre, indem Sie sanfte Musik auflegen, eine Kerze oder Räucherstäbchen anzünden, einen kleinen Altar bauen oder ein paar Blumen aufstellen, um die Energie anzuheben.
- Schließen Sie die Augen, und spüren Sie, dass Ihre Lider schwerer werden. Konzentrieren Sie sich während der Ausatmung auf Ihre Zehen, und spüren Sie, wie sie sich entspannen. Machen Sie das mit dem ganzen Körper: Entspannen Sie die Füße, die Fußgelenke, die Waden, die Knie, die Schenkel, den Bauch, das Kreuz, die Wirbelsäule, den Nacken, die Brust, die Schultern, die Arme, die Hände, das Gesicht und die Kopfhaut.
- Bitten Sie Erzengel Gabriel, Sie in eine weiße Schutzkugel zu hüllen.
- Stellen Sie sich vor, Sie stünden auf einer Waldlichtung. Vielleicht können Sie ja sogar das feuchte Gras und die Blumen riechen, einen Bach plätschern hören oder die angenehm warme Sonne auf Ihrem Gesicht spüren.
- Ihr Schutzengel geht über die Lichtung auf Sie zu. Bei ihm ist ein herrliches weißes Einhorn. Die beiden kommen direkt auf Sie zu.
- Erzählen Sie Ihrem Schutzengel von Ihren Herzenswünschen. Bitten Sie ihn um Hilfe und Rat, wie diese Dinge Ihr Leben besser machen können. Warten Sie auf eine Antwort.
- Erzählen Sie Ihrem Einhorn von den Sehnsüchten Ihrer Seele und warten Sie auf eine Antwort.
- Ihr Schutzengel legt seine Hände von vorn und hinten auf Ihr Herz. Vielleicht spüren Sie ja, wie seine Liebe in Sie einströmt, während er Ihr Herz öffnet, um Ihre Wünsche Wirklichkeit werden zu lassen.
- Ihr Einhorn berührt Ihr drittes Auge mit dem Licht seines Horns. Vielleicht spüren Sie ja, dass mehr Seelenenergie in Sie einströmt.
- Ihr Engel und Ihr Einhorn hüllen Sie in sanftes, rosafarbenes Licht, damit Sie die höheren Energien besser integrieren können.
- Bedanken Sie sich bei den beiden und öffnen Sie die Augen.

KAPITEL 10

EINHÖRNER UND KINDER

Babys und kleine Kinder sind dem Geistigen gegenüber offener, sie reagieren besonders auf Elfen und Einhörner. Aus diesem Grund sind ja so viele Spielzeuge mit Einhörnern oder Elfen verziert. Ich kenne viele Geschichten über Einhorn-Partys, aber hier ist eine Geschichte über eine Einhorn-Torte.

DIE EINHORN-TORTE

Margi war gerade in ihr neues Heim in einem Gebäudekomplex in Johannesburg eingezogen. Der Baumeister war ein großer, grober Mann, also in etwa der letzte Mensch, der etwas über Einhörner wissen könnte – dachte sie. Eines Tages sagte er, er wolle Margi im Haus nebenan etwas zeigen. Sie folgte ihm ins Nachbarhaus, und er zeigte ihr in der Küche eine Einhorn-Torte, die er zum Geburtstag seiner Enkelin gebacken hatte. Die Torte war ganz und gar mit Einhörnern dekoriert und er hatte sogar für jedes Kind ein kleines Einhorn aus Zucker gemacht. Dann fragte er Margi: »Meinen Sie, sie wird ihr gefallen?«

Margi antwortete: »Nein!«, woraufhin er ein furchtbar enttäuschtes Gesicht machte. Schnell fügte sie hinzu: »Sie wird ihr nicht nur gefallen, sie wird verrückt danach sein.« Der große Mann strahlte und fragte entzückt: »Meinen Sie wirklich?«

Als sie ihn am nächsten Montag wieder sah, fragte sie ihn, wie die Party gewesen war. »Es war einfach fantastisch. Sie liebte die Torte und die anderen Kinder liebten ihre Zuckereinhörner. Es war ein riesiger Erfolg!«

VORGEBURTLICHE BETREUUNG

Heute, wo so viele erleuchtete Indigo-, Regenbogen-, Sonnen- und Kristallkinder geboren werden, die eine besonders hohe Schwingung haben, versammeln sich die Einhörner um sie und unterweisen sie bereits vor ihrer Geburt. Ihre Seelen versammeln sich in kleinen Sechser- oder Siebenergruppen, um auf den inneren Ebenen unterwiesen zu werden. Gelegentlich unterrichten die Einhörner aber auch eine größere Klasse.

Die Einhörner haben schon immer vor der Geburt Kontakt mit jenen Seelen aufgenommen, die eine besondere Mission auf Erden haben und die Menschheit in irgendeinem Bereich voranbringen sollen. Sie pflanzen einen Stern in ihre Auras, damit sie sie wiederfinden können, wenn die Menschen in die Wolke der irdischen Negativität eintreten. Engel und Einhörner bemühen sich nach Kräften, diese Kinder aufzuspüren und ihnen zu helfen.

Sie platzieren fünfstrahlige Sterne in die Auras jener Seelen, die danach streben, sich selbst zu vervollkommnen, damit sie durch ihr eigenes Wachstum anderen helfen können. Sie platzieren einen sechsstrahligen Stern in die Auras derjenigen, die eine Vision haben, wie der Himmel auf die Erde gebracht werden kann.

Einige Wenige, die besonders dafür ausgebildet worden sind, ein Aufstiegsteam zu leiten, werden mit einem siebenstrahligen Stern gekennzeichnet.

Ein weiterer Grund, warum die erleuchteten Kinder vom Orion besonders betreut und ausgebildet werden, besteht darin, dass so viele von ihnen mit der schweren Schwingung der Erde nicht fertig werden können. Es kommt vor, dass sich ein Teil ihrer Seele wieder zurückzieht. Dies wird dann von Ärzten als Autismus oder autistische Tendenz bezeichnet. Die Energie der Einhörner hilft ihnen, sich besser in unserer Realität zurechtzufinden.

REITEN

Ich kenne ein kleines Mädchen, das ein echter Grenzfall ist. Sie ist manchmal hypernervös, manchmal zieht sie sich wieder völlig zurück. Auf jeden Fall stellt sie eine große Herausforderung für ihre Eltern dar. Ihre Mutter meldete sie mit ihren Freundinnen für eine Ballettklasse an, aber sie weigerte sich daran teilzunehmen. Zur Begründung sagte sie, sie liebe zwar die Geschichten über *Angelina Ballerina*[5] und auch übers Ballett, aber sie selbst wolle es nicht lernen. Also versuchte es die Mutter mit Schwimmunterricht. Nein, daran war sie auch nicht interessiert. Und Gymnastik war sowieso langweilig. Da bot ihr ihre Mutter Reitunterricht an, was sie begeistert annahm.

Während der ersten Reitstunde saß das Mädchen eine halbe Stunde auf dem Pferd, das vom Trainer an der Longe geführt wurde. Sie geriet in einen Zustand der Verzückung und wollte nicht absteigen. Der Zustand hielt sogar noch an, als sie schon lange wieder zu Hause waren. Jede Woche spielte sich dieselbe Szene ab. Durch den Kontakt mit dem Pferd geriet das Mädchen in eine andere Welt, wo sie Frieden und Ruhe finden konnte.

Ich vermute, dieses besondere Kind konnte Verbindung mit der Einhornenergie herstellen, während sie auf dem Pferd saß. Das ermöglichte es ihr, sich sicher und geborgen zu fühlen. Es war ihre Zeit der spirituellen Kontaktaufnahme.

KINDER SEHEN EINHÖRNER

Flavia-Kate, die mit Einhörnern arbeitet, schrieb mir: »Kinder waren die Ersten, die die Einhörner in meiner Nähe bemerkten. Ich halte viele Vorträge, zu denen die Zuhörer oft auch Kinder mitbringen. Kinder besitzen eine ganz natürliche spirituelle Sichtweise, und es ist mir immer eine große Freude, wenn Kinder nach einer Sitzung zu mir kommen und rufen: ›Wir können deine Einhörner sehen!‹«

---

5 Deutsch: Craig, Helen and Katharine Holabird: *Angelina Ballerina*. Dorling Kindersley Verlag, Starnberg 2002

KINDER UND DAS REICH DER EINHÖRNER

Bevor ich nachts einschlafe, stelle ich mir manchmal vor, dass ich meine Enkel, die jetzt zwei und fünf sind, mit in einen wunderschönen heiligen Garten nehme, wo wir die Einhörner treffen. Dort reiten wir auf ihnen und sie zeigen uns das ganze Reich der Einhörner. Zuerst ritten wir gemeinsam auf einem riesigen Einhorn, aber nach und nach fingen sie an, ihre eigenen kleinen Einhörner zu reiten. Sobald sie einmal im siebten Himmel sind, spielen sie mit diesen großartigen Geschöpfen und empfangen reine Energie, Heilung und Wissen. Ich glaube, dass ihre Seelen auf einer gewissen Ebene bei mir sind. Daher scheint es mir ein Geschenk reiner Liebe zu sein, wenn ich sie mitnehme.

EINE ÜBUNG

Zünden Sie jeden Morgen eine Kerze an und bitten Sie die Einhörner, bestimmte Kinder zu besuchen. Sie müssen sie nicht unbedingt persönlich kennen, aber ihre auf sie gerichteten Gedanken erschaffen eine Lichtbrücke, die es für die Einhörner einfacher macht, Kontakt zu diesen Kindern aufzunehmen.

KAPITEL 11

DIE SINNE DER EINHÖRNER

Die Sinne der Einhörner gleichen ganz fein gestimmten Instrumenten. So besitzen Einhörner zum Beispiel einen hoch entwickelten Geruchssinn. Wie die Menschen so lieben auch sie den Duft des Glücks und fühlen sich vom Gestank der Wut abgestoßen. Natürlich essen sie nicht, da sie keinen physischen Körper ernähren müssen, daher fehlt ihnen der Geschmackssinn.

HÖREN

Da sie Geschöpfe einer höheren Schwingungsebene sind, können Einhörner Töne hören, die außerhalb des für uns hörbaren Spektrums liegen. Sie hören die Musik hinter den Geräuschen, die wir hören. Sie nehmen höhere Frequenzen und Hunderte von Noten wahr, die uns einfach entgehen.

Jedes lebende Wesen erzeugt Musik. Das trifft für wachsendes Gras ebenso zu wie für aufgehende Sonnen oder die Bewegungen von Planeten. Auch die Aura sendet Töne aus, deren Qualität vom Bewusstseinszustand des Betreffenden abhängt. Die Einhörner können all dies hören.

Wie alle hoch entwickelten Wesen lieben auch die Einhörner Harmonien. Die menschliche Stimme hatte schon immer die Kraft zu heilen und die Seele zu erheben. Wenn jemand eine so schöne Singstimme hat, dass das Bewusstsein der Zuhörer dadurch angehoben wird, kommen auch die Einhörner zu einem solchen Konzert und fügen den höheren Energien noch ihr Licht hinzu. Wenn die Klangfarbe Ihrer Stimme eine heilende

Schwingung hat oder sich auf der Frequenz der Engel befindet, werden sie mit Ihnen arbeiten.

Einhörner hören die Musik der Sphären, sie ergötzen sich an den Melodien fließenden Wassers, am Rauschen des Windes und am Gesang der Engel. So strahlt zum Beispiel ein schöner Garten voller Blumen, mit einem gepflegten grünen Rasen und einem Springbrunnen wundervolle Töne aus. Für ein Einhorn hört sich dies wie ein Orchester an, das eine herrliche Symphonie spielt. Sie lieben aber auch wilde Naturgärten, in denen die Elementarwesen spielen. Ein vernachlässigter Garten mit Abfallhaufen und einem brackigen Teich hört sich für sie wie Heavy-Metal-Musik an. Dann machen sie, dass sie wegkommen.

Auch das elektrische Summen von Umspannstationen ist für sie sehr unangenehm. Streit, Geschrei und jede Form von Disharmonie wirkt auf sie sehr abstoßend, sodass sie sich schnell zurückziehen. Das gilt auch für die Gefühle – seien sie nun echt oder gespielt –, die aus dem Fernseher oder dem Radio kommen.

Hämmern, bohren oder laute Maschinengeräusche erzeugen Schwingungen, die der von einem Ofen abgestrahlten Hitze ähneln. So, wie wir so schnell wie möglich die Hände von einer heißen Oberfläche nehmen, so schnell ziehen sich die Einhörner zurück, wenn sie diese Geräusche hören.

Gefühle haben einen Klang und einen Geruch. Ausgelebte Wut hört sich wie wütendes Bellen an, während unterdrückte Wut wie Knurren oder Kläffen klingt. Die Aura eines mürrischen Menschen erzeugt ein Knurren, das anzeigt: Bleibt mir bloß vom Leib!

Wir Menschen spüren dies, aber die Einhörner hören es. Liebe, Mitgefühl und Freude hören sich für sie wie melodische Musik an, Zufriedenheit wie ein leises Schnurren, während höhere Bestrebungen wie herrliche Fanfarenstöße klingen.

Selbstverständlich erzeugt die reine, herrliche Aura eines Einhorns die wundervollsten Töne und Harmonien, die für uns allerdings außerhalb des hörbaren Spektrums liegen. Diese Harmonien sind so herrlich, dass alles, was mit ihnen in Berührung kommt, auf eine höhere Oktave gehoben wird. Die Klänge, die von den Einhörnern ausgehen, berühren Menschen bis in die Tiefen ihrer Seele.

Früher kamen alle Dorfbewohner sonntags in der Kirche zusammen, um gemeinsam Hymnen zu singen. Auf diese Weise erzeugten sie automatisch Harmonie zum Wohle des ganzen Gemeinwesens. Dorfbewohner, die emotional oder mental aus dem Gleichgewicht geraten waren, wurden durch die Stimmen ihrer Freunde und der Engel, die mit ihnen sangen, wieder in die Mitte zurückgeführt. So konnten Nachbarn in Frieden miteinander leben.

Da Einhörner auch die Energie von Klängen und die Absicht dahinter hören und darauf reagieren, kommen sie, wenn herrliche Musik und sakrale Chorgesänge erklingen und fügen der Energie ihr Licht hinzu. Wiegenlieder, die eine Mutter für ihr Baby singt, ziehen immer Einhörner an, die dann ihre Liebe über beiden ausschütten.

Einhörner fühlen sich auch von fröhlichem Gelächter, tiefsinnigen Gesprächen, liebevollen Worten und dem Geplapper fröhlicher Kinder angezogen. Das Geräusch einer schnurrenden Katze, der leidenschaftliche Gesang eines Vogels, das Rauschen des Windes in den Bäumen oder die Wellen, die gegen den Strand schlagen, das alles ist Musik für die Einhörner. Die melodischen Klänge von Windspielen rufen sie herbei.

SEHEN

Viele Menschen entdecken heute, dass sie neue, subtile Farbnuancen sehen können, wenn sie ihre Schwingung anheben. Immer mehr Menschen öffnen sich der Erleuchtung und entwickeln mediale, hellsichtige und hellwissende Fähigkeiten. Da Einhörner vollkommen erleuchtet, allwissend und allsehend sind, können sie Dinge wahrnehmen, die weit außerhalb des für uns sichtbaren Spektrums liegen. Sie können sowohl mit ihren normalen Augen als auch mit ihrem dritten Auge sehen.

RIECHEN

Einhörner haben einen feinen, hoch entwickelten Geruchssinn. Alle Gedanken verströmen einen eigenen Duft. So sprechen wir zum Beispiel davon, dass man Angst riechen kann. Angst riecht scharf. Wut hat einen beißenden Geruch, wie der von Rauch oder einer Explosion, während unterdrückte Wut mehr wie ein verstopfter Abfluss riecht. Eifersucht riecht wie Ammoniak. Wenn Ihre Gedanken und Gefühle stinken, dann werden sich die Einhörner von Ihnen fernhalten, ganz gleich, wie Sie Ihre negativen Gedanken auch rechtfertigen mögen. Wenn Sie aber liebevolle, zufriedene, friedvolle und edle Gedanken denken, dann verströmt Ihre Aura einen lieblichen Duft.

Liebe riecht wie eine blühende Rose, Mitgefühl wie eine Lilie. Ein warmes, offenes, fürsorgliches Herz hüllt die Menschen in den herrlichen Duft frisch gebackenen Kuchens ein. Dies ist zwar so subtil, dass die meisten von uns es nicht bewusst wahrnehmen können, aber die Einhörner können es.

EINE GRUPPENKLANGÜBUNG, UM EINHÖRNER ANZULOCKEN

Hier ist eine Übung, die ich schon auf verschiedene Art und Weise an den unterschiedlichsten Orten gemacht habe, um Einhörner anzulocken. Sie lieben sie einfach. Die Übung hilft auch, Harmonie in einer Gruppe herzustellen. Sie wird ein tiefes Gefühl des inneren Friedens erzeugen.

Wenn Sie eine große Gruppe haben, teilen Sie sie in zwei, drei oder vier Kleingruppen auf. Sie können sie aber auch mit zwei oder drei anderen Leuten machen.

- Jede Gruppe sucht sich einen ruhigen Ort.
- Gemeinsam erzeugen die Mitglieder einen Klang, eine Melodie oder ein Lied, das den Einhörnern gewidmet ist. Das dauert normalerweise zehn Minuten oder etwas länger.
- Wenn sie damit fertig sind, kehren sie in die große Gruppe zurück und jede Kleingruppe trägt ihre Einhorn-Musik vor.
- Eine Gruppe beginnt und nach einer oder zwei Minuten stimmt die zweite Gruppe mit ihrem Lied ein und harmoniert mit der ersten Gruppe.
- Dann kommt die dritte Gruppe hinzu und harmoniert mit den beiden vorigen Gruppen, um etwas Größeres als die individuellen Lieder zu erschaffen.
- Dann kommt die vierte Gruppe hinzu.

- Die Lieder werden so lange gesungen, bis eine Gruppe aufhört und die anderen nach und nach folgen.
- Nun sitzen alle still da und stimmen sich auf die Gegenwart und den Klang der Einhörner ein.

EINE KLANG- UND BEWEGUNGSÜBUNG

Dies ist dieselbe Übung wie eben, nur dass jetzt jede Gruppe dabei noch fließende Bewegungen ausführt. Wenn alle Gruppen zusammen sind, harmonieren sie in Ton und Bewegung.

EINE FARB-, KLANG- UND BEWEGUNGSÜBUNG

Dies ist dieselbe Übung wie oben, nur dass jede Gruppe jetzt noch eine Farbe auswählt, die sie visualisiert. Hellsichtige Menschen können sehen, wie die Farben durch die Luft schweben und sich miteinander vermischen, wenn die Gruppen singen und dazu tanzen.

KAPITEL 12

EINHÖRNER UND WUNSCHERFÜLLUNG

Uralten Mythen zufolge erfüllen die Einhörner jenen Menschen Wünsche, die reinen Herzens sind. Das bedeutet, dass sie all jenen Türen öffnen, die wirklich bereit sind, ihre Gaben mit Dankbarkeit, Freude und Integrität zu empfangen.

Wenn ein unschuldiges Kind sich etwas von Herzen wünscht, wird ein Einhorn zu ihm kommen, um ihm zu helfen. Wenn der Wunsch im besten Interesse des Kindes ist, wird das Einhorn dafür sorgen, dass er sich erfüllt. Aber wie alles auf diesem Planeten unterliegt auch die Wunscherfüllung den geistigen Gesetzen. Wenn ein trauerndes Kind sich verzweifelt wünscht, dass seine tote Mutter zurückkommt, kann kein Einhorn sie wieder lebendig machen. Denn der Tod beruht auf einer Vereinbarung, die die Mutter und alle Beteiligten schon vor der Geburt auf der Seelenebene getroffen haben, und kein Wesen des Lichts kann etwas dagegen unternehmen. Aber das Einhorn kann dem Kind eine Frau mit mütterlicher Energie bringen, die es trösten und ihm helfen wird.

Viele Kinder und Erwachsene sind deprimiert, verwirrt und fühlen sich einsam. Ihr ganzes Leben scheint von einem Grauschleier überzogen. Wenn sie von solchen Menschen darum gebeten werden, können die Einhörner helfen, den Lebensfunken in ihnen wieder zu entfachen.

DIE GEISTIGEN GESETZE

Das Gesetz des Betens lautet: »Bitte, glaube daran und es ist geschehen.« Mit anderen Worten: Das Universum reagiert auf den Glauben.

Das Gesetz der Schöpfung besagt: »Konzentriere dich auf deine Vision, ohne an ihr zu zweifeln oder von ihr abzuweichen, dann wird sie Wirklichkeit werden.«

Der erste Schritt ist Klarheit. Es ist von größter Bedeutung, dass man sich darüber klar wird, was man tatsächlich will, bevor man sich etwas wünscht. Unentschlossenheit sendet verworrene Energie aus, auf die die Einhörner nicht reagieren können. Wenn Ihnen klar ist, was Sie wirklich wollen, konzentrieren Sie sich darauf. Stellen Sie sich vor, Sie hätten es bereits. Teilen Sie den Einhörnern dann mit, was Sie wollen. Achten Sie darauf, wie Sie Ihren Wunsch formulieren. Wenn Sie zum Beispiel sagen, Sie würden alles tun, um Aids-Waisen zu helfen, wird sich Ihr Leben möglicherweise sehr dramatisch verändern und Sie werden mit den vielen Möglichkeiten völlig überfordert sein. Worte besitzen Macht. Daher ist es besser zu sagen: »Ich biete mich an, Aids-Waisen zu helfen. Ich bin offen für geistige Führung.« Wenn Ihre Absichten rein und klar sind, wird sich Ihr Leben auf eine Weise verändern, mit der Sie umgehen können.

KLARHEIT GEWINNEN

- Schreiben Sie Ihren Wunsch auf.
- Zeichnen Sie ihn, als ob er schon wahr geworden wäre.
- Malen Sie das Bild in den Farben aus, die den Gefühlen entsprechen, die Sie dabei empfinden.
- Fühlt sich das gut an? Wenn ja, überprüfen Sie es mit der folgenden Klarheitsmeditation. Wenn nicht, überlegen Sie noch einmal.

KLARHEITSMEDITATION

- Schließen Sie die Augen, und stellen Sie sich vor, Sie säßen in einem magischen Kreis aus Glückspilzen.
- Wenn Ihr Einhorn kommt, erzählen Sie ihm, was Sie sich wünschen.
- Besteigen Sie das Einhorn und lassen Sie sich von ihm in die inneren Welten tragen.

- Sie nähern sich einer Tür, auf der Ihr Name steht.
- Sie klopfen und die Tür öffnet sich. Sie betreten eine Welt, in der Ihr Wunsch bereits Wirklichkeit geworden ist.
- Lassen Sie sich Zeit, dies zu spüren. Hier können Sie alles verändern.
- Wie fühlt sich Ihr Körper an? Fühlen Sie sich leicht? Sind Sie glücklich?
- Wenn Sie sich sicher sind, dass dies Ihr Wunsch ist, bitten Sie das Einhorn, Sie zurückzubringen.

EINHORN-WUNSCHMEDITATION

- Suchen Sie sich einen Platz, an dem Sie sich entspannen können und ungestört sind.
- Schließen Sie die Augen und lassen Sie die äußere Welt hinter sich.
- Ihr Schutzengel sitzt neben Ihnen und legt Ihnen einen Flügel um die Schultern.
- Stellen Sie sich vor, dass vor Ihnen eine leuchtend weiße Treppe erscheint.
- Ein wunderschöner Regenbogen beleuchtet die Stufen.
- Durch den Regenbogen kommt ein herrliches Einhorn angetrabt und läuft die Stufen hinunter und auf Sie zu. Es begrüßt Sie und lädt Sie ein, auf seinem Rücken Platz zu nehmen.
- Ihr Engel hebt Sie auf das Einhorn und setzt sich hinter Sie. Seine Flügel sind um Sie geschlungen.
- Das Einhorn dreht sich um und läuft die Stufen hinauf. Sie können sehen, wie die Farben des Regenbogens um Ihre Beine spielen.
- Sie kommen ans Sonnenlicht. Sie sehen einen riesigen Bogen, um den sich herrlich duftende Kletterrosen ranken. Das Einhorn trabt hindurch.
- Auf der anderen Seite sehen Sie eine grüne Waldlichtung voller Wildblumen. In der Mitte steht ein uralter Wunschbrunnen.
- Ihr Engel hilft Ihnen vom Einhorn herunter.
- Sie heben einen kleinen Stein auf. Halten Sie ihn, segnen Sie ihn und vertrauen Sie ihm Ihren Wunsch an.
- Bitten Sie Ihr Einhorn, Ihren Wunsch zu segnen und den Stein mit seinem Horn zu berühren.

- Lassen Sie den Stein in den Wunschbrunnen fallen. Hören Sie, wie er ins Wasser fällt.
- Ein Wassertropfen spritzt bis ganz nach oben. Fangen Sie ihn auf und übergeben Sie ihn voller Dankbarkeit dem Einhorn.
- Setzen Sie sich auf das weiche Moospolster, und stellen Sie sich vor, wie Ihr Leben sein wird, wenn der Wunsch wahr geworden ist.
- Ihr Engel hilft Ihnen wieder auf das Einhorn. Sie traben durch den Rosenbogen und die Regenbogentreppe zurück zum Ausgangspunkt.
- Bedanken Sie sich bei Ihrem Engel und Ihrem Einhorn.

EINHORN-WUNSCHSPIRALE 1

Eine Spirale ist eine heilige Form. Wenn Sie sie im Uhrzeigersinn zeichnen, bringt sie heilige Energie zu Ihnen, um Ihren Wunsch zu verstärken. Wenn Sie sie im Gegenuhrzeigersinn zeichnen, zieht sie negative Energie aus Ihnen heraus, die Sie bisher blockiert hat. Nun kann sich Ihr Wunsch endlich erfüllen. Diese Übung hilft Ihnen auch, das dritte Auge zu öffnen.

- Zeichnen Sie eine große Spirale und in die Mitte ein Einhorn. Entspannen Sie sich, denn damit sollen nicht Ihre künstlerischen Fähigkeiten auf die Probe gestellt werden. Sie können das Einhorn entweder selbst zeichnen oder eins nachmalen, es dann ausschneiden und aufkleben. Sie können auch einen silbernen Stern als Symbol für das Einhorn verwenden.
- Fahren Sie die Spirale mit dem Finger nach. Wenn Sie das Einhorn in der Mitte erreichen, wünschen Sie sich etwas.

EINHORN-WUNSCHSPIRALE 2

Wenn Sie wollen, können Sie die Spirale mit Kreide auf den Boden zeichnen, sie dann mit Steinen, Muscheln, Zweigen oder Ähnlichem auslegen. Dann gehen Sie den Linien nach und wünschen sich etwas, wenn Sie in der Mitte angekommen sind.

EINHORN-WUNSCHLABYRINTH

Das Labyrinth ist ein komplexeres und kraftvolleres Symbol als die Spirale. Während Sie es nachzeichnen oder den Linien nachgehen, reisen Sie symbolisch auf dem heiligen Pfad Ihres Lebens in das Herz Ihres Wesens, dann kehren Sie in die Welt zurück.

Diese Übung trägt dazu bei, die rechte und die linke Gehirnhälfte zu harmonisieren, damit sie besser zusammenarbeiten. Auf diese Weise wird es Ihrem Einhorn leichter gemacht, Ihnen Ihren Wunsch zu erfüllen. Zeichnen oder stellen Sie wieder ein Einhorn oder ein Einhorn-Symbol in die Mitte.

DURCH DAS LABYRINTH

- Ziehen Sie dieses Labyrinth mit dem Finger bis zur Mitte nach.
- Halten Sie kurz an, wenn Sie das Einhorn in der Mitte erreichen, und wünschen Sie sich etwas.
- Ziehen Sie das Labyrinth mit dem Finger von der Mitte bis nach außen nach.

(In meinem Buch *Discover Atlantis*[6] wird ausführlich erklärt, wie man ein Labyrinth zeichnet.)

---

6 Deutsch: *Entdecke Atlantis. Das Urwissen der Menschheit verstehen und heute nutzen.* Ansata, München 2006

STERNENWUNSCH

Auch dies ist eine sehr effektive Methode, um Wünsche wahr werden zu lassen. Man kann sie auch mit zwei oder mehr Personen machen. Achten Sie aber in jedem Fall sorgsam darauf, was Sie sich wünschen.

- Schneiden Sie für jede Person einen silbernen Stern aus. Sie können auch einen kleinen Kristall in die Hand nehmen.
- Die erste Person teilt den anderen ihren Wunsch mit. Es sollte etwas sein, das die anderen glücklich macht.
- Die erste Person nimmt den Stern oder den Kristall zwischen die Handflächen.
- Die anderen legen ihre Hände um die der ersten Person.
- Diese spricht ihren Wunsch nun laut aus.
- Gemeinsam werden die Einhörner angerufen und gebeten, den Wunsch in Erfüllung gehen zu lassen.
- Alle konzentrieren sich gemeinsam auf den Wunsch und stellen sich vor, dass er bereits in Erfüllung gegangen ist.
- Alle teilen ihre Eindrücke miteinander.
- Nun kommt die nächste Person an die Reihe.

EIN EINHORN-WUNSCHBRUNNEN

- Dekorieren Sie eine Schüssel, die den Wunschbrunnen symbolisiert, mit Blumen. Natürlich dürfen Sie dabei sehr kreativ sein.
- Wenn Sie möchten, legen Sie Einhorn-Musik auf – zum Beispiel Andrew Brels Engel- und Einhorn-Musik.
- Schreiben Sie einen Ihrer Wünsche für sich selbst auf ein Blatt Papier.
- Wenn Sie die nötige Integrität haben, können Sie auch einen Wunsch für jemand anderen aufschreiben.
- Wenn zwei oder mehr Personen anwesend sind, halten Sie sich jetzt an den Händen und sagen Sie: »Geliebte Einhörner, wir bitten euch, diese unsere Herzenswünsche wahr werden zu lassen. Danke.«

KAPITEL 13

DAS REICH DER EINHÖRNER

Pferde stammen von Lakuma, einem aufgestiegenen Stern in der Nähe des Sirius, der sich außerhalb des für uns sichtbaren Spektrums befindet. In den höheren Welten um Lakuma befinden sich die Reiche der Einhörner.

Stellen Sie sich einen Ort vor, an dem alles hell, schön und harmonisch ist. Auf grünblauen Wiesen voller farbenprächtiger Blumen galoppieren die fröhlichen Einhörner und spielen. Selbst die Bäume strahlen Licht aus. Die aufgestiegenen Pferde grasen unter ihnen und genießen die Schönheit der Natur. Schmetterlinge von der Größe kleiner Vögel flattern von Blume zu Blume oder breiten ihre Flügel im wundervollen Licht aus.

Auch andere Geschöpfe, deren Heimatplanet der Sirius ist, besuchen diesen wunderbaren Ort. Vögel kommen vom Sirius und einige von ihnen besuchen Lakuma, um hier zu lernen und spirituell zu wachsen. Sie haben dort nicht dieselben Farben wie auf der Erde. Graue Spatzen sind dort leuchtend orange und sie fliegen in großen Scharen fröhlich umher und wagen sich sogar in die Nähe der herrlichen Einhörner. Kleine Zaunkönige sind dort zartrosa, Pfauen stellen ihr königsblaues Federkleid zur Schau. Dazwischen tummeln sich einzeln oder in Gruppen weiße Vögel, die ihre Lektionen gelernt haben und auf eine höhere Schwingungsebene aufgestiegen sind.

Auch die Delfine stammen vom Sirius. Wenn sie sich auf der Erde inkarnieren, bewahren sie die irdische Weisheit aller Zeiten. Ihre Gehirne sind wie riesige hoch entwickelte Computer, in denen die gesamte Geschichte der Erde gespeichert ist. Es gibt zwölf Delfinarten, die jeweils einen Teil des Wissens bewahren. Aus diesem Grund ist es eine solche Tragödie, wenn die Menschen eine Art ausrotten. Delfine geben ihr Wissen auf telepathischem Weg an bestimmte Menschen weiter, die fähig sind, dieses auch zu verarbeiten. Auf diese Weise wird uns unser göttliches Erbe zurückgegeben.

Delfine und Einhörner haben eine sehr enge Beziehung, und das nicht nur, weil sie denselben Heimatplaneten haben, sondern auch weil sie miteinander kommunizieren und ihr Wissen austauschen können. Außerdem spielen sie gern miteinander, denn kein Wesen ist zu hoch entwickelt, um einfach Spaß zu haben.

Fische stammen ebenfalls vom Sirius und kommen auf die Erde, um hier das Leben im Wasser zu erfahren. Ihre Aufgabe ist es, die Meere sauber zu halten, aber einige Arten beschützen auch die Engeldelfine, die das große Wissen und die Weisheit von Atlantis bewahren. Andere haben unterschiedliche ökologische und soziale Aufgaben. Manche sind einfach hier, um das Leben zu genießen und zu lernen.

Sie alle kommunizieren in den inneren Welten mit ihren älteren Geschwistern, den Einhörnern, und lernen von ihnen – so wie wir es auch tun.

MUSIK

Im Reich der Einhörner kann man die Gesänge der Seraphim hören und die Musik der Sphären, das Wachsen des Grases und den Gesang der Vögel. Es ist alles wie auf der Erde, nur auf einer höheren Frequenz. Das menschliche Ohr kann nichts hören, weil unser Gehörsinn nicht auf diese Schwingungen eingestimmt ist.

BEHALTEN EINHÖRNER IHRE GESTALT, WENN SIE SICH IN IHREM REICH BEFINDEN?

Als siebendimensionale Wesen können Einhörner jede Form annehmen, und sie tun dies auch, wenn es sich als nötig erweist. Sie würden allerdings keine menschliche Form annehmen, die Engel hingegen schon.

Einhörner lieben und ehren die Gestalt, die ihnen die Quelle gegeben hat, denn sie gibt ihnen Balance und gewaltige Kraft. Menschen beneiden und bewundern die Pferde, wenn sie mit wehenden Mähnen und peitschenden Schwänzen umhergaloppieren. In ihrem Reich in den inneren Welten galoppieren die Einhörner auf dieselbe Weise umher und erfreuen sich ihrer Freiheit.

Ihr Reich ist einfach wunderbar. Mit unseren eingeschränkten Wahrnehmungsfähigkeiten würden wir es als völlig weiß sehen, aber die Einhörner können alle Schattierungen des Regenbogens im Weiß sehen und zudem noch Farben, von denen wir keine Ahnung haben.

Wir sind wahrlich gesegnet, dass sie wieder auf die Erde gekommen sind, um uns zu helfen. Gleichzeitig sollten wir aber auch erkennen, dass wir uns ihre Hilfe verdient haben. Weil Tausende Menschen ihr Licht ausgesandt haben, sind die Einhörner nach dem geistigen Gesetz der Anziehung wieder auf diesen Planeten gekommen.

Im Folgenden führe ich einige Beispiele auf, wie verschiedene Menschen die Energie unseres Planten angehoben haben. Die heiligen Laute, die Mönche und Nonnen singen, strahlen ein gewaltiges Licht ins Universum hinein aus. Ein Einsiedler, der sich ganz auf seine Gebete konzentriert, kann ganze Karma-Wolken auflösen. Menschen, die meditieren oder spirituelle Bücher lesen, und Chöre, die religiöse Hymnen singen, strahlen Licht aus, das zum kollektiven Reservoir höherer Energie hinzugefügt wird. Selbstverständlich kann jeder Mensch noch etwas mehr Licht dazu beitragen. Jeder Gedanke, den Sie aussenden, zieht entweder Lichtwesen an oder stößt sie ab. Wenn Sie in einer Betonwüste leben, übermäßig viel trinken, fluchen, tratschen, andere verfluchen und gierig und egoistisch sind, wird Ihre Aura die reinen Wesen des Lichts abstoßen.

KONTAKT ZUM REICH DER EINHÖRNER AUFNEHMEN

- Entwickeln Sie Eigenschaften wie Liebe, Friedfertigkeit, Würde, Hoffnung, Freude und Integrität. Dadurch erhält Ihre Aura einen reinen Schimmer, der nicht nur Menschen, sondern auch Einhörner anzieht. Sie können sich jederzeit bewusst dafür entscheiden, Ihre Einstellung zu ändern.
- Helfen Sie anderen Menschen – aber aus dem ehrlichen Wunsch zu dienen heraus.
- Bitten Sie darum, dass Ihnen die Einhörner im Traum erscheinen mögen. Ich erkläre dies noch genauer in Kapitel 16 »Einhorn-Träume«.
- Denken Sie an Einhörner, lesen Sie Bücher über sie, sprechen Sie über

sie, zeichnen Sie sie. Mit anderen Worten: Richten Sie Ihre Aufmerksamkeit auf Einhörner.
- Nehmen Sie sich jeden Tag Zeit, die Einhörner um Segen und Rat zu bitten.
- Stellen Sie sich vor, die Einhörner kämen zu Ihnen. Stellen Sie sich vor, Sie würden auf ihnen reiten oder neben ihnen herlaufen.
- Halten Sie sich in der Natur auf, gehen Sie spazieren.

EIN BESUCH IM REICH DER EINHÖRNER

Der siebte Himmel umfasst das Reich der Engel und das Reich der Einhörner. Wenn Ihr Licht hell genug strahlt, können Sie diese beiden Reiche während der Meditation oder im Traum besuchen. Wenn Sie dieses Buch lesen, können Sie davon ausgehen, dass Sie bereit sind. Dann werden sich die Pforten zu diesen Reichen öffnen. Natürlich müssen Sie darum bitten, was die meisten Menschen unbewusst auch tun. Ihre Gedanken sind Einladungen für alles, was in Ihr Leben kommt.

Wenn Sie ein Einhorn mit in sein Reich nimmt, werden Sie vielleicht überrascht sein, wen Sie dort treffen, wenn Persönlichkeit und Ego wegfallen. Wir sollten niemals urteilen, denn Menschen, über die wir vorschnell urteilen, mögen auf der Seelenebene völlig anders sein. Der mürrische, schlecht gelaunte Mann von nebenan, den Sie noch nie leiden konnten, hat vielleicht einen Funken reinen Goldes in seiner Seele. Im Reich der Einhörner sehen Sie ihn dann mit einer rosafarbenen und violetten Aura, einem strahlenden Lächeln und liebevollen Augen wieder.

Es gibt auch Menschen, denen Sie dort nie begegnen werden, da ihre Seelenenergie nicht stark genug ist, um in diese Bereiche vorzudringen.

EIN SPAZIERGANG DURCH DAS REICH DER EINHÖRNER

Als Maria, die göttliche Mutter, mich bat, dieses Buch über Einhörner zu schreiben, hatte ich erwidert, dass ich nicht genug Informationen hätte. Daraufhin sagte sie mir, ich solle mir eine Woche frei nehmen, um mit den Einhörnern zu leben. Ich war mir nicht sicher, wie ich das angesichts meines vollen Terminkalenders hinkriegen sollte, aber ich beschloss zu tun, was ich konnte.

Eines Abends kam eine Freundin vorbei, die an ihren Visionen für die Zukunft arbeiten wollte. Wir verbrachten einen großartigen Abend und sie wurde sich über ihre Ziele klar. Am nächsten Morgen machte ich einen Spaziergang. Ich ging in Richtung eines kleinen Wäldchens, aber statt meinen üblichen Weg zu gehen, ließ ich mich von den Einhörnern führen. Sie führten mich etwas abseits vom Weg durch die Bäume zu einer Lichtung, an deren einem Ende sich ein kleiner Hügel mit fünf Bäumen befand. Da ich jemanden kannte, dem Erzengel Michael an dieser Stelle erschienen war, war ich schon manchmal hier gewesen, um seine Energie aufzunehmen. Traurigerweise wurde der Wald immer mehr ausgedünnt, und ich war geschockt, als einer dieser Bäume gefällt wurde. Aber in seiner ätherischen Form ist er noch da, und ich gehe manchmal hin, um ihn zu segnen und seinen Segen zu empfangen.

Die Einhörner wiesen mich darauf hin, dass ich mir sowohl meiner Füße auf der Erde als auch der Bäume und der Umgebung bewusst sein solle. Gleichzeitig sollte ich aber mit einem Teil meines Bewusstseins ins Reich der Einhörner reisen. Dann geschah etwas Außergewöhnliches und sehr Schönes. Mich überkam ein tiefes Gefühl des Friedens, als ich mehrere Einhörner in meiner Nähe spürte. Ganz gewöhnliche Vögel wurden zu farbenfrohen Lichtkugeln, ein freundliches Rotkehlchen strahlte türkisfarben. Zu meiner Überraschung leuchteten die Amseln weiß. Ich fragte: »Sind hier alle Amseln weiß?« Die Antwort lautete: »nein.« Dann wurden mir welche gezeigt, die eine zarte Lilatönung hatten.

Die Einhörner bedeuteten mir, dass ich mir die Bäume genauer anschauen sollte. Eines sagte: »Ihr Menschen seht ihre Auras wie ein Band aus weißem funkelndem Licht. Wir sehen goldene Schäfte, die bis in den Himmel reichen, und durch die sie ihre Weisheit in den Äther schicken. Vergiss nie, dass Bäume die Hüter der Weisheit des Landes sind. Ehre sie. Viele von ihnen sind uralte weise Wesen. Viele sind weiter entwickelt als die Menschen, auch wenn sie andere Erfahrungen machen als ihr. Sie fühlen Energien. Sie geben euch Schutz und Obdach. Es kann sogar vorkommen, dass ein Mensch unsichtbar wird, wenn er sich in die Obhut eines weisen Baumelementarwesens begibt.«

»Ist das alles wahr?«, dachte ich.

Es war Magie im Spiel, als ich an jenem Tag in einem glückseligen Zustand meditativer Bewusstheit umherging und in mehreren Dimensionen zugleich war. Mir wurde bewusst, dass mich immer mehr Vögel umgaben. Ein Buchfink hopste vor mir auf dem Boden, Spatzen flogen hin und her, ein Rotkehlchen, eine Drossel und mehrere Ringeltauben näherten sich mir, als ob sie mich begrüßen wollten. Ich hatte das Gefühl, sie alle fühlten sich von der Energie der Einhörner angezogen. Dann kam ich zur Straße am Ende des Wäldchens und die Magie war vorbei.

WIE KANN ICH DIE EINHÖRNER TREFFEN?

Zuerst sollten Sie sich an einen Ort begeben, an dem sich Einhörner wohl fühlen. Es ist unwahrscheinlich, dass Sie ihnen inmitten einer Betonwüste begegnen werden. Unwahrscheinlich, aber nicht völlig unmöglich. Gehen Sie ins Grüne, in den Wald, auf eine Wiese oder in einen Park.

- Erden Sie sich, das heißt, werden Sie sich der Erde unter Ihren Füßen bewusst und gleichzeitig der dreidimensionalen Realität, die Sie umgibt.
- Nehmen Sie etwas Festes in die Hand. Das kann ein Tannenzapfen, ein Stück Baumrinde, ein Stein oder ein Grashalm sein.
- Achten Sie auf die Gerüche, die Sie umgeben.
- Werden Sie sich Ihrer Atmung bewusst. Lassen Sie den Atem ruhig und gleichmäßig fließen.
- Konzentrieren Sie sich geistig auf das Reich der Einhörner. Sie können sich vorstellen, dass Sie sehr groß sind und dass Einhörner um Sie herumfliegen. Oder projizieren Sie Ihren Geist in das Land der aufgestiegenen Pferde, und spüren Sie, was dort vorgeht. Sprechen Sie mit ihnen, hören Sie ihnen zu und genießen Sie Ihre Erlebnisse dort.
- Wenn Ihr Ausflug vorbei ist, achten Sie darauf, dass Sie wieder ganz in Ihren physischen Körper zurückgekehrt sind. Sie können dies fördern, indem Sie die Füße ganz bewusst aufsetzen oder etwas Festes berühren.
- Unternehmen Sie diesen Spaziergang nur an Orten, an denen Sie sich sicher fühlen und kein Verkehr herrscht. Und vor allem: Haben Sie Freude daran.

KAPITEL 14

DER SEGEN DER EINHÖRNER

Wenn göttliche Energie durch Ihr Herz fließt und sie von Ihnen auf einen anderen gerichtet wird, wird dieser von Ihnen gesegnet. Sie segnen jemanden, indem Sie ihm etwas geben, was ihm fehlt, oder etwas, von dem Sie glauben, dass es ihm fehlt. Wenn er sich dann öffnet, um Ihren Segen zu empfangen, erlebt er einen Augenblick göttlicher Vollkommenheit.

Wenn jemand glaubt, ihm fehle Geld, segnen Sie ihn mit Wohlstand. Wenn eine Beziehung zusammenbricht, segnen Sie das Paar mit vollkommener Liebe. Wenn jemand traurig, einsam oder wütend ist oder sich als Versager fühlt, segnen Sie ihn mit Glück, Freundschaft, Frieden und Erfolg. In all diesen Dingen ist der göttliche Überfluss enthalten.

Alles, was Sie aussenden, kommt zu Ihnen zurück.

*

Wenn Sie die Einhörner bitten, jemanden durch Sie zu segnen, empfängt der Gesegnete die unbeschreibliche Energie und das Licht der Einhörner.

*

WIE MAN DEN SEGEN DER EINHÖRNER EMPFÄNGT

Der Segen der Einhörner ist sehr tiefgehend und äußerst machtvoll. Wenn Sie einen Segen empfangen, fühlen Sie ein Kribbeln im Körper, weil Sie von reiner Energie durchströmt werden. Sie können selbst um einen Segen bitten oder jemand anders kann dies für Sie tun. Aber immer gilt: Je empfänglicher und offener Sie sind, desto besser. Wenn Sie nicht wissen, dass Ihnen jemand einen Einhorn-Segen schickt, und nicht darauf vorbereitet sind, werden die Lichtwesen dafür sorgen, dass ihre Energie nur sehr behutsam in Sie einströmt. Aber empfangen werden Sie sie auf jeden Fall!

SEGNUNGEN DER ENGEL

Sie können sowohl Engel als auch Einhörner bitten, Menschen, Orte oder Situationen durch Sie zu segnen. Wenn Sie die Engel anrufen, heben Sie die Hände hoch, und bitten Sie die Engel, sie zu berühren. Während Sie dies tun, stellen Sie sich vor, dass Ihre Hände vergoldet werden. Mit Ihren goldenen Händen können Sie dann den Segen oder die Heilung dorthin schicken, wo sie gebraucht werden. Natürlich können Sie auch einfach rein mental einen Engelsegen sprechen.

WIE MAN JEMANDEM EINEN EINHORN-SEGEN SCHICKT

Wenn Sie mit Einhörnern arbeiten, heben Sie die Hände empor und bitten Sie die Einhörner, diese zu berühren. Spüren Sie, wie die Einhörner Ihre Hände mit leuchtendem weißem Licht überschütten. Vielleicht spüren Sie ja sogar ein Kribbeln in den Händen oder sehen silberweiße Sterne aus Ihren Fingern strömen. Sie können aber auch rein geistig Einhorn-Segenswünsche dorthin schicken, wo sie gebraucht werden. Sie dürfen auch Ihre heilenden Einhorn-Hände auf andere Menschen legen, müssen diese aber vorher immer um Erlaubnis fragen.

Sie können zum Beispiel allen Menschen, mit denen Sie im Laufe des Tages in Kontakt kommen, Einhorn-Segenswünsche schicken. Während eines Staus können Sie alle Autofahrer segnen und ihnen Frieden und Geduld wünschen. Erheben Sie die Hand, damit die Einhorn-Sterne und -Energieströme zu allen fließen, die sie brauchen können. Auf der Autobahn können Sie die Segenswünsche aus dem dritten Auge strömen lassen. Die Einhornenergie wird dafür sorgen, dass alle Verkehrsteilnehmer vorsichtig fahren.

Wenn Sie mit diesen außergewöhnlichen Lichtwesen arbeiten, können Sie viele positive Veränderungen bewirken. Die folgende Liste wird Ihnen möglicherweise helfen zu unterscheiden, wann Sie Engel-Segenswünsche und wann Einhorn-Segenswünsche schicken sollen. Manchmal begleiten die Engel und Einhörner die Segnungen auch und kommen, um zu helfen.

EINHORN-SEGNUNGEN

Wesen des Lichts wie die Einhörner sehen immer nur gute Eigenschaften wie Liebe, Ehrlichkeit, Gelassenheit und Freude. Sie erkennen einfach nicht, dass niedere Motive existieren, deshalb ziehen sie sich auch vor jeder Form der Negativität zurück. Sie bringen das Beste in uns hervor: Reinheit, Wahrheit und Mut. Ihr Segen bringt das Gute zum Vorschein, das in uns steckt.

*

Niemand muss sich unnütz fühlen,
denn selbst wenn Sie arbeitslos, ans Haus gefesselt,
behindert oder krank sind, können Sie dem Vorrat an Segen
in der Welt noch etwas hinzufügen.

*

Wann immer Sie einen Segenswunsch aussprechen, rufen Sie die göttliche Einhorn-Energie an und bitten sie, einen Menschen, einen Ort oder eine Situation zu berühren. Ein Segenswunsch ist so machtvoll wie die Absicht dahinter und kann Gefühle und Situationen heilen.

SCHULEN UND UNIVERSITÄTEN

Wenn Sie an einer Schule oder Universität vorbeikommen, segnen Sie die Lehrer für ihr Engagement, ihre Integrität und die Fähigkeit, die Herzen und Köpfe ihrer Schüler zu gewinnen. Segnen Sie die Schüler für ihr Interesse und ihren Wunsch zu lernen, sich zu konzentrieren und das Bestmögliche zu erreichen. Stellen Sie sich vor, dass das Schulgebäude in Licht gebadet wird und dass alle Beteiligten aufrecht mit glänzenden Augen und glücklichen Mienen umhergehen.

NAHRUNG

Wenn Sie Essen zubereiten, segnen Sie es. Bedanken Sie sich beim Gemüse, während Sie es schneiden. Wenn Sie ein Ei aufschlagen, denken Sie an das Huhn, das es gelegt hat, und segnen Sie es.

Bevor Sie essen, sollten Sie die Hände über das Essen halten und die Einhörner um ihren Segen bitten. Sie werden ihn durch Ihr Herz und Ihre Hände schicken. Sie können auch Engel und Einhörner bitten, Ihr Essen gemeinsam zu segnen. Dann werden Sie sowohl Engels- als auch Einhorn-Energie in Ihrem Essen haben, wodurch Ihre Körperzellen mehr Licht erhalten.

WASSER

Marjut aus Finnland erzählte mir, dass ihr die Einhörner mitgeteilt hätten, dass sie unser Wasser segnen möchten, bevor wir es trinken. Seither halte ich immer mein Glas in die Höhe und bitte die Einhörner, den Inhalt zu segnen. Ich kann förmlich sehen, wie eines von ihnen Sterne aus seinem Horn in das Wasser gießt, und ich bin sicher, dass das Wasser leichter und süßer schmeckt. Außerdem weiß ich, dass die subtile Energie im Wasser viel höher ist als vorher.

Denken Sie auch daran, den Regen für seine reinigende, heilende und nährende Wirkung zu segnen. Wann immer ich an einer Pfütze vorbeikomme, strecke ich die Hand aus und bitte die Einhörner, ihre Segnungen durch meine Hand in das Wasser strömen zu lassen.

MENSCHEN

Rufen Sie die Einhörner an, um einen Menschen zu segnen. Sie können sicher sein, eines dieser strahlenden Wesen wird erscheinen und den Betreffenden sanft mit seinem Horn aus Licht berühren. Wenn Sie um einen Segen für eine ganze Gruppe bitten, erscheinen die Einhörner über ihr und überschütten sie mit Hoffnung und Liebe.

POLITIKER UND WIRTSCHAFTSFÜHRER

Segnen Sie Politiker und Wirtschaftsführer, und bitten Sie darum, dass sie ehrenvolle, integre und weise Entscheidungen treffen mögen, von denen alle profitieren und die alle stärken.

FERNSEHEN UND RADIO

Wenn Sie fernsehen oder Radio hören, rufen Sie die Einhorn-Energie an, und spüren Sie, wie sie durch Sie hindurchströmt. Segnen Sie dann die Sendungen und die Menschen, die in ihnen auftreten. Segnen Sie das Potenzial, nicht die Realität, wie Sie sie sehen. Das heißt, Sie können durchaus Seifenopern und Programme mit niedrigerer Qualität segnen, damit auch sie Liebe, Güte, Freundlichkeit, Weisheit, Empathie und Gerechtigkeit verbreiten. Ihr Segen wird dazu beitragen, dass selbst der kleinste Same dieser Dinge in den Sendungen wachsen und sich entwickeln wird.

ZEITUNGEN UND ZEITSCHRIFTEN

Ich fragte die Einhörner, ob sie helfen könnten, die Zeitungen und Zeitschriften, die sich vor allem auf die negativen Seiten des Lebens zu konzentrieren scheinen, positiver zu machen. Die Einhörner stimmten meiner Einschätzung zu, dass sich die Medien vor allem auf die dunkle Seite konzentrieren. Sie fügten aber hinzu, dass das Teil des göttlichen Planes sei, weil alle Geheimnisse und dunklen Flecken aufgedeckt werden müssen. Und jetzt ist es an der Zeit, dass dies geschieht. Aber die tendenziöse Darstellung verwässert natürlich die Wahrheit, was nichts weiter als die Reaktion der dunklen Kräfte auf das Licht ist. Auch das wird vorbeigehen.

Es ist wahr, dass die Medien unausgewogen berichten. Es gibt zu viel Deprimierendes und nicht genug Inspirierendes. Wenn Sie helfen möchten, dies zu ändern, bitten Sie die Einhörner, mit Redakteuren, Programmdirektoren, Produzenten und allen, die Einfluss auf die Medien haben, zu kommunizieren. Bitten Sie sie, denen, die bereit sind zuzuhören, positive Dinge einzuflüstern und ihnen klarzumachen, dass auch Mut, Glück und der Dienst am Nächsten zu den berichtenswerten Dingen gehören. Wenn Sie dies regelmäßig tun, werden Sie zu einem spirituellen Bindeglied zwischen den Einhörnern und den Medien. Sie erschaffen dadurch eine Brücke aus Licht, und manche von denen, die Sie auf diese Weise beeinflussen, werden zuhören und reagieren.

Bitten Sie die Einhörner, mit den Verlegern und Redakteuren zu arbeiten, die bereit sind, über das Positive, das Hoffnungsvolle und das Gute zu berichten. Dann können die Einhörner ihnen Kraft geben, um für Integrität, Gerechtigkeit und das Licht einzustehen.

Es gibt ja schon Zeitschriften und Zeitungen, die positiv berichten. So gibt es zum Beispiel in Deutschland die Zeitschrift *connection spirit*, in Österreich die Zeitschrift *Wege* und in der Schweiz die Zeitschrift *Spuren*, die voller inspirierender und spiritueller Artikel sind. In den USA schreibe ich für ein Magazin namens *Mystic Pop*, das sich dem Gedanken der Erleuchtung verschrieben hat. Bitten Sie die Einhörner, die Verleger zu segnen, die die frohe Botschaft verbreiten.

KINDER UND JUGENDLICHE
Segnen Sie alle Kinder und Jugendlichen, damit sie sich ihre Unschuld bewahren, glücklich sind und Lebensfreude empfinden können. Segnen Sie besonders jene, die vom rechten Weg abgekommen sind.

ELTERN
Segnen Sie die Mütter, damit sie Liebe, Fürsorge, Geduld und Mütterlichkeit leben können. Segnen Sie die Väter, damit diese ihre Liebe und ihren Gerechtigkeitssinn leben und ein Vorbild sein können.

TIERE
Segnen Sie die Tiere mit Liebe, Harmlosigkeit und freudiger Akzeptanz des Lebens. Einige von ihnen können Sie sogar segnen, damit sie mutig und fähig sind zu vergeben.

NATUR
Segnen Sie die Bäume für ihre Weisheit, Stärke und Heilkraft.

MENSCHEN MIT NIEDRIGEREM BEWUSSTSEIN
Segnen Sie Diebe, Lügner und Betrüger. Erinnern Sie sie an den Reichtum und die Ehrlichkeit, die in ihnen stecken. Segnen Sie Schläger und Terroristen. Erinnern Sie sie an den Frieden, an ihr Selbstwertgefühl, ihr Selbstvertrauen und ihre Gelassenheit, die sie verloren haben.

COMPUTER UND MODERNE TECHNOLOGIEN
Segnen Sie alle modernen Technologien, die Sie benutzen, sonst werden diese zu Ihren Feinden werden. Chips auf Siliziumbasis haben ein Bewusstsein, das auf Ihre Gedanken und Gefühle reagiert. Senden Sie ihnen Liebe und segnen Sie sie. Schicken Sie ihnen das Licht und die Unschuld

der Einhörner, dann werden sie es Ihnen mit einer längeren Lebensdauer und problemlosem Funktionieren danken.

ORTE UND SITUATIONEN

Segnen Sie alle Orte und Situation in ihrer göttlichen Vollkommenheit und mit all den Eigenschaften, die Sie in ihnen sehen möchten. Wenn Sie ein Land mit Frieden segnen, wird die Energie des Friedens vom Göttlichen dorthin gelenkt werden, wo sie gebraucht wird. Segnen Sie den göttlichen Kern, der in allen Dingen und allen Menschen enthalten ist. Und denken Sie daran, den Einhörnern dafür zu danken, dass sie andere durch Sie segnen.

*

Jeder Segen hilft auf irgendeine Weise.
Auch wenn sich nur wenige Menschen bei Ihnen
dafür bedanken werden, sollten Sie doch wissen, dass Sie damit
etwas zum Guten in der Welt beitragen.

*

GEHEN UND SEGNEN

Dies ist eine ganz einfache Übung, die Sie jedes Mal machen können, wenn Sie spazieren gehen. Sie müssen allerdings sehr wach sein, damit Sie alle Dinge und Geschöpfe auf Ihrem Weg sehen und segnen. Sie können dies entweder in Gedanken tun oder indem Sie die Hände ausstrecken und den Segen der Einhörner auf die Dinge richten, auf die Sie sich gerade konzentrieren.

- Danken Sie den Einhörnern dafür, dass Sie das Haus, das Sie gerade verlassen haben, segnen.
- Bitten Sie die Einhörner, Sie zu begleiten und Ihren Spaziergang zu segnen.
- Bitten Sie die Einhörner das Wetter zu segnen, gleich ob es nun regnet, schneit, stürmt oder ob die Sonne scheint.
- Segnen Sie die Bäume, die Blumen, das Gras und alles, was aus dem Boden wächst.

- Segnen Sie die Menschen und Tiere, denen Sie begegnen.
- Segnen Sie die Insekten, die Sie sehen und auch die, die Sie nicht sehen.
- Segnen Sie die Erde unter Ihren Füßen.
- Segnen Sie Steine und Steinchen.
- Segnen Sie alle Autos, Züge und Flugzeuge, die Sie sehen oder hören.
- Achten Sie darauf, wie Sie sich fühlen, wenn Sie zurückgekehrt sind.

Sie können einen Einhorn-Segen auch sprechen, wenn Sie mit dem Bus reisen, Hausarbeit machen, gärtnern oder sonst etwas tun, was nicht Ihre volle Aufmerksamkeit erfordert. Immer wenn Sie dies tun, fügen Sie Ihrer Umgebung etwas Licht hinzu und erhöhen auch Ihren eigenen Lichtquotienten.

KAPITEL 15

BEZIEHUNGEN HEILEN

Sie können Ihren Engel bitten, mit dem Engel eines anderen zu sprechen, um Missverständnisse und Konflikte aufzulösen. Die Engel helfen beiden Beteiligten.

Die Einhorn-Energie ist anders. Sie müssen bereit sein, die Ansprüche Ihres Egos aufzugeben, im Recht zu sein oder sich an Verletzungen und Wut zu klammern. Erst wenn Sie den ehrlichen Wunsch haben, dass die Situation im besten Interesse aller Beteiligten bereinigt wird, werden Ihnen die Einhörner helfen.

RECHT HABEN ODER GLÜCKLICH SEIN?

Sie können mit einem Gebet beginnen und darum bitten, Ihre egoistischen Interessen in der Beziehung aufzugeben. Was hindert Sie daran, das Göttliche im anderen zu sehen? Ist es Ihr Wunsch, recht zu behalten oder wichtig sein zu wollen? Bestehen Sie auf Ihrem »Recht«, verletzt, wütend oder neidisch zu sein? Und falls ja, warum? Fühlen Sie sich dadurch überlegen oder unterlegen? Sind Sie bereit, Ihren Neid, Ihre Eifersucht, Ihr Bedürfnis nach Liebe oder Erfolg und Ihr Unglücklichsein loszulassen? Sie müssen möglicherweise viele Dinge aufgeben. Denken Sie immer daran, dass Sie selbst es waren, der aufgrund Ihrer Muster den betreffenden Menschen, die Gruppe oder die Situation angezogen hat. Auf der Seelenebene haben Sie beschlossen, eine bestimmte Lektion zu lernen. Daher sind die anderen Beteiligten Ihre Lehrer.

GEBET

»Ich bin jetzt bereit, (hier das betreffende Gefühl einfügen, zum Beispiel meine Wut, meine Eifersucht, meine Rechthaberei) aufzugeben. Ich gebe auf. Ich erkenne dich, (hier den entsprechenden Namen einfügen), als meinen Lehrer an. Wir sind eins. Ich rufe die Einhörner an und bitte sie, mein Herz und meinen Geist für dich zu öffnen, damit zwischen uns Harmonie entstehen kann. So sei es. Es ist vollbracht.«

EINHORN-REGENBOGEN DER HEILUNG

Dies ist eine Visualisierungsübung, in der Sie einen heilenden Regenbogen wie eine Brücke von Ihrem Herzen zum Herzen der anderen Person schlagen. Selbstverständlich besitzt der andere Mensch einen freien Willen und weder Sie noch Ihr Einhorn können ihn zwingen, Ihnen sein Herz zu öffnen. Vielleicht hat er ganz andere Interessen und schlägt Ihr Angebot deshalb aus. Aber wenn Sie wirklich aufgegeben haben, wird die andere Person die Veränderung in Ihrem Energiefeld spüren und normalerweise ihr Herz öffnen, um das andere Ende des Regenbogens zu empfangen. Dann kann Frieden, Liebe oder Reichtum zwischen Ihnen beiden fließen.

Wie bei jeder Übung müssen Sie auch diese Visualisierungsübung möglicherweise mehrere Male ausführen, bevor Sie einen Unterschied in der Beziehung wahrnehmen. Vielleicht haben Sie ja plötzlich das Bedürfnis, den anderen anzurufen oder ihm einen Brief zu schreiben. Vielleicht sind Sie aber auch damit zufrieden, dass sich die Situation zwischen Ihnen entspannt hat und Sie den anderen gar nicht kontaktieren müssen.

Als mir die Einhörner diese heilende Regenbogenvisualisierung schenkten, dachte ich sofort an einen Freund, mit dem ich nicht auf einer Wellenlänge war. Wir hatten sogar eine ziemlich angespannte Beziehung. Also setzte ich mich hin und bat die Einhörner darum, mein Herz zu berühren und mir zu helfen, alles Negative in der Beziehung aufzulösen. Interessanterweise lief ich meinem Freund ein paar Tage später »zufällig« über den Weg. Er kam spontan auf mich zu und umarmte mich. Die Einhörner hatten wieder einmal geholfen!

Sie können diese Übung auch mit jemandem machen, der hinübergegangen ist. Manchmal ist dies leichter, als wenn er sich noch in einem physischen Körper befindet, denn wenn man auf der anderen Seite ist, öffnet man sein Herz leichter, weil man nun eine höhere Perspektive hat.

HEILENDE REGENBOGENVISUALISIERUNG

- Setzen Sie sich an einen ruhigen Ort, an dem Sie niemand stört.
- Atmen Sie ruhig und gleichmäßig durch Ihr Herzzentrum ein und aus, bis Sie ganz entspannt sind.
- Bitten Sie Ihr Einhorn, Ihr Herz mit seinem Horn zu berühren. Stellen Sie es sich entweder vor, oder vertrauen Sie einfach darauf, dass es geschieht.
- Stellen Sie sich vor, Ihr Herz sei eine Rose, die sich nun weit öffnet.
- Stellen Sie sich vor, die andere Person säße vor Ihnen.
- Stellen Sie sich vor, Ihr Einhorn würde eine Regenbogenbrücke von Ihrem Herzen zum Herz der anderen Person bauen.
- Schicken Sie Liebe und andere Gefühle, die Sie für die andere Person empfinden, über den Regenbogen.
- Wenn Sie so weit sind, können Sie eine Botschaft von Ihrem Herzen zum Herzen der anderen Person schicken.
- Spüren Sie, wie sich Ihr Herz nun anfühlt.
- Vielleicht haben Sie ja Eindrücke oder sogar eine Botschaft von der anderen Person empfangen.
- Danken Sie der anderen Person und Ihrem Einhorn. Legen Sie dann einen Regenbogenmantel über Ihre Aura und öffnen Sie die Augen.

HEILUNG ZWISCHEN TÄTERN UND OPFERN

Sowohl Täter als auch Opfer haben dieselbe Angst. Sie drückt sich einfach anders aus. Der Täter möchte geliebt und respektiert werden, glaubt aber nicht, dass er es verdient hat, deshalb terrorisiert er andere, um sich besser oder wichtiger zu fühlen. Das Opfer möchte geliebt und respektiert werden, aber es fürchtet, hilflos und nicht gut genug zu sein. Diese Angst zieht dann einen Täter an.

Der Täter muss die Angst aufgeben, dass er die Liebe und den Respekt, nach dem er sich so sehr sehnt, nicht bekommen kann, und er muss lernen, seinen eigenen Wert zu erkennen.

Das Opfer muss seine Angst und sein fehlendes Selbstwertgefühl aufgeben und lernen, sich seiner eigenen Macht bewusst zu werden, indem es sich auf seinen Mut und seinen Selbstrespekt besinnt.

Täter-Opfer-Situationen entstehen auch zwischen Ehepartnern, Geschwistern, Chefs und ihren Untergebenen, Kollegen oder Firmen. Sie entstehen immer dann, wenn Angst ins Spiel kommt.

Es spielt keine Rolle, ob Täter oder Opfer als Erste bereit sind, aufzugeben und Frieden zu schließen. Wenn Sie sich in einer solchen Situation befinden, machen Sie die oben beschriebene Übung. Ihr Einhorn wird Ihnen dabei helfen.

Wenn Sie beobachten, dass der Täter-Opfer-Tanz zwischen zwei Menschen stattfindet, die Sie kennen, rufen Sie die Einhörner an, öffnen Sie Ihr Herz und erschaffen Sie einen heilenden Regenbogen von Ihrem Herzen zu denen der beiden anderen Beteiligten.

HEILUNG ZWISCHEN LÄNDERN, ORGANISATIONEN UND RELIGIONEN

Es gibt unzählige Beispiele dafür, dass stärkere Länder schwächere einschüchtern und ausnutzen. Die meisten reichen Länder haben ihren Reichtum und ihre Macht erworben, indem sie ärmere Länder ökonomisch und politisch unterdrückt haben. Grundlage des Terrorismus ist immer das Gefühl der Hilflosigkeit und Ungerechtigkeit. Wenn Sie allein oder gemeinsam mit anderen das folgende Regenbogengebet und die Visualisierungsübung auf zwei Länder oder Organisationen konzentrieren, werden die Einhörner dies nur zu gern unterstützen.

Konflikte entstehen auch zwischen Firmen, Religionen oder Kulturen. Die Einhörner werden Ihnen immer helfen, Konflikte zu überwinden. Sie können sich entweder eine Weltkarte mit den betreffenden Ländern oder Orten vorstellen oder Sie können sich die Führer dieser Nationen vorstellen. Sie können sich aber auch ein Symbol vorstellen, zum Beispiel die Bibel, den Koran, das Kreuz, den Davidsstern, das Hakenkreuz, eine Flagge oder ein Firmenlogo oder etwas, das Sie mit den Beteiligten assoziieren.

Sie können das Symbol vor Beginn der Übung auch aufzeichnen. Auf diese Weise wird Ihre Visualisierung verstärkt werden.

Erkennen Sie, dass Sie Teil des Einen Ganzen sind und dass Sie, wenn Sie einem anderen Heilung schicken, dadurch einen Teil Ihrer eigenen Seele heilen. Wir können nämlich das, was in einem anderen Teil der Welt geschieht, niemals von unserem eigenen Selbst trennen.

GEBET, UM KONFLIKTE ZU BEENDEN

»Ich erkenne an, dass wir alle eins sind. Ich bin bereit, alle meine inneren und äußeren Konflikte, mein Verlangen nach Kontrolle, meine Egozentriertheit und meine Urteile aufzugeben, damit mein Bewusstseinswandel zu eurem Wandel wird.

Ich bitte die Einhörner, mein Herz und meinen Geist für euch zu öffnen, damit ihr in Harmonie miteinander leben möget. So sei es. Es ist vollbracht.«

HEILENDE REGENBOGENVISUALISIERUNG FÜR LÄNDER, FIRMEN ODER ORGANISATIONEN

- Setzen Sie sich an einen ruhigen Ort, wo Sie nicht gestört werden.
- Atmen Sie ruhig und gleichmäßig durch Ihr Herzzentrum ein und aus, bis Sie ganz entspannt sind.
- Bitten Sie Ihr Einhorn, Ihr Herz mit seinem Horn zu berühren. Stellen Sie es sich entweder vor, oder vertrauen Sie einfach darauf, dass es geschieht.
- Stellen Sie sich vor, Ihr Herz sei eine Rose, die sich nun weit öffnet.
- Stellen Sie sich vor, eine Person aus jedem der beteiligten Länder, Firmen, Organisationen oder Kulturen säße vor Ihnen.
- Stellen Sie sich vor, Ihr Einhorn würde eine Regenbogenbrücke von

Ihrem Herzen zum Herz der anderen Personen und zu Ihnen zurück bauen, sodass alle durch die Herzenergie miteinander verbunden sind.
- Schicken Sie Liebe und andere Gefühle, die Sie für die anderen Personen empfinden, über den Regenbogen.
- Wenn Sie so weit sind, können Sie eine Botschaft der Liebe, des Friedens oder der Ermutigung von Ihrem Herzen zum Herzen der anderen Personen schicken. Dafür müssen Sie diese nicht kennen.
- Spüren Sie, wie sich Ihr Herz nun anfühlt.
- Vielleicht haben Sie ja Eindrücke oder sogar eine Botschaft von den anderen Personen empfangen.
- Danken Sie allen Beteiligten dafür, dass sie so empfänglich waren. Danken Sie auch Ihrem Einhorn. Legen Sie dann einen Regenbogenmantel über Ihre Aura und öffnen Sie die Augen.

KAPITEL 16

EINHORN-TRÄUME

Wenn Sie von Einhörnern träumen, begegnen Sie ihnen in den inneren Welten. Das bedeutet, dass sie bereits mit Ihnen arbeiten.

Ich unterhielt mich auf einer Party mit einer Frau, die mir erzählte, dass sie nichts über Einhörner wisse und auch noch nie an sie gedacht hätte. Als sie aber eines Tages auf einem Heilungsseminar war und die Gruppe in eine geführte Meditation einstieg, fiel sie in eine sehr tiefe Trance. Da erschien ihr ein Einhorn, und zwar so real und eindrücklich, dass sie sich immer noch an das Gefühl erinnern konnte. Das Einhorn überbrachte ihr keine Botschaft, es sah sie einfach liebevoll an. Als sie aus der Meditation kam, fühlte sie sich sehr friedvoll und doch irgendwie aufgeregt. Sie wollte wissen, was der Traum zu bedeuten hatte. Da sie erwähnt hatte, dass sie gern Heilerin werden würde – Einhörner sind großartige Heiler, die auf der Seelenebene arbeiten, wodurch der Körper beeinflusst wird –, schlug ich ihr vor, sie solle doch ihre Heilkräfte weiterentwickeln. Ich war mir sicher, die Einhörner wollten, dass sie jetzt anfing, mit der Einhorn-Energie zu arbeiten. Sie hatte das Gefühl, ich könnte recht haben.

Marjo-Kaisu liebt Einhörner. Sie träumte einmal, dass sie gerade einen Korridor entlangging, als ihr ein Einhorn entgegenkam. Sie erkannte das Einhorn, das sie schon früher einmal aufgesucht hatte, und erwartete, dass sich ihr Einhorn-Freund auf die Hinterbeine stellen würde, um sie zu umarmen. Also wartete sie darauf. Aber stattdessen entstand plötzlich eine Barriere zwischen den beiden. Als sie aufwachte, erkannte sie, dass das Einhorn zu ihr gekommen war, um ihr zu sagen, dass sie in einem bestimmten Bereich eine Blockade hatte, die sie überwinden musste, um sich weiterzuentwickeln.

Es war ein Zeichen für ihren spirituellen Fortschritt, dass sie die Botschaft verstanden hatte und dementsprechend handeln konnte.

SCHWARZE UND WEISSE EINHÖRNER

Ich möchte hier einen Traum wiedergeben, den Eeva kurz vor dem Einschlafen hatte, also in dem Augenblick, in dem die Schleier zwischen den Welten dünn sind. Sie sah den schwarzweißen Kopf eines Einhorns. Die Vision hielt eine Weile an, und sie versuchte sie so genau wie möglich wahrzunehmen, um sich alle Details zu merken. Dabei fühlte sie sich so gut und verspürte ein großes Glücksgefühl.

Ich fand es faszinierend, dass sich ihr ein Einhorn als schwarz und weiß gezeigt hatte. Normalerweise bedeutet schwarz und weiß, dass man die Dinge nicht auf die Spitze treiben oder nicht zu sehr in Schwarz-Weiß-Kategorien denken soll. Es hätte auch eine Ermahnung sein können, dass jedes Ding seine zwei Seiten hat.

Aber Schwarz symbolisiert auch das tiefste Mysterium. So steht die schwarze Madonna zum Beispiel für die unergründliche Tiefe der weiblichen esoterischen Weisheit. Schwarz ist die ultimative Yin-Farbe. Könnte es nicht sein, dass das schwarzweiße Einhorn ihr sagen wollte, dass sie ihr reines Licht einsetzen, gleichzeitig aber die Tiefe ihrer weiblichen Weisheit anerkennen sollte?

Elena erzählte mir, dass sie einen Traum hatte, in dem ein Einhorn über sehr üppiges samtgrünes Gras lief. In der Nähe war klares Wasser und das Einhorn hatte einen goldenen Schimmer um Kopf und Mähne. In ihrem Traum lief sie schnell zu ihrer Schwester, weil auch sie das Einhorn sehen sollte. Sie wollte dieses erstaunliche Schauspiel mit ihr teilen.

Träume, Tagträume oder Meditation sind Trancezustände, in denen es möglich ist, in eine andere Dimension zu schlüpfen und andere Welten zu besuchen. Marion hatte sehr schwer gearbeitet, und als sie sich einmal eine kleine Pause gönnte, hatte sie einen Tagtraum. Sie sah sich selbst als Prinzessin einen Weg entlanggehen, der zu einem herrlichen Schloss führte, das leuchtete, als stamme es aus einem Walt-Disney-Film. Als sie näher kam, wurde sie von zwei Einhörnern begrüßt. Als sie »erwachte«, dachte sie: »Marion, jetzt hast du wirklich nicht mehr alle Tassen im Schrank. Einhörner, also wirklich!«

Später erkannte sie aber, dass ihre Skepsis sie daran hinderte, eine größere Wirklichkeit zu sehen. In derselben Nacht hatte sie nämlich einen sehr eindrücklichen Traum, in dem sie zu meinem Haus kam, wo ich ihr einen dunkelblauen Schal um die Schultern legte, um sie zu beschützen, während ich irgendeine bedrohliche dunkle Macht in die Schranken wies. Als ich ihr den schützenden Schal wieder abnahm, erwachte sie.

Am selben Abend zog sie einen so wütenden Menschen an, dass ihre Aura durchlöchert wurde. Das brachte sie so sehr aus der Fassung, dass sie zwei Wochen brauchte, um sich davon zu erholen. Dann las sie in einem meiner Rundbriefe einen Artikel über Einhörner. Ihr wurde sofort klar, dass sie die Einhörner herbeigerufen, dann verleugnet und ihren Schutz verloren hatte. Sie setzte sich hin und rief die Einhörner noch einmal an, um die Verletzung zu heilen, die sie sich selbst zugefügt hatte. Es ist so wunderbar, dass sie so viele Einsichten hat und ihr Leben auf so wunderbare Weise meistert.

Manchmal werden Einhörner auch während der Meditation gesehen. Anna erzählte mir, dass sie an einer Schweigemeditationsklausur teilgenommen hatte. Anfangs konnte sie den Lärm in ihrem Kopf nicht zum Verstummen bringen. Je mehr sie es versuchte, desto lauter wurde er. Schließlich bat sie um Hilfe. Da tauchte ein herrliches weißes Einhorn auf. Sie bestieg es, hielt sich an der Mähne fest und das Einhorn trabte mit ihr zu einem Wasserfall, ließ sie auf einer Wiese absteigen und setzte sich wie ein Gefährte neben sie. Sie bedankte sich und erlangte augenblicklich einen ruhigen, friedvollen, ja glückseligen Bewusstseinszustand.

Am Ende der Meditationssitzung dachte sie: »Wenn ich doch nur heute noch einmal ein Einhorn herbeirufen könnte!« Während der Mittagspause ging sie zu einem sonnigen Fleckchen ganz am Ende des Grundstücks. Während sie aß, sah sie nach rechts und erblickte etwas Weißes im Gebüsch. Sie stand auf, schob einige Zweige zur Seite und sah ein Einhorn aus weißem Stein. Vor Freude wären ihr fast die Tränen gekommen.

DAS LICHT AUS DEM DRITTEN AUGE

Da wir geistige Wesen in einem physischen Körper sind, haben wir ein materielles Leben während des Tages und ein seelisches während der Nacht. Wir besuchen während des Schlafes Freunde, die weit entfernt leben, sich nicht mehr in ihrem Körper befinden oder sich in einer anderen Galaxie aufhalten. Wenn wir spirituell so weit entwickelt sind, nehmen wir an Lehr- oder Heilsitzungen mit Engeln und Meistern teil. Viele Menschen wissen nicht einmal, dass sie in ihren Träumen spirituelle Arbeit leisten und anderen helfen, sie führen oder retten.

Marjo-Kaisu konnte sich an eines dieser Traumerlebnisse erinnern. Im Traum war sie auf einer Reise, um einige ihrer kosmischen Freunde aus anderen Sternensystemen zu besuchen. Diese hatten zwar keine menschlichen Körper, waren aber sehr freundlich, redeten und lachten viel. Eine männliche Schöpferenergie stand etwas abseits der Gruppe. Er hatte eine sehr sanftmütige Ausstrahlung und leuchtende Augen und sah einfach zu. Sie wusste, dass er seine Geisteskraft einsetzte. Was sie besonders faszinierte, war, dass aus seinem dritten Auge das Horn eines Einhorns hervorragte. Sie empfing seine Botschaft ganz klar. Er wollte sie daran erinnern, dass die Menschen Kopf und Herz in Einklang bringen müssen. Wenn wir nur vom Herzen her leben, sind wir nicht geerdet. Wenn wir nur vom Kopf her leben, sind wir egoistisch und verlieren unser Mitgefühl. Marjo-Kaisu betonte noch einmal, dass seine Ausstrahlung sehr gütig und sanftmütig war, dass sie aber das Horn verwirrt hatte.

Ich erinnerte sie daran, dass Lichtstrahlen aus dem dritten Auge auf eine sehr hochfrequente Geisteskraft hinweisen. Dabei kann es sich um schöpferische, heilende oder erleuchtete Gedanken handeln. Jede Form reiner Energie, die stark genug aus der Mitte der Stirn hervorstrahlt, kann ein Lichthorn erzeugen, so wie uns auch jede Form strahlender Herzenergie als Flügel erscheint.

EINHÖRNER
LENKEN DEN GEIST

Lydia erzählte mir eine wunderbare Geschichte über ihre Großmutter, die die geistigen Welten sehen konnte. Zwei Tage, bevor ihr Großvater im Krieg fiel, besuchte er seine Frau in seinem Geistkörper und sagte ihr, alles sei in Ordnung, er würde immer bei ihr sein und ihr von der anderen Seite aus beistehen. Lydia sagte, dass sich ihre Großmutter niemals beklagt hatte, obwohl sie mit vier Kindern und einem weiteren im Bauch allein gelassen worden war. Sie war glücklich, weil sie die Wahrheit kannte. Ihr Haus stand allen offen, die Hilfe brauchten, und sie teilte ihr Essen mit allen, die hungrig waren. Sie verstand sich ganz wunderbar mit Tieren und hielt sich Kühe und Hühner nur wegen der Milch und den Eiern, denn sie waren ja ihre Freunde.

Als es Zeit für die alte Dame war hinüberzugehen, wachte Lydias Mutter in der Nacht auf, weil sie von wunderschönen weißen Pferden geträumt hatte, die, umgeben von silbernen Sternen, um das Haus herumliefen und durch die Fenster hineinsahen. Sie weckte sofort die ganze Familie auf und sie alle versammelten sich um die Großmutter. Lydia erzählte weiter: »Ihre Augen funkelten wie Sterne und sahen viel größer aus. Sie waren leuchtend blau und hatten viele verschiedene Schattierungen. Sie lächelte, denn nun war sie frei. Endlich frei, um mit den Einhörnern zu fliegen.« Dann fügte sie noch hinzu: »Ich war bei diesem ganz besonderen Anlass nicht dabei, aber ich habe Fotos von meiner Großmutter am Tag vor ihrem Übergang gesehen. Ich werde mich immer an das Glück, die Freude und Liebe in ihren Augen erinnern.«

KAPITEL 17

MIT EINHORN-TRÄUMEN ARBEITEN

Zahlen, die in Träumen vorkommen, haben eine wichtige Bedeutung. Wenn beispielsweise zwei Einhörner in einem Traum vorkommen, kann das darauf hindeuten, dass Sie Ihr Gleichgewicht wiederfinden oder dass Sie bald Ihrem Partner begegnen werden, denn zwei ist die Zahl der Zusammengehörigkeit und des romantischen Miteinanders. Vielleicht steht das Einhorn im Traum auch an einer Stelle, an der fünf Bäume wachsen. Das kann bedeuten, dass Ihnen eine Veränderung bevorsteht, dass Sie Risiken eingehen werden oder dass Sie bald mehr Energie oder Mittel zur Verfügung haben werden.

DIE BEDEUTUNG DER EINZELNEN ZAHLEN

1 Neuanfänge, Einssein mit dem Leben, Einheit, Unabhängigkeit, Individualität. Die Eins weist darauf hin, dass Sie Ihre ganze Aufmerksamkeit auf ein Ziel richten sollen. Eins ist eine sehr positive Zahl, es sei denn, Sie fühlen sich einsam und isoliert.

2 Die Zahl des Gleichgewichts zwischen männlichen und weiblichen Energien. Die Zwei hat eine romantische, künstlerische, sensible Energie, die Ihnen eine Partnerschaft bringen wird.

3 Die Drei repräsentiert die Dreifaltigkeit, ein Symbol für Stärke und Gemeinsamkeit. Sie birgt eine gewisse Autorität in sich, die kontrollierend wirken kann, hoffentlich aber auch Spaß macht. Die Drei kann auch darauf hinweisen, dass Sie zwar schon viel erreicht haben, aber noch mehr tun müssen. Die Drei deutet an, dass Sie die Kraft, das Selbstvertrauen und die Offenheit haben, Ihre Ziele zu erreichen.

4 Die Vier ist eine sehr stabile und solide Zahl, die auf ein gutes Fundament für alles, was Sie erschaffen möchten, hinweist. Sie deutet aber auch an, dass Sie mehr Selbstdisziplin brauchen.

5 Die Fünf weist darauf hin, dass Veränderungen anstehen – möglicherweise sogar ein ganz plötzlicher Richtungswechsel, der auch Risiken in sich trägt. Aber Sie werden über alle notwendigen Ressourcen für die neu eingeschlagene Richtung verfügen.

6 Die Sechs ist eine freundliche, gesellige Zahl. Sie kann auch andeuten, dass Sie sich ganz einer Person oder einer Sache widmen sollten.

7 Die Sieben ist eine mystische Zahl. Kommt sie vor, sollten Sie Ihren Traum von einer spirituellen Perspektive aus anschauen. Sie kann darauf hinweisen, dass eine Wiedergeburt bevorsteht.

8 Mit der Acht liegt Ihnen die Welt zu Füßen. Die Acht ist die Zahl der Unendlichkeit und Ewigkeit, in ihr liegen Macht, Reichtum und kosmische Weisheit.

9 Die Neun weist darauf hin, dass Sie durch Ihren selbstlosen Einsatz Gutes bewirkt haben. Die Neun gratuliert Ihnen.

10 Zehn ist die Zahl der Vollendung, das Ende einer Ära. Sie gibt Ihnen ein Gefühl der Zufriedenheit mit sich selbst. Alles ist gut.

11 Die Elf ist die Meisterzahl, die einen Neuanfang ankündigt.

ENERGIE KLÄREN

Bevor Sie um einen Einhorn-Traum bitten, müssen Sie Ihre Energien läutern und Ihre Ängste und Negativität aufgeben. Ihr Licht wird dadurch reiner, sodass die Einhörner Ihnen auf einer höheren Ebene begegnen können. Im Folgenden stelle ich einige Methoden vor, die Sie zur Läuterung anwenden können.

- Duschen oder baden Sie. Während Sie dies tun, stellen Sie sich vor, dass alle Ihre Ängste von Ihnen abgespült werden und in den Abfluss fließen. Besonders effektiv ist dies, wenn Sie dabei noch singen, Mantras rezitieren oder Om sagen.
- Bekräftigen Sie, dass Sie ein Wesen des Lichts und der Liebe sind. Bekräftigen Sie Ihre guten Eigenschaften wie Friedfertigkeit, Weisheit und Fröhlichkeit.
- Schlagen Sie eine Klangschale an und konzentrieren Sie sich auf Ihr göttliches Selbst.
- Singen Sie sakrale Lieder oder rezitieren Sie heilige Texte.
- Spielen Sie eine CD mit heiliger Musik oder heiligen Gesängen ab. Das ewige Om eignet sich hervorragend für jede Art von Läuterung.
- Gehen Sie entlang eines Wasserlaufs oder an einem Ort mit hoher Energie spazieren – zum Beispiel am Strand, im Wald oder in den Bergen.

SCHUTZ

Es ist immer gut, Ihren Geist zu schützen, wenn Sie abends ins Bett gehen, damit er sicher in andere Dimensionen reisen kann.

Sie können die Einhörner oder Erzengel Gabriel bitten, eine weiße Kugel aus reflektierendem Licht um Sie zu platzieren. Sie müssen aber nicht nur daran denken, sondern sie sich ganz bildhaft vorstellen.

Sie können auch Erzengel Michael bitten, seinen dunkelblauen Schutzmantel um Sie zu legen. Wenn Sie spüren, dass die Engel Ihnen den Mantel um die Schultern legen, sorgen Sie dafür, dass die Kapuze über Ihren

Kopf gezogen ist und Ihr drittes Auge bedeckt. Dann stellen Sie sich vor, dass Sie den Mantel von den Füßen bis zum Kinn zuziehen.

Eine dritte, ebenfalls sehr effektive Schutzmaßnahme besteht darin, dreimal den goldenen Strahl Christi anzurufen. Wenn Sie im Christus-Licht stehen, befinden Sie sich unter dem Schutz des Christus.

UM EINEN EINHORN-TRAUM BITTEN

Denken Sie tagsüber von Zeit zu Zeit an die Einhörner und daran, wohin Sie während des Schlafes gern reisen würden.

Sie können die Einhörner bitten, Sie nachts an einen Ort zu bringen, an dem Sie etwas lernen und sich weiterentwickeln können. Sie können sie aber auch bitten, Ihnen zu helfen, sich an ein vergangenes Leben zu erinnern oder die Rückzugsorte der Meister und Erzengel oder das Reich der Einhörner zu besuchen. Natürlich können Sie ihnen auch einfach sagen, dass Sie sie besser kennenlernen möchten – besonders Ihr Einhorn.

Wenn Sie eine Vision haben, die anderen hilft, können Sie auch ganz allgemein um Führung bitten oder um Klarheit für Ihren nächsten Schritt.

GEBET

»Geliebte Einhörner, ich bitte euch, mich im Traum nach (hier den Ort einfügen, an den Sie reisen möchten) zu bringen, damit ich die Vergangenheit loslassen kann / Weisheit erlangen kann / mein Einhorn kennenlerne / eure Führung empfange und mich entwickle. Möge ich zum Wohl meiner Seele und zum Wohle aller Wesen wachsen. Amen.«

AUF DEN SCHLAF VORBEREITEN

Legen Sie abends Papier und Stift neben das Bett, damit Sie Ihre Träume aufschreiben können, falls Sie während der Nacht erwachen. Das bestätigt Ihrem Unbewussten, dass Sie bereit sind, sich an Ihren Traum zu erinnern.

Trinken Sie vor dem Schlafengehen ein Glas Wasser, denn Wasser ist das Medium der Träume. Außerdem sorgt es dafür, dass Sie nicht so tief schlafen, dass Sie sich nicht an Ihre Träume erinnern können.

Denken Sie an die Einhörner, bevor Sie einschlafen.

KAPITEL 18

WEISSE TIERE

Weiße Tiere, die keine Albinos sind, tragen die Christusbewusstseinsenergie der reinen, bedingungslosen Liebe in sich. Nach der Tradition der amerikanischen Ureinwohner kommt Frieden auf die Erde, wenn ein weißes Büffelkalb geboren wird. Ich erinnere mich noch, wie viel Jubel es ausgelöst hat, als das Erste geboren wurde. Seither sind noch weitere weiße Büffel geboren worden.

Weiße Tiere, nicht Albinos, sind mittlerweile bei vielen Tierarten aufgetaucht, was darauf hindeutet, dass zurzeit ein ganz wunderbarer Bewusstseinswandel stattfindet. Diese heiligen weißen Geschöpfe werden nicht nur von ihren Artgenossen in Ruhe gelassen, sondern auch von Raubtieren. Selbst das Tierreich scheint also zu wissen, dass diese Geschöpfe etwas ganz Besonderes sind.

Neulich schlug ich die Zeitung auf und sah ein ganzseitiges Bild von einem weißen Pfau, der sein Rad schlug. Der Anblick erfüllte mich mit unbändiger Freude, und zwar nicht nur, weil er so unbeschreiblich schön war, sondern auch weil ich wusste, dass jeder, der das Bild gesehen hatte, auf irgendeiner Ebene vom Christusbewusstsein berührt worden war. Auf der metaphysischen Ebene steht ein farbiger Pfau für Egobewusstsein, Prunk- und Ruhmsucht, während ein weißer die Überwindung des Egos anzeigt.

Ein paar Tage darauf erwähnte ich dies beim Abendessen gegenüber den Organisatoren eines meiner Seminare. Eine von ihnen erzählte daraufhin, dass sie von einer Kuh geträumt hatte, die gerade gekalbt hatte. Es war eine sehr schwere Geburt gewesen, aber sie hatte ein weißes Kalb geboren. Im Traum sagte sie zu ihrer Schwester, in einem Diana-Cooper-Buch stünde, dass die Kuh das Christusbewusstsein gebärt. Als sie aufwachte, liefen ihr Freudentränen übers Gesicht.

Ich wies darauf hin, dass jeder Aspekt eines Traums einen Teil von uns selbst repräsentiert und dass die Kuh, die sie im Traum gesehen hatte, sie selbst war. Der weibliche, liebevolle, nährende Teil von ihr hatte das Christusbewusstsein geboren. Natürlich war sie entzückt, weil sie die tiefe Wahrheit in meinen Worten spürte.

Eine andere Frau erzählte uns, dass sie ein winziges weißes Wiesel gesehen hatte, das auf der neu gebauten Zufahrtsstraße zu ihrem Haus hin und her rannte. Da ein Haus das eigene Bewusstsein symbolisiert, weist der Bau einer neuen Zufahrtsstraße auf einen Neuanfang hin. Wenn man ein weißes Tier darauf hin und her laufen sieht, zeigt dies an, dass der Neuanfang gesegnet ist.

Als ich *The Web of Light* schrieb, das in Afrika spielt, schaute ich mir dort die weißen Löwen an. Ich war von ihrem Licht tief berührt. Ich wusste, dass sie auf einer Ebene zwar immer noch wilde Tiere waren, aber ich konnte spüren, dass sie in ihrem Kern unschuldig und liebevoll waren. Wo immer ein weißes Tier ist, da ist auch ein Einhorn neben ihm, das ihm während seines ganzen Lebens hilft, die Frequenz des Christusbewusstseins zu halten.

Weiße Tiere können Ihnen auf vielerlei Weise helfen. Eine Freundin von mir, die Therapeutin und Heilerin ist, arbeitete einmal mit einem anderen Heiler an einer Klientin, die ein sehr schweres Problem mit einer Wesenheit hatte, die sich an ihren Rücken klammerte. Die Wesenheit konnte dies tun, weil die Klientin als Kind von ihrem Onkel sexuell missbraucht worden war, wodurch tiefsitzende Ängste ausgelöst worden waren. Sie hatte ihr Leben lang darunter gelitten.

Meine Freundin tat, was sie konnte, aber der andere Heiler konnte den übrig gebliebenen Rest nicht entfernen. Als sie nach Hause fuhr, sah sie einen weißen Hirsch und wusste sofort, dass jetzt die Zeit gekommen war, alles aufzulösen. Sie rief den Hirsch an und bat ihn um Hilfe, dann konzentrierte sie sich ganz auf die Frau und zerrte den Rest der Wesenheit aus ihrem Körper. Es funktionierte, und sie war sehr dankbar, dass ihr der Hirsch zu Hilfe gekommen war.

EINE VISUALISIERUNGSÜBUNG

- Suchen Sie sich einen ruhigen Ort, an dem Sie ungestört sind.
- Wenn möglich reinigen Sie den Ort mithilfe einer Klangschale oder spiritueller Musik.
- Zünden Sie eine Kerze an, um die Schwingung anzuheben.
- Schließen Sie die Augen, und entspannen Sie sich, indem Sie sich ganz auf den Atem konzentrieren.
- Atmen Sie in Ihr drittes Auge ein und aus dem Herz-Chakra aus, bis Sie sich ganz zentriert fühlen.
- Stellen Sie sich vor, Sie seien an einem wunderschönen Ort in der freien Natur mit grünem Gras, Blumen und Bäumen.
- Stellen Sie sich vor, dass Sie die Finger in einen Bach tauchen. Vielleicht können Sie ja sogar das kalte, klare Wasser fühlen.
- Während Sie sich weiter entspannen und immer ruhiger werden, sehen Sie, dass sich Ihnen ein weißes Tier nähert, dessen Herz Liebe und Frieden ausstrahlt.
- Was für ein weißes Tier ist es?
- Es begrüßt sie. Spüren Sie, wie Sie das Christusbewusstsein einhüllt. Erweisen Sie ihm Ihren Respekt.
- Nehmen Sie das Einhorn wahr, das das weiße Tier begleitet. Das Einhorn nickt Ihnen zu und schickt Ihnen Liebe.
- Die Botschaft ist Liebe. Atmen Sie Liebe in Ihr Herz hinein.
- Vielleicht sehen Sie ja nun, dass Orbs in verschiedenen Farben aus dem weißen Tier hervorkommen und Sie umschwirren. Lassen Sie sie in Ihre Aura und in Ihr Herz.
- Während dies geschieht, empfangen Sie eine Botschaft der Hoffnung, Liebe und Ermutigung. Nehmen Sie dies alles an.
- Bleiben Sie in dieser liebevollen Energie, so lange Sie sie brauchen. Dann werden Sie sehen, dass sich das weiße Tier und das Einhorn zurückziehen.
- Wenn Sie so weit sind, öffnen Sie die Augen und kommen Sie in das Zimmer zurück.
- Sie sollten nun etwas klares Wasser trinken, denn Sie haben durch Ihre Chakras hochfrequente Energie aufgenommen.

KAPITEL 19
EINHÖRNER UND TIERE

Die Einhörner lieben Menschen, die mit Tieren arbeiten und sie respektieren. Dem Bauern, dem das Wohl seiner Kühe, Schafe oder Schweine aufrichtig am Herzen liegt und der sich nach besten Kräften um sie kümmert, steht ein Einhorn zur Seite, das ihn sanft zu dem Tier hindirigiert, das gerade seine Aufmerksamkeit benötigt.

Der warmherzige, stille Mensch, der mit seinem Hund in der Natur spazieren geht, kann sich sicher sein, dass immer ein Einhorn in der Nähe ist und sie beobachtet.

Der fürsorgliche, aufmerksame Tierarzt, der seinen kranken Schützlingen hilft, wieder gesund zu werden, darf davon ausgehen, dass Engel oder Einhörner ihm dabei helfen, die Tiere zu pflegen und sie zu heilen.

Einhörner übermitteln Informationen auf telepathischem Wege und gehen dadurch weit über die Beschränkungen der menschlichen Sprache hinaus. Sie kommunizieren in der Sprache des Lichts, das spirituelle Informationen und spirituelles Wissen enthält. Sowohl Engel als auch Einhörner übertragen Licht voller unsichtbarer esoterischer Informationen und Weisheit in derselben Art und Weise auf die Menschen, in der auch die einzelnen Körperzellen miteinander kommunizieren, die ebenfalls Licht austauschen.

Die Einhörner nähern sich allen Menschen, die guten Willens sind und ihre tierischen Schützlinge lieben, aber vielleicht nicht so genau wissen, was diese brauchen, und kommunizieren mit ihnen. Sie versuchen, ihnen Wege aufzuzeigen, wie sie besser mit den Tieren umgehen können.

Die Einhörner stammen von Lakuma, einem aufgestiegenen Stern im Sternsystem Sirius. Hunde, Pferde und Kühe stammen ebenso vom Sirius wie die Delfine, die die Hohepriester und Hohepriesterinnen der Meere und die Hüter der Weisheit sind.

Ohne sich dessen bewusst zu sein, haben alle Menschen und Tiere eine enge Bindung an all jene Seelen, die vom selben Planeten oder Sternensystem kommen wie sie selbst. Es versteht sich von selbst, dass Einhörner eine sehr enge Bindung zu Pferden haben. Vielleicht sehen Sie ja einmal ein Einhorn, das mit wehender Mähne mit einer Pferdeherde galoppiert. Menschen, die Pferde lieben und sich um sie kümmern, sind eng mit der Einhorn-Energie verbunden.

Ich erhielt einmal ein Foto von einem wunderschönen Pferd, auf dessen Kronen-Chakra zwischen den Ohren ein Einhorn-Orb sichtbar war. Auch sein Schutzengel-Orb war deutlich zu sehen.

Wo immer Gottes Geschöpfe grausam behandelt oder vernachlässigt werden, wenden sich die Einhörner voller Trauer ab, damit sich der Tanz des Karmas entfalten kann.

IN DER NACHT UNTERWEISEN DIE EINHÖRNER DIE TIERE

Die Geister der Tiere reisen nachts genauso, wie es die Geister der Menschen tun. Deshalb begegnet man seinen Tieren – ob lebend oder tot – oft in den inneren Welten des Traums.

Viele Menschen kommen während des Schlafes niemals über die Astralebene, die Welt der Gefühle, hinaus. Das liegt daran, dass ihr emotionales Leben für sie wichtiger ist als ihre spirituelle Suche. Es gibt aber viele spirituelle Welten, und wenn man auf die Einhorn-Energie eingestimmt ist, findet man sich im Traum möglicherweise auf einer außerordentlich schönen Waldlichtung wieder, wo man von einem leuchtend weißen Pferd begrüßt wird.

Manche Menschen besuchen sogar die Einhorn-Schulen, in denen sich unter den Schülern viele Tiere befinden. Es ist für ein Tier viel leichter, die spirituellen Welten zu betreten, weil es nicht durch Intellekt und Logik zurückgehalten wird. Da in den nicht materiellen Dimensionen Wasser und Luft als lebensnotwendige Medien keine Rolle spielen, begegnet man dort sogar Delfinen, die den großen Einhorn-Meistern aufmerksam zuhören.

ARBEITEN DIE EINHÖRNER MIT TIEREN?

Ja. Wenn das Herz eines Tieres offen ist und es dem Planeten auf irgendeine Weise dienen möchte, werden die Einhörner dies erkennen und es dabei unterstützen. Die Einhörner haben vielen Hunden geholfen, die ihren Herren oder sogar Fremden aus Schwierigkeiten herausgeholfen haben.

DIE ELEFANTEN VON PHUKET

Ich kenne eine wunderbare Geschichte über die Elefanten aus dem thailändischen Phuket, die den Menschen während des Tsunami vom 26. Dezember 2004 halfen. Ich habe sie bereits in *Angel Answers*[7] wiedergegeben, aber ich finde, sie gehört auch in dieses Buch.

An jenem schicksalsträchtigen Tag setzte eine Gruppe Elefanten der ganzen Welt ein Beispiel für Mut und Mitgefühl. Etwa 20 Minuten vor dem ersten Tsunami wurden die Elefanten sehr unruhig und aufgeregt. Vier von ihnen, die gerade von der Arbeit zurückgekehrt und noch nicht angekettet worden waren, halfen den anderen fünf, sich von ihren Ketten zu befreien. Dann liefen alle einen Hügel hinauf und begannen von dort aus zu trompeten. Da sie spürten, dass irgendetwas nicht stimmte, folgten ihnen viele Menschen, die damit außerhalb der Gefahrenzone waren, als die Welle kam.

Sobald sich das Wasser zurückgezogen hatte, liefen die Elefanten den Hügel hinunter und hoben mit ihren Rüsseln mehrere Kinder auf. Dann liefen sie mit ihnen wieder den Hügel hinauf. Als alle Kinder gerettet waren, kümmerten sie sich um die Erwachsenen. Nachdem sie so 42 Menschen gerettet hatten, liefen sie wieder zum Strand hinunter und bargen vier Leichen. Die Elefanten ließen sich von ihren Führern nicht aufhalten, bis sie ihre Aufgabe erfüllt hatten. Und dann begannen sie den Strand aufzuräumen.

Jeder Elefant hatte ein Einhorn dabei, das ihm half, seine höhere Bestimmung zu erfüllen. Die Einhörner halfen auch den Menschen, die die Elefanten gerettet hatten, mit ihrer Anwesenheit und ihrem Licht. Außer-

---

7 Deutsch: *Die Engel antworten. Himmlische Hilfe für die wichtigsten Lebensfragen.* Ansata, München 2007

dem gingen unter den Traumatisierten und Verletzten weitere Einhörner umher, um ihnen Hoffnung und Mut zu spenden.

HILFE FÜR DIE KATZEN

Katzen beschützen ihre Besitzer und ihr Heim vor Wesenheiten. Es gibt viele Geister der niederen Astralebene, Gedankenformen und andere Wesenheiten, die uns umgeben. Sie fühlen sich entweder von dunklen Menschen oder dunklen Orten angezogen, wo sie sich verstecken können, oder sie suchen Menschen und Orte mit einer hohen Schwingung auf, weil sie möchten, dass man ihnen hilft. Wenn sich eine Katze bemüht, seine Familie zu beschützen, kommt ihm oft ein Einhorn zu Hilfe. Es bringt ein so reines Licht mit sich, dass die niederen Wesenheiten sich davonmachen, weil sie das helle Licht nicht ertragen können. Es kann aber auch vorkommen, dass die unglücklichen Wesen oder Gedankenformen das Licht als Wegweiser in eine höhere Dimension benutzen.

DER WAL IN DER THEMSE

Die Menschen verschmutzen nicht nur die Meere, sie setzen auch Echolotgeräte unter Wasser ein, wodurch die Meeresbewohner desorientiert werden, weil ihr Navigationssystem nicht mehr funktioniert. Als Folge davon sterben viele von ihnen vorzeitig und sind so nicht mehr in der Lage, ihre Seelenbestimmung zu erfüllen.

Im Jahr 2005 wurde ein Wal als Botschafter geschickt, um die Aufmerksamkeit der Welt auf die Not der Meeresbewohner zu lenken. Als er die Themse nach London heraufschwamm, wurde er von Millionen Menschen überall auf der Welt gesehen und berührte ihre Herzen. Weil dieser Wal sein Leben für das höhere Wohl aller Meerestiere opferte, blieb ein Einhorn bei ihm. Das Licht des Einhorns zog die Aufmerksamkeit der ganzen Welt auf sich und trug dazu bei, das Bewusstsein vieler Menschen anzuheben.

HELFEN EINHÖRNER DEN TIEREN, SICH ZU ENTWICKELN?

Indem sie mit den Tieren arbeiten, deren Seelenwunsch es ist zu dienen, helfen sie dem betreffenden Geschöpf automatisch, seine Schwingung anzuheben und sich weiterzuentwickeln.

Wenn zum Beispiel eine Vogelschar bereit ist, sich durch Liebe und Gnade weiterzuentwickeln, schicken ihnen die Einhörner eine Energiewelle, damit die Schar die Frequenz halten kann, die sie anstreben.

REINE FREUDE

Meine Freundin Elizabeth schickte mir ein Foto, auf dem sie auf einem Pferd saß, das einen reißenden Fluss in Neuseeland durchschwamm. Als ich es betrachtete, hatte ich das überwältigende Gefühl einer Einhorn-Präsenz. Die Einhörner bestätigten dies, sagten mir aber, dass das betreffende Einhorn nicht gekommen war, um zu helfen, sondern einfach um an dem aufregenden Abenteuer teilzuhaben. Die Einhorn-Energie verstärkte die Freude an diesem Erlebnis noch. Für Elizabeth war es jedenfalls der Höhepunkt ihrer Reise.

EINE VISUALISIERUNGSÜBUNG, UM TIEREN ZU BEGEGNEN

- Suchen Sie sich einen ruhigen Ort, an dem Sie ungestört sind.
- Setzen oder legen Sie sich hin, und entspannen Sie sich, indem Sie ruhig und gleichmäßig atmen.
- Stellen Sie sich vor, dass Sie einen Waldweg entlangwandern.
- Vor sich sehen Sie nun eine Waldlichtung.
- Sie schauen nach oben und sehen einen herrlich blauen Himmel, über den langsam eine kleine weiße Wolke treibt.
- Die sonnige Lichtung wirkt sehr einladend.
- In ihrer Mitte befindet sich ein großer glatter Stein. Setzen Sie sich darauf.
- Nach einigen Augenblicken kommt ein wunderschönes Einhorn auf Sie zugetrabt.

- Es legt sich neben Ihnen nieder. Ein Gefühl des Friedens und des Glücks erfüllt Sie.
- Nun kommen andere Tiere auf die Lichtung. Sie tragen Liebe und Friedfertigkeit in ihren Herzen. Sie werden vielleicht überrascht sein, was für Tiere kommen. Sie fühlen sich vollkommen sicher.
- Die Tiere bilden einen Halbkreis um Sie herum. Manche von ihnen wollten schon lange einmal mit Ihnen sprechen, aber erst jetzt, wo das Einhorn da ist, können Sie Kontakt aufnehmen.
- Begrüßen Sie die Tiere, und hören Sie sich an, was sie zu sagen haben. Lassen Sie sich Zeit, telepathisch mit ihnen zu kommunizieren.
- Danken Sie ihnen für ihren Besuch. Die Tiere verlassen Sie nun.
- Das Einhorn berührt Sie mit seinem Horn und verlässt ebenfalls die Lichtung.
- Behalten Sie die Wärme und Liebe in Ihrem Herzen, während Sie auf dem sonnigen Waldweg an den Ort zurückkehren, von wo aus Sie losgegangen sind.
- Öffnen Sie die Augen und kehren Sie in das Zimmer zurück.

KAPITEL 20

PFERDE

Pferde sind hoch entwickelte Geschöpfe, die sich wie wir Menschen auch immer wieder inkarnieren, um zu lernen und neue Erfahrungen zu machen. Wenn sie alle Lektionen auf der Erde gemeistert haben, steigen sie auf. Dann wird aus einem Pferd ein Einhorn oder Pegasus.

Jeanne hatte mir schon öfter erzählt, wie wunderbar ihr Hengst sei. Sie fand, er sei stark, tapfer, eigenwillig und freiheitsliebend. Es war klar, dass sie ihn regelrecht verehrte. Jeanne war medial begabt und arbeitete als Medium, daher konnte sie die geistige Welt sehen und mit ihr kommunizieren. Als ihr herrliches Pferd schließlich hinüberging, sah sie, wie sich sein Geist aus dem Körper erhob, ganz weiß wurde und aufstieg, wobei Licht aus seinem dritten Auge strömte. Sie wusste, es war zu einem Einhorn geworden.

Eine Frau schrieb mir einmal, dass sie ein ganz besonderes Fohlen hatte. Eines Tages verlor sie völlig die Fassung und schrie und tobte. Sie schrieb darüber: »Mein Pferd war durch den Lärm so erschrocken, dass es eine Zeit lang auf dem Feld hin und her galoppierte. Wahrscheinlich tat es das, um meine schlechte Energie abzuschütteln. Dann kam es zu mir zurück und sah mir direkt in die Augen. Ich bekam den Schock meines Lebens. So muss es auch sein, wenn man einem Delfin direkt in die Augen blickt. Mir wurde klar, dass es älter war als ich – viel älter – und dass es schon einmal hier gewesen sein musste. Ich hatte das Gefühl, es würde mich trösten. Staunend stand ich da.«

Sie fügte hinzu, dass auch andere Menschen, die das Fohlen sehen, irgendetwas spüren, das sie aber nicht genau beschreiben können. Sie glaubt, dass das Fohlen zwar auf Erden ein junges Pferd ist, aber in Wirklichkeit ein altes, weises Geschöpf, und dass es mehr weiß als sie selbst.

Wahrscheinlich ist es wie viele dieser weisen, wunderschönen Geschöpfe eines von denen, die ihre Lektionen auf dieser Ebene gemeistert haben.

Ich habe schon erwähnt, dass die Flügel der Engel Ausstrahlungen ihrer Herzzentren sind. Wenn Menschen ihre Herzen öffnen, entwickeln auch sie ätherische Flügel, die von übersinnlich begabten Menschen wahrgenommen werden können. Es kommt häufig vor, dass man ein Jucken auf den Schulterblättern spürt, wenn diese Flügel wachsen. Ich habe schon mit vielen Menschen gesprochen, die dies erlebt haben. Interessanterweise hört das Jucken auf, sobald sie es als Zeichen ihrer Weiterentwicklung interpretieren und akzeptieren und sich entspannen.

Die Hörner der erleuchteten Einhörner sind Lichtstrahlen aus dem dritten Auge. Auch Menschen, die ihr drittes Auge öffnen, haben in der Mitte der Stirn oft bestimmte Empfindungen wie Hitze, Kälte, ein Ziehen oder Kribbeln. Manchmal, wenn ich dieses spirituelle Zentrum ganz fein abstimme oder Informationen aus den geistigen Welten empfange, kribbelt oder klopft mein drittes Auge.

Einmal sagte mir jemand, dass mein Einhorn mein drittes Auge mit seinem Horn berühren würde. Sofort spürte ich einen starken Schmerz, was teilweise darauf zurückzuführen ist, dass ich nicht darauf vorbereitet war, aber auch, weil das Einhorn etwas öffnete, was bisher verschlossen gewesen war.

Jedes Pferd ist ein »Lehrling« der Einhörner so wie auch jeder Mensch ein Lehrling der aufgestiegenen Meister ist. Wenn sich das dritte Auge eines Pferdes öffnet, reibt es den Kopf oft an einem Pfosten, weil ihm die Stirn juckt.

Aleja Fischer, die die deutsche Abteilung der *Diana Cooper School of Angels* leitet, liebt Pferde. Sie erzählte mir einmal von ihrem herrlichen Araberwallach, der sehr krank war. Der Tierarzt wollte ihn ins Tierspital bringen, aber sie wusste, dass der Wallach dies nicht wollte. Also wachte die Familie zwei Tage und Nächte abwechselnd an seiner Seite. Aleja saß neben ihm im Stall und wiederholte immer wieder dieselben Worte: »Bitte verlass uns nicht. Wir lieben dich.« Am dritten Tag, als sie ihm wieder heilende Energie schickte, richtete er sich auf. Plötzlich sprossen Flügel aus seinem Rücken und er breitete sie weit aus. Sie schnappte nach Luft und stieß hervor: »Du bist ja ein Pegasus!« Er antwortete auf telepathischem Weg: »Ja!« Dann legte er sich wieder hin und begann zu genesen.

Aleja begriff, dass seine Krankheit die Initiation in den Rang eines Meisterpferdes gewesen sein musste. Dadurch konnte er in seiner Macht wachsen. Sie sagte, dass er sich seither stark verändert hat. »Vorher war er immer verspielt, hat herumgetollt und versucht, mich zu beißen. Jetzt verstehen wir uns sehr gut. Er respektiert mich und benimmt sich viel würdevoller.«

Natürlich ist nicht jedes Pferd so weit entwickelt. Viele haben ja nur einige wenige Inkarnationen auf diesem Planeten hinter sich und besitzen daher nicht die Weisheit alter Seelen. Sie unterliegen den normalen Gesetzen des Wachstums und des spirituellen Fortschritts.

Als sich die Pferde die Erde als den Planeten aussuchten, auf dem sie lernen und sich entwickeln wollten, waren sie davon ausgegangen, dass sie dies in Freiheit tun könnten. Großzügig boten sie sich den Menschen an, damit diese auf ihnen längere Entfernungen zurücklegen konnten. Die amerikanischen Ureinwohner reiten noch heute ohne Sattel und Zaumzeug, wie es ursprünglich geplant war. Die spirituelle Hierarchie war schockiert und entsetzt, als die Pferde gesattelt, aufgezäumt, angeleint und gepeitscht wurden.

Die Pferde mit ihrer großen Kraft boten sich ihren menschlichen Freunden an, schwere landwirtschaftliche Arbeiten für sie zu verrichten, aber sie hatten nicht damit gerechnet, angekettet zu werden, sich zu Tode schuften zu müssen oder gar gegessen zu werden.

Viele dieser Pferde wurden im Verlauf ihrer Inkarnationen immer zorniger, widerspenstiger und verbitterter. Dies hielt aber ihre Entwicklung auf. Wir können ihnen heute mit Gebeten, Respekt und Fürsorge helfen. Immer wenn Sie freundlich zu einem Pferd sind, helfen Sie dem gesamten Reich der Pferde.

Die Pferde, die den Menschen, die sie missbrauchten, vergeben und sich ihr sanftmütiges Wesen erhalten haben, entwickelten sich aufgrund der schrecklichen Herausforderungen weiter, die die Menschen ihnen auferlegten. Einhörner werden natürlich nur diejenigen Pferde, die Vergebung praktizieren.

BITTGEBET AN DIE EINHÖRNER

»Ich bete und bitte darum, dass sich die Herzen der Menschen den Pferden öffnen mögen. Bitte helft uns, sie zu ehren und für sie zu sorgen. Zeigt uns den Weg, mit allen Pferden überall auf der Welt in Harmonie, Liebe, Frieden und gegenseitigem Respekt zu leben. Befähigt uns, ihren Wert und ihren machtvollen Geist zu erkennen. Möge Verstehen und Freude zwischen Menschen und Pferden herrschen. So sei es. Es ist vollbracht.«

EINE VISUALISIERUNGSÜBUNG ZU EHREN DER PFERDE

- Nehmen Sie sich die Zeit und den Raum, um sich zu entspannen und still zu sein.
- Schließen Sie die Augen und atmen Sie gleichmäßig.
- Stellen Sie sich vor, Sie sind auf dem Land an einem Ort, an dem Sie sich vollkommen sicher fühlen.
- Ein herrliches Pferd nähert sich Ihnen. Es ist friedlich und völlig harmlos.
- Achten Sie auf seine Farbe.
- Kommunizieren Sie auf telepathischem Weg mit ihm. Begrüßen Sie es, und sagen Sie ihm, dass Sie ihm nur das Beste wünschen.
- Streicheln Sie seine Nase und tätscheln Sie es liebevoll, wenn Ihnen danach ist.
- Reiben Sie sein drittes Auge.
- Hören Sie zu, was Ihnen das Pferd zu sagen hat. Überlegen Sie sich, was als Reaktion auf seine Wünsche unternommen werden kann.
- Fragen Sie es, ob Sie es reiten dürfen. In Ihrer inneren Welt fällt es Ihnen leicht, es zu besteigen. Sie reiten ohne Sattel und Zaumzeug, indem Sie sich einfach nur an der Mähne festhalten. Das ist vollkommen sicher.
- Während das Pferd mit Ihnen davongeht, -trabt oder -galoppiert, spüren Sie, wie die Verbindung zwischen Ihnen enger wird. Spüren Sie

seine Bedürfnisse und erklären Sie ihm Ihre. Lassen Sie zu, dass sich Ihr Herz öffnet. Sie lernen, sich eins mit dem Pferd zu fühlen.
- Sie sind auf dem Weg zu einem Gestüt, wo die Pferde schlecht behandelt wurden.
- Sie überqueren dabei einen Fluss, eine flache Ebene und erklimmen gemeinsam einen Berg.
- Wenn Sie beim Gestüt ankommen, arbeiten Sie gemeinsam daran, die Pferde zu befreien und dem Besitzer zu helfen, sein Herz zu öffnen.
- Wenn Sie fertig sind, kehren Sie auf Ihrem Pferd an Ihren Ausgangspunkt zurück. Steigen Sie ab und bedanken Sie sich bei Ihrem Pferd.
- Öffnen Sie die Augen.
- Sie können sicher sein, dass dieses Erlebnis auf der inneren Ebene den Pferden überall auf der Welt geholfen hat.

KAPITEL 21

DIE KRÄFTE DER NATUR

DIE FARBEN DER NATUR

Die Einhörner lieben Weiß, denn es enthält alle Farben. Jede Farbnuance ist eine göttliche Schwingung und die Einhörner lieben sie alle.

Elfen arbeiten mit den Energien und geometrischen Formen der meisten Farben. Die Engel können die Essenz und das Licht eines größeren Spektrums verwenden, um Menschen und Tieren zu helfen. Auf den inneren Ebenen mischen sie die Farben, um Heilung zu bewerkstelligen. Sie können den Seelen gestorbener Menschen helfen, indem sie ihnen die Farben der Blumen einhauchen.

Die Einhörner benutzen die feinsten, zartesten Farben und höhere Frequenzen als die meisten Engel, die mit uns auf der Erde arbeiten, vertragen können, um uns zu trösten, zu beruhigen, zu heilen und zu inspirieren. Sie können sogar die feinstofflichen Energien der Blumen benutzen, um einer Seele zu helfen, ihren wahren göttlichen Weg zu finden. Denken Sie daran, dass Sie die Einhörner darum bitten müssen.

GRÜN

Die Einhörner lieben diese Farbe, weil sie die Farbe der Natur, des Gleichgewichts und der Harmonie ist. Und natürlich werden Einhörner traditionellerweise auf Waldlichtungen oder am Ende eines grünen Tals gesehen. Sie können das Grün nehmen und es in das Gewebe Ihres Lebens weben, um Gleichgewicht und Harmonie in Ihr Leben zu bringen.

GELB
Als ich eines Tages einen leuchtend gelben Ginsterbusch sah, sagten mir die Einhörner, dass Gelb die Essenz des Sonnenscheins enthalte und die Schwingung des Glücks. Wenn Sie diese Farbe sehen, sollten Sie an Einhörner denken und Freude einatmen. Das wird sie zu Ihnen locken.

ZARTE ROSA- UND BLAUTÖNE
Zarte Rosa-, Blau- und Malventöne schweben im Äther um die Einhörner, da diese ihre ausgeglichenen männlichen und weiblichen Energien stark verfeinert haben. Wenn Sie eine Blume in diesen Farben sehen, nehmen Sie sich die Zeit, sich an ihr zu erfreuen. Während Sie dies tun, sollten Sie sich bewusst sein, dass die großen erleuchteten Geschöpfe die Essenz dieser Pflanze benutzen können, um Ihrer Seele zu helfen – immer vorausgesetzt, Sie sind dafür offen.

SCHWARZ
Schwarz ist die Abwesenheit von Farbe. Es repräsentiert nicht nur die totale weibliche Magie und das weibliche Mysterium, sondern auch die Leere der Höhle, in der Erneuerung und Wiedergeburt stattfinden. Hier können neue Ideen Wurzeln schlagen und sich entwickeln. Wenn diese Ideen bereit sind, zu erblühen und ans Licht des Tages zu kommen, werden Ihnen die Einhörner zu helfen, sie zu nähren und ihnen Kraft zu geben.

SILBER
Einhörner werden oft silberweiß mit silbernen Hufen dargestellt. Silber ist die Farbe des Mondes, der weibliche Eigenschaften wie Liebe, Zärtlichkeit, Fürsorge, Weisheit und Friedfertigkeit repräsentiert. Silber weist darauf hin, dass es Zeit ist, das Geschehen zu reflektieren, darüber zu meditieren und nach innen zu schauen. Wenn Sie den Mond sehen, sollten Sie an die Einhörner denken und erwarten, dass in Ihrem Bewusstsein ein Wandel stattfindet.

GOLD
Das gedrehte Horn des Einhorns wird oft als golden wahrgenommen, weil Gold die Farbe der Weisheit ist. Gold ist das männliche Gegenstück zum

weiblichen Silber, so wie ja auch die Sonne die hitzige, feurige männliche Energie repräsentiert und der Mond die stille, introvertierte weibliche Energie.

GEOMETRISCHE FORMEN

Die Einhörner, die auf einen Garten voller leuchtendgelber Narzissen hinunterschauen, die den Beginn des Frühlings ankündigen, hören die harmonischen Gesänge der Blüten.

Jemand hat mir einmal ein Bild geschickt, auf dem mehrere Orbs um einen Trommelkreis herum zu sehen waren. Einige waren Engel-Orbs, andere die von geistigen Führern, nur eine konnte ich nicht identifizieren. Die Trommelgruppe hatte hohe spirituelle Ziele, und als ich meinen Geistführer Kumeka fragte, was das ungewöhnliche Orb zu bedeuten hätte, antwortete er mir, dass dies ein Om sei, ein heiliger Klang, der durch die hohe Energie der Gruppe erzeugt worden war. So singen auch die Pflanzen!

Die Einhörner sehen auch, dass manche Blumen geometrische Formen ausstrahlen, zum Beispiel nach oben gerichtete Dreiecke. Gleich daneben steht vielleicht eine Gruppe Hyazinthen, die nicht nur einen wunderbaren Duft verströmen und in herrlichen Farben leuchten, sondern auch nach unten gerichtete Dreiecke ausstrahlen. Im Äther über dem Garten vermischen sich diese geometrischen Symbole und bilden sechszackige Sterne, die das Kommen des Himmels auf die Erde symbolisieren. Wenn diese Sterne Menschen berühren, entsteht Gemeinsamkeit, Harmonie, Zusammenarbeit und Einheit. Die Formen schweben eine Zeit lang wie Blasen durch die Luft und die Einhörner lenken sie behutsam an die Stellen, an denen sie möglichst viele Menschen beeinflussen können. Es geschieht so vieles, dessen wir uns nicht bewusst sind.

Eine rosafarbene Rose sendet eine Herzform aus. Andere Blumen senden lange, vertikale Rechtecke aus, während wieder andere horizontale Rechtecke aussenden. Diese Formen verbinden sich miteinander und bilden Kreuze.

Verschiedene Blumenarten arbeiten zusammen, singen wie ein Chor und bilden machtvolle Symbole. Die Gärtner von früher wussten noch, welche Pflanzen man nebeneinander setzen muss, damit sie sich nicht nur gegenseitig schützen und befruchten, sondern auch göttliche Energien erzeugen. Ist es nicht unglaublich, wenn man sich vorstellt, dass auch wir ein solch machtvolles Licht aussenden, das andere Menschen tief beeinflussen kann?

Denken Sie nur an die üppigen, bis zu sechs Meter hohen Rhododendronbäume, die im Himalaja direkt unterhalb der Schneegrenze wachsen. Vor dem Hintergrund des weißen Schnees senden ihre leuchtenden Blüten einen Klang wie von Millionen Harfen aus, um Gott zu preisen. Gleichzeitig strahlen sie geometrische Formen aus, die uns einladen, nach oben zu schauen und die Tore des Himmels zu sehen.

Eichen senden ätherische Würfel aus, die alle Energien in ihrer Nähe erden. Die Eiche ist ein mächtiger Beschützer von Menschen und Tieren.

Die Einhörner helfen denjenigen, die nach einem Ort suchen, an dem sie mit derartigen Energien Kontakt aufnehmen können. Viele Menschen, die Blumen in den Betonwüsten der Städte pflanzen, tun dies auf Wunsch der Einhörner. Das gilt auch für alle Menschen, die prachtvolle Gärten anlegen.

ROSEN

Blumen und Bäume beeinflussen uns auf eine Art und Weise, die wir uns nicht einmal vorstellen können. So tragen Rosen zum Beispiel dazu bei, negative Einflüsse aufzulösen, zum Beispiel diejenigen, die durch eigene negative Gedankenformen entstanden sind, oder die von anderen Menschen auf uns gerichteten. Diese herrlichen Blumen helfen Ihnen auch, Ihre Schwingung zu erhöhen und Ihr Herz zu öffnen. Weil Rosen Liebe symbolisieren, schicken Liebende einander Rosen. Wenn Sie die Einhörner anrufen und sie bitten, mit einer Rose zu arbeiten, beschleunigt dies den Läuterungsprozess und die Öffnung des Herzens.

Nach alten englischen Legenden stehen Rose und Einhorn für Stärke, Beständigkeit und Unsterblichkeit. In der mystischen Kunst werden häufig Einhörner gezeigt, die mit roten oder weißen Rosen geschmückt sind.

Die Rose repräsentiert das göttlich Weibliche. Sie ist die Blume von Mutter Maria, der göttlichen Mutter, deren Seelentier das Einhorn ist.

BLUMEN UND EINHÖRNER

Diese Übung können Sie auch dann ausführen, wenn schlechtes Wetter herrscht oder Sie aus anderen Gründen ans Haus gebunden sind.
- Atmen Sie Licht in Ihr Herz ein und Frieden aus.
- Konzentrieren Sie sich auf ein hohes spirituelles Ideal.
- Schauen Sie sich Blumen an, oder wenn Sie dies nicht können, schauen Sie sich das Bild einer Blume an.
- Während Sie die Blumen anschauen, nehmen Sie wahr, dass die von ihnen ausgestrahlte Energie ein Orb der Liebe bildet. Welche Farbe hat es? Welche Eigenschaften enthält es?
- Bitten Sie die Einhörner, diese Kugel der Liebe zu jemandem zu schicken, der sie braucht.

MUSIK UND EINHÖRNER

Wenn Sie musikalisch sind oder einfach Freude daran haben, Töne zu machen, können Sie diese Energie nutzen, um der Menschheit zu dienen.
- Stellen Sie sich vor, Ihr Herz sei eine Blume, deren Blüte sich öffnet und Liebe ausstrahlt.
- Entscheiden Sie sich, wem Sie Ihre Musik widmen oder wohin Sie sie schicken wollen.
- Rufen Sie die Einhörner herbei und erzählen Sie ihnen von Ihren edlen Absichten.
- Fangen Sie dann allein oder mit Freunden an, Om zu singen oder fröhliche Laute zu machen.
- Stellen Sie sich vor, dass die Einhörner die Orbs, die Sie erzeugen, in die Welt hinaustragen, um ihr zu helfen.

KAPITEL 22

EINHÖRNER UND GÄRTEN

Wenn Sie einen Garten – und sei er noch so klein – mit einer grünen Rasenfläche haben und die Energie rein und schön ist, wird Ihr Einhorn zu Ihnen kommen.

Wie können Sie Ihren Garten für die höheren Wesen noch attraktiver machen? Sie lieben Dinge, die Harmonie ausstrahlen. Dazu gehören Blumen, Bäume, Teiche, Springbrunnen und alles, was mit Liebe von Hand gemacht wurde, wie zum Beispiel Gartenmöbel aus Holz. Natürliche Stoffe senden eine höhere Frequenz aus als synthetische.

Wenn möglich, richten Sie einen Sitzplatz ein, wo Sie sich aufhalten und einfach sein können. Wenn Sie hier meditieren, senden Sie Frieden und Liebe aus. Sakrale Kunstwerke, Steine und Kristalle enthalten Lebenskraft und Weisheit und strahlen diese aus, wodurch das Licht in Ihrem Garten noch verstärkt wird.

Schöne Klanginstrumente wie Glöckchen und Windspiele und fließendes Wasser machen Ihren Garten noch harmonischer. Aber der Klang, der die Einhörner am ehesten anlockt, ist der Klang lachender, fröhlicher Stimmen.

Liebe ist eine sanfte Energie, die in Kurven und Wellen fließt. Sie ist niemals streng geordnet und gerade. Daher ziehen die Einhörner einen natürlichen Garten mit fließenden Formen einem formalen mit geraden Linien vor. Und sie wissen es zu schätzen, wenn Sie einen kleinen Teil des Gartens wild lassen, damit die Elfen und Naturgeister einen Ort für sich haben.

Gegenstände, die schwere Energie ausstrahlen wie Beton oder Plastik, grelle Farben und alle Dinge, die mit Angst oder Wut hergestellt wurden, stoßen sie ab. Wenn Sie eine Veranda aus Beton oder eine asphaltierte Auffahrt haben, stellen Sie zumindest Töpfe mit Pflanzen darauf. Tun Sie, was Sie können, um den Garten weicher und natürlicher zu machen.

ASPHALTSTRASSEN UND BETONWÜSTEN

Segnen Sie die Straßen und Gebäude, an denen Sie vorbeifahren. Machen Sie den Om-Klang, falls nötig auch lautlos. Dies wird gute Energie verbreiten. Sie können auch spirituelle Musik auflegen oder während der Fahrt singen.

GEBETSFAHNEN

Ich habe Gebetsfahnen in meinem Garten hängen, die vom Dalai Lama gesegnet wurden. Die Einhörner lieben sie, weil sie hochfrequentes Licht ausstrahlen, wenn sie im Wind wehen.

MIT DEN EINHÖRNERN PFLANZEN

Wenn Sie mit den Einhörnern pflanzen, wird Ihr Garten üppiger, schöner und fruchtbarer. Rufen Sie die Einhörner an, während Sie im Garten arbeiten, und bitten Sie sie, Ihre Arbeit zu segnen und Sie anzuleiten. Segnen Sie die Samen, bevor Sie säen, und bitten Sie die Einhörner, ihnen beim Keimen zu helfen. Segnen Sie Blumen, Büsche und Gemüsebeete, bevor Sie sie anlegen und bitten Sie die Einhörner, ihnen beim Wachsen zu helfen.

Kultivieren Sie Zufriedenheit und Freude, damit Sie diese Eigenschaften auf die Pflanzen übertragen können. Die Einhörner werden dies mit Liebe vervielfachen.

GEMÜSE PFLANZEN

Die Einhörner verstehen die symbiotische Beziehung, die die Menschen zu den Früchten des Feldes haben. Wenn Sie Pflanzen lieben und sie auf natürliche, harmonische Weise wachsen lassen, segnen die Einhörner die von Ihnen gepflanzten Gemüse und Früchte. Wenn Sie jemanden kennen, der ebenfalls nach biologischen Prinzipien anbaut, bitten Sie die Einhörner, ihn zu besuchen und auch seine Pflanzen zu segnen. Sie werden daraufhin einen Sternenschauer aus ihren Lichthörnern über die Pflanzen oder die Erde ergießen. Auf diese Weise wird die feinstoffliche Energie aller Pflanzen verstärkt.

Wenn Sie an einem Bauernhof vorbeikommen, segnen Sie die Felder mit Einhorn-Energie. Das Licht wird das Prana in den Pflanzen erhöhen. Wenn der Bauer Gift verspritzt, hilft der Segen, dessen Wirkung auf Mensch und Natur abzuschwächen.

SPROSSEN SEGNEN

Eines Tages bat ich die Einhörner, die Mungbohnen und andere Samen zu segnen, die wir in der Küche sprießen lassen. Ich kam mir ziemlich dumm vor, als ich von diesen wunderbaren Wesen etwas so Banales erbat. Zu meiner Überraschung gewährten sie mir meinen Wunsch und sagten: »Diana, du hast oft schon geringe Dinge für andere mit einem liebevollen Herzen getan. Wir sind froh, dass wir dies auch für dich tun können.« Dies war eine Botschaft der Liebe und der Hoffnung für uns alle.

EINEN EINHORN-GARTEN ANLEGEN

Natürlich können Sie Ihren ganzen Garten den Einhörnern widmen und Sie um Rat und Führung bitten. Dann werden Sie spüren, wo Sie was pflanzen sollen. Ihre Intention wird die mächtigen Lichtwesen anziehen, und Sie werden sie vielleicht sogar einmal sehen, besonders im Mondlicht.

EINE EINHORN-ECKE

Sie können eine Einhorn-Ecke in einem kleinen Teil Ihres Gartens einrichten. Sie können diese um einen Teich herum anlegen oder auf einer

Holzveranda, einer Bank, zwischen einigen Büschen oder in einem Blumenbeet. Auf jeden Fall sollte sie harmonisch sein, Blumen, Steine, eine Statue, einen oder zwei Büsche und möglichst auch etwas Wasser enthalten. Wenn Sie beim Einrichten dieser Ecke an die Einhörner denken, wird sie richtig für sie sein.

EIN MINIATURGARTEN

Als Kind habe ich gern Miniaturgärten auf einem Teller angelegt, komplett mit Moos für den Rasen, Blumen und einem Spiegel als Teichersatz. Aus kleinen Zweigen baute ich Bänke und winzige Kiesel wurden zu Trittsteinen und Wegen. Wenn ich heute einen mit meiner Enkelin baue, fügen wir noch kleine Einhörner, Engel, Elfen und einen Buddha hinzu. Wir widmen den Garten den Einhörnern. Ich kann fühlen, dass sich die Einhörner davon angezogen fühlen, denn wir haben richtig Spaß dabei. Und das ist genau das, was sie lieben.

BALKON- ODER FENSTERKÄSTEN

Wenn Sie keinen Garten haben, verwandeln Sie Ihre Balkon- oder Fensterkästen in heilige Orte und widmen Sie sie den Einhörnern. Pflanzen Sie Blumen oder Kräuter. Kümmern Sie sich liebevoll und sorgsam darum. Die Einhörner sehen, wie viel Herz und Seele Sie hineingeben.

EIN ZIMMERGARTEN

Wenn Sie draußen keinen Platz für einen Ort haben, den Sie den Einhörnern widmen können, richten Sie ihnen einen kleinen Zimmergarten ein. Schließlich ist es die Absicht, die zählt.

DER INNERE GARTEN

Sie haben etwas, das Ihnen niemand jemals wegnehmen kann: Ihre innere Welt, die Sie selbst erschaffen und je nach Belieben vergrößern. Wenn Sie Ihre Welt mit Sonnenschein und Glück füllen, wird Ihre äußere Welt dies automatisch widerspiegeln.

Hier ist eine Visualisierungsübung, um einen Einhorn-Garten zu erschaffen, der so klein oder so groß sein kann, wie Sie wollen. Sie können hineintun, was immer Sie wollen. Ihr Einhorn wird Sie an diesem Ort immer finden.

EINHORN-GARTEN-VISUALISIERUNG

- Suchen Sie sich einen Ort, an dem Sie sich entspannen können und ungestört sind.
- Stellen Sie sich vor, dass Sie einen geraden Weg entlanggehen. Mit jedem Schritt entspannen Sie sich mehr.
- Vor sich sehen Sie eine Gartenpforte, die Sie nun öffnen.
- Sie kommen auf einen Platz, der nur darauf wartet, dass Sie hier Ihren eigenen Einhorn-Garten anlegen.
- Es ist alles vorhanden, was Sie dafür brauchen. Sie bekommen jede Hilfe, die Sie brauchen.
- Erschaffen Sie mit Ihrer Vorstellungskraft einen Rasen, einen Wasserfall, ein blühendes Blumenbeet oder was Sie auch immer möchten. Lassen Sie sich Zeit.
- Wenn Sie fertig sind, suchen Sie sich einen Ort zum Ausruhen.
- Rufen Sie die Einhörner herbei, und erklären Sie ihnen, dass Sie diesen Garten speziell für sie angelegt haben.
- Vielleicht haben sie ja noch einige Vorschläge für Sie.
- Bitten Sie sie, Sie hier zu besuchen, wann immer Sie herkommen.
- Wenn Sie so weit sind, verlassen Sie den Garten durch die Pforte und kehren Sie an Ihren Ausgangspunkt zurück.

Denken Sie daran, dass Sie diesen inneren Garten jederzeit mit einem einzigen Geistesblitz verändern können. Vielleicht möchten Sie ihn erst auf Papier aufzeichnen, bevor Sie ihn sich vorstellen.

Sie können einladen, wen immer Sie wollen. Niemand hat das Recht, unaufgefordert einzutreten.

Dieser Garten kann ein sicherer Rückzugsort für Sie in Ihrer inneren Welt werden. Je öfter Sie ihn aufsuchen, desto mehr wird er Teil Ihrer Realität werden.

MIT EINER BLUME SPRECHEN

Suchen Sie sich die Farbe dieser Blume sorgfältig aus. Bevor Sie sie pflücken, bitten Sie zuerst um Erlaubnis. Danken Sie ihr, segnen Sie sie und stellen Sie sie ins Wasser. Schauen Sie die Blume mit weichem Blick an und versuchen Sie die subtileren Farben um sie herum wahrzunehmen. Fragen Sie die Blume, was ihr Daseinszweck ist.

Denken Sie daran, dass jede Blume eine Elfe hat, die sich um sie kümmert. Können Sie sie spüren?

KAPITEL 23

EINHORNFOHLEN

Einhörner fühlen sich zu Kindern besonders hingezogen und lieben deren Gesellschaft, weil Kinder so unschuldig und so offen für die inneren Welten sind. Ich erinnere mich daran, was mir Rosie, eine medial begabte Siebenjährige, in dem Sommer erzählt hatte, in dem mir die Einhörner zum ersten Mal erschienen waren. Ihre braunen Augen funkelten vor Aufregung und Freude, als sie mir erzählte, dass in ihrem Zimmer ein Einhornfohlen geboren worden war. Sie sagte auch, dass die Einhornmutter sie nicht zu lange mit dem Fohlen spielen lassen wollte, weil es noch zu klein war. Kurz nach der Geburt hatten die Eltern es an einen Ort gebracht, wo es sich ausruhen konnte. Dann sagte sie mir seinen Namen. Sie war so aufgeregt, weil das Fohlen ihr Einhorn sein sollte und sie mit ihm spielen würde, wenn es etwas älter wäre. Ich muss zugeben, dass ich mir diese Geschichte mit einiger Skepsis anhörte, obwohl ich wusste, dass das Kind schon immer Engel und Elfen gesehen hatte.

Ich wurde an Rosie erinnert, als an meinem Haus ein Anbau errichtet wurde. Ich hatte vor, den Bereich hinter der neuen Küche betonieren zu lassen. In der Nacht teilten mir die Einhörner aber mit, dass sie eine Holzveranda wollten, weil die Erde dadurch nicht versiegelt werden würde. Außerdem baten sie mich um viel Grün. Zu meiner Überraschung fügten sie noch hinzu, dass der Bereich eine geschützte Ecke werden sollte, die als Krippe für junge Einhörner dienen sollte.

Einhornfohlen! Einen Moment lang war ich völlig überwältigt und fühlte mich geehrt. Aber dann setzten Logik und Skepsis ein. Einhornfohlen? Das war doch verrückt! Einfach lächerlich.

Da erinnerte ich mich an meine Unterhaltung mit Rosie und an die Karten, auf denen ich Einhornmütter mit ihren Fohlen gesehen hatte. Um diese Kleinen malen zu können, mussten die Maler ja von irgendwoher wissen, dass sie existierten. Und nun erzählten mir die Einhörner von ihren Jungen und erwarteten von mir, dass ich darüber schreibe. Da mir dazu eine ganze Reihe von Fragen in den Sinn kamen, öffnete ich mich und stellte sie ihnen.

Wie kann ein geistiges, ätherisches Wesen ein Baby zeugen?
Einhörner sind wie Engel auch androgyn. Das heißt, sie sind ungeschlechtlich und ihre männlichen und weiblichen Energien befinden sich in einem perfekten Gleichgewicht. Sie mögen uns aber je nach unseren Bedürfnissen oder Erwartungen als männlich oder weiblich erscheinen – vor allem, weil wir ihnen aufgrund unserer Konditionierung ein Geschlecht zuordnen wollen.

Um ein Junges zu zeugen, konzentrieren sich zwei Einhörner darauf, ein Wesen nach ihrem Bild hervorzubringen. Dann »paaren« sie sich, indem sie ihre Energien miteinander verschmelzen. Alle in der Umgebung spüren die Wellen der Glückseligkeit, wenn sie sich in einem Ball klaren weißen Lichts vereinen. Und wenn sie sich wieder trennen, erscheint ein kleines Einhorn aus der Energiemasse. Diese neue zarte geistige Energie wird dann von den Älteren genährt.

Warum haben Einhörner überhaupt Babys?
Sie sagen, es hilft ihnen zu verstehen, was wir erleben, wenn uns ein Kind geboren wird.

Die Einhörner müssen ihre Frequenz senken, um auf die Erde kommen und der Menschheit dienen zu können. Aber sie nehmen alles, was sie hier lernen, zurück in ihre geistige Heimat und fügen es dem Wissensschatz ihres Reiches hinzu. Sie sagten mir, dass sich in der Zukunft einige von ihnen möglicherweise in physischen Körpern als weiße Pferde inkarnieren werden, damit sich die Menschen an ihre Einheit mit den Tieren erinnern. Diese Erfahrungen dienen also der Vorbereitung. Deshalb kümmern sich die erwachsenen Einhörner, diese mächtigen Wesen, um ihre Nachkommenschaft und ziehen sie auf.

Warum fühlen sich Einhörner so sehr zu Kindern hingezogen?
Weil sie so rein und unschuldig sind. Kinder lieben es zu lachen, zu spielen, glücklich und vergnügt zu sein. Diese Eigenschaften ziehen Lichtwesen magnetisch an, besonders Einhörner.

MEINE EINHORN-KRIPPE

Aufgrund des Wunsches der Einhörner ließ ich also eine holzgetäfelte Terrasse hinter meinem Haus bauen. Dahinter wurde ein kleiner Wasserfall und viel Grün gesetzt, das sanft beleuchtet wurde. Es ist dort sehr friedlich und still. Der Baumeister war einfach wunderbar. Ich sagte ihm, was die Einhörner wollten, und er setzte es um. Nachdem er sechs Monate in einem Engelforum gearbeitet hatte, hatte er sich den geistigen Welten ziemlich weit geöffnet. Als der Anbau fertig war, setzte er sich auf eine Bank und sagte: »Ich möchte hier nie wieder weggehen.«

DIE GESCHICHTE DES EINHORNFOHLENS ZEUS

Susan Ann erzählte mir diese Geschichte über ein Einhornfohlen.
»Während Dianas Atlantis-Woche 2006 führte sie uns auch durch eine Einhorn-Visualisierungsübung. Aurora, mein Einhorn, kam sofort, aber ich war ziemlich überrascht, als ich ein zweites Einhorn spürte: ein weißes flauschiges Fohlen, das wie ein Kind stolz neben ihr her trabte. Aurora stellte mir ihren kleinen Gefährten als Zeus vor. Ich dachte noch: ›Was für ein großer Name für ein so kleines Einhorn.‹ Seither ist Zeus immer an der Seite seiner Mentorin zu sehen, von der er wie ein Lehrling lernt. Wenn Aurora ihr Horn senkt und es auf mich richtet, tut Zeus es ihr nach und imitiert sie genau. Manchmal muss ich ihm helfen, indem ich mich vorbeuge, damit er sein kurzes, unreifes Horn auf mein drittes Auge richten kann. Einmal musste ich niederknien, damit er es auf meinen Solarplexus richten konnte.

Die Energie, die ich empfange, ist anders. Anfangs war sie nicht so stark und ging nicht so tief wie die von Aurora. Sie fühlte sich mehr wie ein

Kribbeln an und war auch nicht so fokussiert, während Auroras Energie sehr direkt und hochkonzentriert war und Funken versprühte wie ein Laserstrahl, der tiefe Heilung bewirkt. Im Laufe der Monate ist Zeus herangewachsen und ist nun kein kleines Plüschtierchen mit einem winzigen Horn mehr. Das Horn ist länger geworden und er ist ganz schön gewachsen. Seine Heilkräfte sind viel stärker und fokussierter. Er ist immer noch ein Jugendlicher, aber er reift schnell heran. Ich bin mir sicher, er wird seinem großen Namen alle Ehre machen. Ich fühle mich geehrt, dass ich ihm bei seiner Entwicklung helfen durfte.«

ELFEN UND EINHORNFOHLEN

Elfen sind sehr kindlich und sehr verspielt. Sie lieben es, mit den kleinen Einhörnern zu spielen. Die Einhörner sind so edel und majestätisch, da helfen ihnen die Elfen, auch Spaß zu haben und die Dinge nicht ganz so ernst zu nehmen. Wenn Sie still im Garten sitzen oder irgendwo auf dem Land, können Sie möglicherweise spüren, wie Elfen und Einhörner miteinander spielen.

EINHORNFOHLEN AUF DER BÜHNE

Ich hatte gerade einen Vortrag beendet, als sich mir eine Frau näherte. Sie sagte mir, sie sei schon ihr ganzes Leben lang hellsichtig gewesen, aber was sie heute gesehen hätte, hätte alles andere übertroffen. Während meines Vortrags waren nämlich mehrere Einhornfohlen mit auf der Bühne gewesen und hatten hinter mir herumgetollt.

Ich musste lachen, als ich mir diesen Anblick vorstellte. Ich war nur froh, dass ich mich ganz auf meine Geistführer und Engel konzentriert hatte, die mir geholfen hatten. Sonst wäre ich wohl ziemlich abgelenkt gewesen.

WIE SIE EIN EINHORNFOHLEN HERBEIRUFEN

Wie oben, so unten. Eltern lassen ihre Kinder nicht in der Obhut von Leuten, denen sie nicht vertrauen. Deshalb ist es wichtig, dass Sie sich an einem sicheren, ungefährlichen Ort befinden, wenn Sie diese Übung machen, denn möglicherweise kommt wirklich ein erwachsenes Einhorn mit seinem Jungen zu Ihnen. Zünden Sie möglichst eine Kerze an.

- Sitzen Sie ruhig an einem Ort, wo Sie nicht gestört werden.
- Atmen Sie weißgoldenes Licht in Ihr Herzzentrum ein und aus dem dritten Auge wieder aus, bis Sie ganz entspannt und von einem Kokon aus Licht umgeben sind.
- Stellen Sie sich vor, Sie säßen in einem sonnigen Garten vor einem von Blumen umgebenen kleinen Teich und die Vögel singen.
- Laden Sie ein Einhornfohlen zu sich ein.
- Wenn es erscheint, bleiben Sie still sitzen, damit es sich an Ihre Energie gewöhnen kann.
- Spielen Sie mit ihm und reden Sie mit ihm, so lange Sie beide es wollen.
- Sagen Sie dem Jungen nun, dass Sie gehen müssen, und rufen Sie die Eltern herbei.
- Kehren Sie an Ihren Ausgangspunkt zurück.
- Vielleicht möchten Sie Ihre Erlebnisse ja in Ihr Einhorn-Tagebuch schreiben.

KAPITEL 24

EIN EINHORN-SCHAUER

Eines Tages, als ich unter der Dusche stand, bat ich die Einhörner, mit mir zu arbeiten. Während das Wasser an mir hinunterfloss, spürte ich, wie sich meine Chakras öffneten und dass in mir ein Lichtkanal entstand. Zu meiner Überraschung überschütteten mich die Einhörner auch mit ätherischen weißen Federn, Perlen und Blütenblättern.

Die weißen Federn waren Erscheinungsformen ihrer Engelenergie, die nicht ganz unerwartet kamen. Die Blütenblätter waren weiße Kirschblüten, die den Anfang von etwas Neuem symbolisierten – möglicherweise ein Neuanfang auf meinem spirituellen Weg oder einer Veränderung in meinem Alltag. Aber die Perlen, die überraschten mich wirklich.

Ich konnte genau spüren, wie die Federn, Perlen und Blütenblätter durch mich hindurch fielen und sich an verschiedenen Stellen meines Körpers und meiner Aura niederließen.

Seither habe ich viele weitere Einhorn-Duschen gehabt, und ich kann Ihnen dies nur empfehlen, denn eine solche Dusche ist ein unvergleichliches Erlebnis.

Bei anderen Gelegenheiten wurde ich mit weiteren Geschenken überschüttet. Ich habe Rosenblüten als Zeichen der Liebe, Lilien als Zeichen höherer Spiritualität und sogar Diamanten als Zeichen für Klarheit und Erleuchtung bekommen.

Es ist absolut toll, einen Einhorn-Schauer im Regen zu erleben. Vorausgesetzt, Sie sind entsprechend angezogen.

EINHORN-SCHAUER-SEGNUNG

Natürlich müssen Sie sich nicht unter der Dusche oder in einem Wolkenbruch befinden, um einen Einhorn-Schauer zu erleben. Schließen Sie einfach die Augen und stellen Sie sich vor, dass weiches Wasser ganz sanft an Ihnen herunterläuft. Bitten Sie die Einhörner, ihren Segen über Sie auszuschütten. Versuchen Sie zu spüren, was für Geschenke Sie erhalten. Öffnen Sie sich, damit die Geschenke in und um Ihren Körper fließen können. Und denken Sie immer daran, sich bei den Einhörnern zu bedanken.

EINHÖRNER IM NEBEL

Ich ging einmal in einem leichten Nieselregen in einem nahe gelegenen Wäldchen spazieren und bat die Einhörner, mich doch zu begleiten. Ich fragte sie, ob es möglich wäre, in diesem Nieselregen auch einen Einhorn-Schauer zu bekommen. Sie reagierten auf meine Frage, indem Sie mich in einen Regenbogen hüllten und mich aufforderten, die Farben einzuatmen, was ich natürlich sofort tat. Sie sagten, dass viele Menschen sich schlecht fühlen, wenn das Wetter grau, kalt und feucht ist. Wenn Sie einen Regenbogen herbeirufen, werden die Einhörner Sie in seine Energie hüllen. Dann werden Sie neue Hoffnung spüren. Als ich das Licht des Regenbogens einatmete, fühlte ich mich nicht nur erfrischt, ich fühlte mich sensationell.

Sie können um eine bestimmte Farbe bitten oder die Einhörner in ihrer Weisheit entscheiden lassen, welche Farbe für Sie richtig ist. Stellen Sie sich vor, Sie stünden in einem sanften Regenschauer aus rosafarbenem Licht oder einem leuchtenden goldenen Regen, und nehmen Sie die Energie in sich auf.

PERLEN

Die Einhörner sagten mir, dass ätherische Perlen genauso aussehen wie materielle. Dafür nehmen sie das Sandkorn einer Herausforderung, die Ihre Seele angenommen hat. Um dieses Sandkorn häufen sie das Wissen und die Weisheit, die Sie erworben haben, während Sie versucht haben, diese Herausforderung zu meistern. Dann erhellen die Einhörner das Ganze mit kosmischer Weisheit und es entsteht eine spirituelle Perle. Als ich davon hörte, war ich wie verzaubert.

FEDERN

Normalerweise lassen die Einhörner eine kleine weiße Feder in Ihre Aura fallen. Aber wenn sie Ihnen eine besondere Botschaft übermitteln wollen, schicken sie Ihnen eine farbige.

Dabei steht Blau für Kommunikation, Grün, um etwas in Ihrem Leben ins Gleichgewicht zu bringen, Rot, um Ihnen Energie zu geben, Rosa für Liebe und Gold, um Sie darauf aufmerksam zu machen, eine bestimmte Situation mit mehr Weisheit anzuschauen.

Wenn Sie eine farbige Feder erhalten – entweder materiell oder in Ihrer inneren Welt –, erkennen Sie den Segen in ihr und handeln Sie entsprechend.

BLÜTEN ODER BLUMEN

Blütenblätter enthalten die Energie und Lebenskraft der Pflanze, von der sie stammen. Wenn Sie also eine Rosenblüte erhalten, können Sie sich sicher sein, dass die Einhörner Ihnen Liebe geschickt haben. Wenn es die Blüte einer Frühlingsblume ist, weist dies darauf hin, dass in Ihnen etwas Neues erwacht. Eine Sommerblume schenkt Ihnen Energie. Wenn die Einhörner Ihnen zum Beispiel eine goldgelbe Butterblume schenken, zeigt dies an, dass sich Ihre Weisheit entwickelt, während eine rote Geranienblüte Ihnen Vitalität bringt und ein blaues Vergissmeinnicht darauf hinweist, dass Sie die Einhörner nicht vergessen sollen. Ein Schneeglöckchen oder eine andere weiße Blume bedeutet entweder, dass Sie sich reinigen sollen oder dass Sie besonders rein sind.

Wenn Sie Zweifel haben, fragen Sie sich einfach: »Was bedeutet mir diese Blume?«

IM INNERN EINER PERLE

Die Einhörner forderten mich auf, in eine der Perlen, mit denen sie mich überschüttet hatten, einzutreten, damit ich die betreffende Herausforderung erkennen, von ihr lernen und mich bei ihr bedanken könnte. Sie wiesen mich darauf hin, dass sich meine Aura dadurch vergrößern und ich ein großes Glücksgefühl erleben würde. Das klang zwar merkwürdig, aber ich fing trotzdem an zu meditieren und begab mich in das Innere der Perle.

Ich entdeckte eine wunderschöne blaurosa Perle in meiner Bauchspeicheldrüse und trat durch eine kleine Tür in sie ein. Im Innern war alles weich und angenehm, als ob ich mich in einer warmen Lagune befinden würde. Ich schwamm zu einer Felsenhöhle, die ich vor mir ausmachen konnte. Als ich die Höhle betrat, erschien sie mir dunkel und furchterregend. Ich zitterte. Da sprach eine Stimme: »Als du jünger warst, fühltest du dich weder geliebt noch geschätzt. Du musstest lernen, dich selbst zu lieben und für dich selbst zu sorgen.« Das war die Herausforderung gewesen.

Im Zentrum der Höhle entdeckte ich ein winziges Frühchen, in dem ich mich selbst erkannte. Es fühlte sich absolut verloren in einer riesigen, lauten, heißen Welt. Obwohl seine Mutter es hielt, spürte es die Angst und das mangelnde Selbstwertgefühl der Mutter – und das war schrecklich. Als ich plötzlich ein überwältigendes Gefühl der Liebe und des Mitgefühls spürte, überkam mich eine große Erleichterung. Als ich die Mutter und das Baby umarmte, verschwanden die Felsen um mich herum, und ich schwamm in einem Meer aus Glückseligkeit.

Als ich die Augen wieder öffnete, dankte ich den Einhörnern, denn ich wusste, dass sie mir Heilung gewährt hatten.

EINE ÜBUNG: IM INNERN DER PERLE

Sie können diese Übung sofort nach einer Einhorn-Dusche noch in der Badewanne machen oder bei irgendeiner anderen Gelegenheit. Wasser ist ein sehr spirituelles Element, und vielen Menschen fällt es leichter, im Wasser andere Welten zu erreichen. Denken Sie daran, dass Sie jederzeit die Kontrolle haben und daher immer sicher sind. Wenn Sie Angst vor der Herausforderung haben, rufen Sie ein Einhorn herbei, damit es Ihnen hilft.

- Machen Sie es sich gemütlich und entspannen Sie sich.
- Stellen Sie sich Ihre Perle vor. Wie groß ist sie? Welche Farbe hat sie? Glänzt sie oder ist sie eher matt?
- Falls sich die Perle in Ihrem Körper befindet, an welcher Stelle ist sie? Wenn Sie vor Ihnen in der Luft schwebt, ist das auch in Ordnung.
- Suchen Sie nach einer Tür in der Perle und treten Sie ein. Wie sieht es drinnen aus? Sie haben die Kontrolle und können Sie nach Belieben erforschen.
- Wenn Sie Menschen oder Tieren begegnen, sprechen Sie mit ihnen. Finden Sie heraus, was sie Ihnen mitteilen möchten.
- Bewegen Sie sich auf das »Sandkorn« oder die Herausforderung in der Mitte zu. Welche Form hat es?
- Treten Sie in das Sandkorn ein, um Näheres über die betreffende Herausforderung herauszufinden. Vielleicht empfangen Sie Eindrücke, hören eine Stimme oder wissen es einfach.
- Wenn Sie Hilfe benötigen, rufen Sie Ihr Einhorn herbei. Ob Sie es nun spüren oder nicht, es wird bei Ihnen sein.
- Wenn Sie erkannt haben, welche Lektion in der Herausforderung enthalten ist und Sie sie angenommen und verstanden haben, wird sie sich auflösen.
- Kehren Sie durch die Perle an Ihren Ausgangspunkt zurück.
- Öffnen Sie die Augen und bedanken Sie sich bei Ihrem Einhorn.
- Achten Sie darauf, wie Sie sich fühlen. Wenn Sie möchten, schreiben Sie Ihre Erlebnisse auf.

KAPITEL 25

EINHORN-SUMMBÄLLE

Ein Summball ist eine energetische Form, die gebildet wird, indem wir unsere Gedanken, Klänge und Farben zwischen den Händen visualisieren. Wenn Sie jemals einen Engel-Summball gemacht haben, werden Sie wissen, wie machtvoll und schön er ist. Der Einhorn-Summball ist ähnlich, aber hierbei erschaffen Sie eine weiße Lichtkugel, und während Sie summen, rufen Sie die Einhörner herbei. Wenn Sie Ihre Absicht in eine Energiekugel hineinprojizieren, während Sie Klang und Farbe darauf konzentrieren, erschaffen Sie etwas, das Ihr Leben verändern kann. Wenn Sie gleichzeitig noch die Einhörner anrufen, erhalten Sie etwas sehr Außergewöhnliches. Wenn Sie den Summball erschaffen haben, können Sie ihn zu jedem Menschen, an jeden Ort und zu jeder Situation schicken.

Hier sind einige der Einhorn-Eigenschaften, die Sie in den Ball hineingeben können: Liebe, Frieden, Freude, Integrität, Vertrauen, Hoffnung, Würde, Gelassenheit, innere Ruhe, Reinheit, Staunen, Ehrfurcht, Glückseligkeit, Ausdauer, Geduld, Vorfreude und alle anderen positiven Dinge, die Ihnen einfallen.

WIE MAN EINEN EINHORN-SUMMBALL MACHT

- Entscheiden Sie sich, mit welchen Einhorn-Eigenschaften Sie den Ball füllen möchten.
- Reiben Sie die Hände aneinander, und halten Sie sie einige Zentimeter weit auseinander, damit Sie die Energie zwischen den Handflächen spüren können. Stellen Sie sich vor, dass sich eine weiße Lichtkugel zwischen Ihren Händen befindet.

- Teilen Sie den Einhörnern Ihre Absichten für den Summball mit. Zum Beispiel: Sie möchten ihn benutzen, um einer Freundin Heilung zu schicken, eine Situation zu befrieden, Integrität in einen geschäftlichen Abschluss schicken oder das Herz eines Menschen öffnen, der verletzt wurde.
- Bitten Sie die Einhörner, dem Ball ihre Energie hinzuzufügen.
- Während Sie sich auf die Eigenschaften und die Absicht konzentrieren, die Sie in Ihren Ball tun möchten, summen Sie in ihn hinein. Spüren Sie, wie er allmählich größer wird.
- Stellen Sie sich vor, Ihre glänzende Kugel aus Einhorn-Licht leuchtet zwischen Ihren Händen.
- Wenn Sie fertig sind, bitten Sie die Einhörner, ihn zu der Person, an den Ort oder in die Situation zu bringen, die Sie sich vorgestellt haben.

ZWEI MENSCHEN MACHEN EINEN EINHORN-SUMMBALL FÜREINANDER

Wenn Sie mit einer Freundin zusammen sind, ist es so wunderbar und so nährend, Einhorn-Summbälle füreinander zu machen. Sie können Ihre Freundin fragen, was sie in ihrem Ball haben möchte. Eine mag darum bitten, dass ihr Ball mit Frieden und Vergebung gefüllt und in ihr Herz gelegt werden möge, eine andere mag sich für Einhorn-Heilung und Reinigung der Leber entscheiden. Eine Dritte mag sich Kraft und Würde wünschen, weil sie eine Schule für benachteiligte Kinder eröffnen möchte. Was sich jemand wünscht, hängt völlig von den Bedürfnissen der Person ab, die den Ball erhalten soll.

EINHORN-SUMMBÄLLE FÜREINANDER MACHEN

Fragen Sie Ihre Freundin, welche Einhorn-Eigenschaften sie in ihrem Ball haben möchte. Sie kann sich aussuchen, was sie will. Fragen Sie sie außerdem, wohin das Licht gehen soll. Soll eine Beziehung oder ein Körperteil geheilt werden? Soll das Selbstvertrauen verbessert werden oder soll ihr bei einer bestimmten Aufgabe geholfen werden?

- Reiben Sie die Handflächen aneinander und halten Sie sie ein paar Zentimeter weit voneinander entfernt, sodass Sie die Energie zwischen den Händen fühlen können. Stellen Sie sich die Energie als weiße Lichtkugel vor.
- Sagen Sie den Einhörnern, wohin der Ball soll.
- Während Sie den Ball machen, bitten Sie die Einhörner, dem Summball ihre Energie hinzuzufügen.
- Konzentrieren Sie sich auf die Eigenschaften und Absichten, die in den Ball hinein sollen, summen Sie hinein und spüren Sie, wie er allmählich größer wird.
- Stellen Sie sich vor, eine leuchtende Kugel aus Einhorn-Energie glänzt zwischen Ihren Händen.
- Wenn Sie fertig sind, legen Sie die Lichtkugel ins Herz Ihrer Freundin. Wenn Sie sich eine andere Stelle gewünscht hat, legen Sie den Ball in den gewünschten Körperteil.

WIE EINE GRUPPE EINEN EINHORN-SUMMBALL MACHT

Natürlich können auch mehrere Menschen gemeinsam einen Summball für eine Person, einen Ort oder eine Situation machen. Die gemeinsame Energie ist nämlich viel größer, als sie es wäre, wenn jeder für sich allein arbeiten würde.

Es gibt mehrere Möglichkeiten, dies zu tun. Entweder macht jeder einen eigenen Summball wie oben beschrieben und zum Schluss wird aus den vielen kleinen ein einziger großer Summball gemacht, der dann verschickt wird. Oder die Gruppenteilnehmer stehen in einem Kreis und halten ihre Hände in die Höhe, um den großen Ball, den sie durch ihr Licht und ihre Absicht erschaffen, zu energetisieren. Anschließend bitten alle die Einhörner, den Ball an seinen Bestimmungsort zu bringen.

Wenn man einen großen Saal voller Menschen hat, die an derselben Vision festhalten, kann jeder seinen eigenen Ball machen und ihn dann der Leiterin schicken. Aufgabe der Leiterin ist es dann, die gesamte Energie aufzunehmen und die Einhörner zu bitten, sie an den vereinbarten Ort weiterzuleiten.

Einmal bat ich 300 Leute, mir ihre Einhorn-Bälle zuzuwerfen, damit ich sie auffangen und an die Einhörner weiterleiten konnte. Ich war von der Energie völlig überwältigt.

EINHORN-SUMMBALL-KREIS 1

Diese Übung basiert auf dem Prinzip, das wir empfangen, indem wir geben. Je mehr Liebe Sie mit offenem Herzen weggeben, desto mehr Liebe wird in Ihr Leben strömen.

Alle Teilnehmer sitzen oder stehen in einem Kreis. Dann macht jeder einen Summball für sich selbst. Legen Sie Liebe oder irgendeine andere positive Eigenschaft hinein. Wenn Ihre Hände vor Energie und dem Segen der Einhörner brummen, legen Sie den Ball in das Herz des Menschen zu Ihrer Linken. Empfangen Sie einen von der Person zu Ihrer Rechten. Weil Liebe aus Ihnen herausgeströmt ist, können Sie mehr davon empfangen.

EINHORN-SUMMBALL-KREIS 2

Alle Teilnehmer sitzen oder stehen im Kreis mit einer Person in der Mitte. Diese gibt bekannt, welche Einhorn-Energien sie empfangen möchte. Dann machen alle anderen Teilnehmer ihre eigenen Summbälle, und wenn sie damit fertig sind, schicken sie sie der Person in der Mitte.

Es fühlt sich so wunderbar an, die Empfängerin zu sein!

EINHORN-SUMMBALL-KREIS 3

Jede Person im Kreis macht einen Summball. Wenn alle bereit sind, werden die Bälle liebevoll an die Person zur Linken weitergegeben. Auf diese Weise empfängt und gibt jeder einen Ball. Während die Einhorn-Bälle im Kreis herumgereicht werden, nehmen sie mehr Energie auf. Zum Schluss werden alle in die Mitte gelegt. Nun können alle die Einhorn-Energie voller Liebe und Absicht einatmen und sich nehmen, was sie brauchen.

ZWEI GESCHICHTEN

Eine Frau, die leider nicht hellsichtig war, hatte sich schon lange gewünscht, einmal ein Einhorn zu sehen. Auf einem Einhorn-Seminar bat sie darum, dass für sie ein Einhorn-Ball geschaffen und in ihr drittes Auge gelegt werden möge, damit sie auch einmal ein Einhorn sehen könne. In der folgenden Nacht hatte sie einen lebhaften Traum, in dem ein Einhorn zu ihr kam. Sie konnte es in all seiner strahlenden Herrlichkeit sehen. Sie hat diesen Augenblick niemals vergessen.

Eine hellsichtige Frau machte einen Einhorn-Ball und schickte ihn ihrer Tante. Sie war verblüfft, als sie ihn durch den Äther zu ihrer Verwandten fliegen sah. Er trat in den Körper ihrer Tante ein, durchströmte sie wie warmer Honig, nahm dann wieder die Form eines Balls an und flog zu ihr zurück. Er flog direkt in ihr Herz hinein und sie spürte ein angenehm kühles Gefühl, als die Einhorn-Energie dort eintraf.

REICHTUMSBALLONS

Ich liebe es, Reichtumsballons zu versenden und zu empfangen. Nach dem Gesetz des Universums öffnet man sich damit dem Reichtum. Während Sie in Ihren Ballon hineinsummen, stellen Sie sich vor, dass der Empfänger den Reichtum, den Erfolg oder das Wohlbefinden bereits erhalten hat.

Ich habe schon oft gesehen, dass die Engel die Reichtumsballons mit in den Äther nehmen, wo sie vom ganzen Universum energetisiert werden.

Aber ich war ziemlich erstaunt, als ich sah, wie ein Einhorn einen Ballon in höhere Sphären mitnahm, damit sich sein Inhalt manifestieren möge. Die Einhörner sagten mir, dass sie diese Gebetsbälle häufig direkt in die höheren Welten mitnehmen, damit sie sich auf der materiellen Ebene manifestieren.

KAPITEL 26

EINHORN-ORBS

Seit es Digitalkameras gibt, sind auf vielen Fotos Erscheinungen zu sehen, die man zunächst nicht einordnen konnte. Sie sehen aus wie Lichtkugeln oder -kreise und werden in aller Welt »Orbs« genannt. Die Orbs tauchen immer dann auf, wenn Kinder, Tiere, reizvolle Landschaften, Kirchen, spirituelle Versammlungen, Feiern, Zeremonien, Tore oder andere Orte fotografiert werden. Sie können absichtlich herbeigerufen werden, so wie man auch Einhörner herbeirufen kann. Aber der wichtigste Faktor beim Fotografieren von Orbs ist die Schwingungsfrequenz des Fotografierenden, da Orbs auf Herzenergie reagieren. Es gibt Fotos, auf denen Hunderte Orbs oder -blasen zu sehen sind.

Wissenschaftler haben bestätigt, dass diese Orbs nicht einfach durch Feuchtigkeit oder Staub hervorgerufen werden, sondern dass sich in ihnen irgendeine Energiequelle befindet. Das stimmt mit den Einsichten gewisser Mystiker überein, die behaupten, dass die Orbs spirituellen Ursprungs sind.

Da sich die verschiedenen Welten durchdringen, sind wir schon immer von Geistern umgeben gewesen. Dazu gehören Elfen, Elementarwesen, Engel, die Geister der Verstorbenen, Gespenster, Geistführer, aufgestiegene Meister und natürlich Einhörner. Wenn ich zum Beispiel Elfen sehe, sehe ich farbige tanzende Lichtkugeln, in deren Mitte sich ein geflügeltes Wesen befindet. Das heißt, ich sehe sie umgeben von ihrer Aura. Dieses Licht ist es, das sich auf Fotos widerspiegelt.

Unsere verstorbenen Lieben haben uns schon immer besucht, um uns zu trösten, zu unterstützen, uns zu führen oder uns zu helfen. Der Geist einer Fehlgeburt bleibt oft in der Nähe seiner Mutter und wächst gemeinsam mit der Familie auf. Eine geliebte Großmutter wird von Zeit zu Zeit eine Stippvisite von der anderen Seite machen, um zu sehen, wie es ihrer Familie geht. Dann gibt es noch jene, die nicht richtig hinübergehen und der irdischen Welt als Geister verhaftet bleiben. Alle hinterlassen einen Eindruck ihrer Anwesenheit im Äther. Diese Eindrücke erscheinen heute als Orbs auf Fotos.

Wenn der Geist eines Menschen oder Tieres seine körperliche Hülle im Schlaf oder während der Meditation verlässt, wird er Teil der geistigen Welt. Interessanterweise reist er in seinem feinstofflichen Körper oder einer Merkaba umher, einem sechszackigen, dreidimensionalen Stern. Wenn ein Mensch sich aber weiterentwickelt, wird sein Lichtkörper weicher, weiblicher und runder und erscheint uns als Orb.

Ein Grund für das zunehmende Auftauchen von Orbs auf Fotos liegt darin, dass die Schleier zwischen den Dimensionen dünner werden. Uns wurde gesagt, dass wir Beweise für die Existenz von Engeln und höheren geistigen Wesen bekommen werden. Ich glaube, die Orbs sind nur der Anfang davon.

VERSCHIEDENE ORBS

Manche Auras sind nur sehr schwach sichtbar, andere hingegen sind sehr hell. Einige sind klein, andere groß. Das alles hängt von ihrer Frequenz ab. Die stabilen Lichtkugeln sind Elfen oder Engel, die reine Liebe ausstrahlen. Ich bin überwältigt, wie viele Engel der Liebe ich schon auf Bildern gesehen habe. Ich besitze ein Foto, auf dem ein sehr helles Orb direkt neben mir tanzt. Dies ist ein Engel der Liebe. Was schwerer zu sehen ist, ist, dass sich auf demselben Foto auch noch ein Einhorn-Orb befindet.

Andere Orbs sind Energiekugeln, die Heilung, Licht, Kommunikation oder Liebe enthalten. Sie tragen oft verschlüsselte Botschaften aus den unsichtbaren Welten in sich. Sehr oft kommt es vor, dass ein Schutzengel oder Geistführer durch sie mit einem Menschen kommuniziert.

VON ORBS LERNEN

Durch das Betrachten von Tausenden von Orbs lernte ich zu unterscheiden, welche von ihnen Einhörner waren. Auf diese Weise fand ich mehr über Einhörner heraus. Sie arbeiten oft eng mit den Engeln zusammen. Sie kommen auch, um Menschen zu helfen, die von negativen Energien bedroht sind. Ich habe einmal ein Orb gesehen, in dem Erzengel Michael und ein Einhorn verschmolzen waren. Sie kamen herbeigeeilt, um jemandem zu helfen. Hinter ihnen konnte man eine Energiewelle sehen, weil sie sich so schnell bewegten. Auf dem Foto, das nur Sekunden vorher aufgenommen worden war, konnte man noch nichts sehen.

Ich war überglücklich, als ich entdeckte, dass Einhorn-Orbs gemeinsam mit den Elfen kommen, um Menschen und Meerestieren während eines Sturmes auf See zu helfen. Sie helfen auch, aufgewühlte Energien zu beruhigen und zu bereinigen. Am glücklichsten war ich, als ich herrliche Einhorn-Orbs in der Nähe der neuen erleuchteten Kinder entdeckte, die ihr Licht verstehen und fühlen können.

GESICHTER

Wenn man ein Orb stark vergrößert, kann man manchmal ein Gesicht darin sehen. Dies sind Geister, die zu Besuch kommen. Sie reisen immer im Orb eines Einhorns oder Erzengels, der den Geist zu seinen noch lebenden Verwandten bringt.

EINE EINLADUNG

Heute, wo immer mehr Menschen ihre Frequenz erhöhen und ihr Bewusstsein einer größeren Wirklichkeit öffnen, laden uns die Engel, Erzengel, aufgestiegenen Meister, Einhörner und andere hohe Lichtwesen ein, im Schlaf zu Erzengelschulen oder Lerntempeln zu reisen. Wir alle reisen in unseren Geistkörpern und lernen Lektionen in den inneren Welten. Wir dürfen darum bitten, bestimmte Tempel, Schulen oder das Reich der Einhörner zu besuchen. In meinem Buch *New Light on Ascension* habe ich über die Schulen der Erzengel und großen Meister geschrieben, die uns heute anleiten.

EIN EINHORN IN DER AURA

Vor einigen Jahren hielt ich in Harrogate einen Vortrag auf einer Esoterik-Messe. Anschließend spazierte ich durch die Halle, um mich unter die Leute zu mischen. Ich nickte einem Mann mit einer Aura-Kamera zu, der mich erkannte und mich zu sich winkte. Er hatte gerade die Aura einer Frau fotografiert und nur rote Farbe erhalten. Ich sah auf den Bildschirm und die Aura war einfach nur knallrot. Sie musste unter großem Stress stehen. Als mich der Fotograf bat, mich neben die Frau zu setzen, geschah etwas Außergewöhnliches. Ihre Aura veränderte sich nämlich zu Blau und Gold. Dies war ein entscheidender Moment für mich, denn nun konnte ich direkt sehen, was ich immer gewusst hatte, nämlich, dass wir wirklich andere Menschen beeinflussen können. Aber es sollten noch weitere Offenbarungen folgen. Als ich sie fragte, ob sie Engel mochte, antwortete sie mit einem Ja. Daraufhin sagte ich: »Warum rufen Sie nicht die Engel an und bitten sie, Sie zu berühren?« Sofort wurde der Bildschirm heller, aber sonst geschah nichts. Also fragte ich weiter: »Mögen Sie Einhörner?« Sie antwortete augenblicklich und voller Begeisterung: »Ich liebe Einhörner!« »Das ist ja toll«, sagte ich, »warum rufen Sie dann nicht eines herbei?«

Im selben Augenblick wurde auf einer Seite des Bildschirms ein weißes Licht sichtbar, das sich über den Bildschirm bewegte und sich auf dem Hals der Frau direkt unter ihrem Ohr niederließ. Es war ganz offensichtlich Einhorn-Energie und wir alle wurden dadurch tief berührt.

EIN EINHORN-ORB HERBEIRUFEN

- Setzen Sie sich still an einen Ort – drinnen oder draußen.
- Atmen Sie in Ihr Herz hinein und denken Sie an einen Menschen oder ein Tier, den oder das Sie lieben.
- Rufen Sie Einhorn-Orbs herbei und bitten Sie sie, sich um Sie herum zu versammeln und Sie zu berühren.
- Seien Sie offen für die veränderte Energie und spüren Sie, was mit Ihnen passiert.
- Schreiben Sie Ihre Erlebnisse in Ihr Einhorn-Tagebuch.

KAPITEL 27

EINHÖRNER UND WEIHNACHTEN

Ich habe schon oft Einhörner in Zweierreihen vor meinem Auto gesehen. Sie erinnerten mich immer an die Rentiere, die den Schlitten des Weihnachtsmanns ziehen. Manchmal sind es acht in vier Paaren, manchmal ist es aber auch eine ungerade Zahl mit einem Einzelnen vorne. Ich bin immer davon ausgegangen, dass sie mich auf meiner Reise beschützen und mir den Weg zeigen. Das stimmt tatsächlich. Der Anblick erinnerte mich aber auch immer an Weihnachten, und da die Einhörner ja das Christus-Licht in sich tragen, haben sie tatsächlich eine Verbindung dazu.

Als ich vor einigen Jahren *The Web of Light* schrieb, das dritte Buch meiner spirituellen Trilogie, erzählte mir mein geistiger Führer Kumeka ein paar Dinge über Weihnachten und forderte mich auf, andere Fakten selbst herauszufinden. Erst da erfuhr ich, dass Jesus, dessen ursprünglicher Name Jeschua ben Josef lautete, bevor er entwickelt genug war, das Christus-Bewusstsein in sich zu tragen, tatsächlich im späten Frühjahr geboren worden war. Jahrhunderte lang wurde in der patriarchalischen Kirche darüber diskutiert, welches Datum als sein offizieller Geburtstag gelten sollte. In verschiedenen Gegenden wurde sein Geburtstag zwischen Januar und Mai gefeiert. Im fünften Jahrhundert verkündeten die heiligen Väter auf dem römischen Konzil, dass sein Geburtstag auf den 25. Dezember fallen sollte.

Dies war eine sehr pragmatische und vernünftige Entscheidung, denn dieses Datum galt bereits in vielen alten Zivilisationen – darunter China, Ägypten und Mexiko – als religiöser Feiertag und Geburtsdatum vieler großer Wesen. Viele von ihnen wurden als Sohn Gottes verehrt, der von einer Jungfrau geboren worden war. Auch der Stern, der die weisen Männer mit ihren Geschenken zu ihm führte, war Bestandteil vieler dieser Geschichten. Zu diesen Wesen gehören Isis, Osiris, Horus, Bacchus, Adonis, Herkules und viele große Meister. Auch die Geburten von Mithra, dem persischen Erlöser, Sokrates, Äskulap, Romulus, Krishna, Buddha und Konfuzius wurden auf diese Weise angekündigt.

Dieses Datum wurde von den Weisen des Altertums auch gewählt, weil der 25. Dezember eine mystische Bedeutung hat, da sich an diesem Tag die Tore des Himmels öffnen und der Planet mit göttlichen Energien überschüttet wird. Zwischen dem 23. und dem 26. Dezember steht den Menschen hochfrequente Energie zur Verfügung. Diese Energie erreicht ihren Höhepunkt zwischen Mitternacht am 24. und Mitternacht am 25. Dezember. Zu dieser Zeit ist der Zugang zum Christus-Bewusstsein erleichtert. Und mehr Einhörner strömen auf den Planeten, um uns zu helfen, diesen Lichtschub zu nutzen.

Ich schrieb dies, als die Feiertage vor der Tür standen. Wieder einmal sah ich die Einhörner in Zweierreihen vor meinem Auto. Ich hatte eine plötzliche Einsicht, dass so die Legende vom Weihnachtsmann und seinen Rentieren entstanden sein könnte. Später fragte ich danach, weil ich mir sicher war, dass die Seher der Frühzeit dies auch gesehen haben mussten.

Mir wurde gesagt, dass dies tatsächlich der Ursprung der Legende von den Rentieren des Weihnachtsmanns ist, die durch den Himmel fliegen und den artigen Kindern Geschenke bringen. Allerdings haben Einhörner niemals einen Schlitten gezogen. Ihnen folgte eine Energiespur, die dann als Schlitten umgedeutet wurde.

Zu dieser kosmisch gesehen wichtigen Jahreszeit, wenn die Schleier dünn sind, kommen ganze Gruppen von Einhörnern jenen Ländern und Gemeinden, die Veränderungen im Sinne des Allgemeinwohls einleiten möchten, zu Hilfe. Sie kommen überall dort hin, wo die Menschen bereit sind, ihre Energie in positive Veränderungen zu investieren. Sie kommen in Gruppen, weil die gemeinsame Energie mehrerer Einhörner nötig ist, um den Gebeten der Menschen Macht zu verleihen.

Ich habe beeindruckende Fotos von ganzen Einhornherden gesehen, die über den Himmel traben und als weiße Orbs gesehen werden können. Die weiter entfernten sehen aus wie kleine weiße Stecknadelköpfe. Wenn sie näher kommen, müssen sie ihre Energie reduzieren, da diese so rein ist, dass wir damit überfordert wären. Dann sehen sie aus wie weich gezeichnete oder verschwommene weiße Orbs. Wenn Sie sich ein solches Foto anschauen, werden Sie ihr außergewöhnliches Licht wahrnehmen können. Wenn Sie zur Weihnachtszeit unfokussiert auf ein Foto mit Orbs schauen, wird eine Energiewelle auf Sie zuströmen.

Weihnachten ist auch die Zeit, in der die Einhörner Einzelpersonen oder Familien besuchen, die große Visionen zugunsten aller Wesen haben. Man kann die Einhörner dann als Orbs oder stecknadelkopfgroße Lichtflecken am Himmel sehen.

Einhörner lieben seit ewigen Zeiten die Unschuld, Reinheit und Fröhlichkeit von Kindern. Jene, die sagten, sie hätten einen Schlitten hinter den Rentieren gesehen, auf dem die Geschenke für die Kleinen lagen, sahen in Wirklichkeit den Strom der Liebe und der Reinheit, der hinter den Einhörnern her floss. Sie brachten das Geschenk des Christus-Bewusstseins und der Freude, um die Herzen der Menschen zu berühren.

Eine andere gute Zeit, die Hilfe der Einhörner zu erbitten, ist Silvester. Wenn unter Ihren guten Vorsätzen für das neue Jahr auch der Wunsch ist, anderen Menschen zu helfen oder eine große Vision zu verwirklichen, werden die Einhörner darauf reagieren. Sie unterstützen ganz besonders die Wünsche von Kindern.

EINHORN-WÜNSCHE FÜR DAS NEUE JAHR

Sie können die folgende Übung jederzeit machen, aber Sie werden zusätzliche kosmische Energie empfangen, wenn Sie sie zu Weihnachten oder Neujahr machen. Sie brauchen dafür eine Kerze, ein Blatt Papier, einen Stift und Buntstifte.

Sorgen Sie dafür, dass der Raum sauber und energetisch gereinigt ist. Das Letztere können Sie tun, indem Sie in jeder Ecke in die Hände klatschen, eine Klangschale anschlagen oder spirituelle Musik auflegen. So werden niedere Schwingungen aufgelöst.

- Zünden Sie die Kerze an.
- Falten Sie das Blatt in der Mitte, damit Sie Platz für zwei Spalten haben. Über die eine Spalte schreiben Sie »Danke« und über die andere »Ich wünsche mir«.

- Dekorieren Sie das Blatt Papier an den Rändern so schön wie möglich, lassen Sie aber Platz in den beiden Spalten. Tun Sie dies ganz still, damit Sie über das vergangene Jahr nachdenken und sich auf das kommende konzentrieren können.
- Je dankbarer Sie für das vergangene Jahr sind, desto mehr Energie haben Sie für noch Besseres im kommenden. Selbst wenn Sie ein schreckliches Jahr hinter sich haben, konzentrieren Sie sich auf die lichten Momente und die gelernten Lektionen. Schreiben Sie diese unter »Danke« auf.
- Stellen Sie sich nun die schönsten Dinge, die Sie am meisten befriedigen, für das kommende Jahr vor. Lassen Sie Ihrer Vorstellungskraft freien Lauf und denken Sie daran, dass positive Bilder die Bausteine der Schöpfung sind. Träumen Sie von Dingen, die dem höchsten Wohle aller dienen, und spüren Sie, welche Gefühle – Frieden, Freude, Wärme – dies in Ihnen auslöst. Sie können sicher sein, dass alles, was Sie von Herzen für das Universum oder andere Menschen tun, vervielfacht zu Ihnen zurückkehren wird. Stellen Sie es sich nicht nur vor, schreiben Sie auf, was Sie im nächsten Jahr erschaffen möchten.

FÜTTERN SIE IHR EINHORN

Natürlich müssen geistige Wesen nicht essen. Aber sie können die Energie aufnehmen, die in dem enthalten ist, was Sie ihnen liebevoll darbringen. Denken Sie an etwas, das Sie gern essen – Schokolade, Kekse, Obst oder was immer Sie mögen. Bringen Sie es Ihrem Einhorn voller Liebe als Opfergabe dar. Am nächsten Tag wird es vermutlich noch genauso aussehen, aber das Einhorn wird die darin enthaltene Lebenskraft oder Prana aufgenommen haben, weil es Ihre liebevollen Absichten und Ihre Dankbarkeit anerkennt.

VERABSCHIEDEN SIE DAS ALTE UND HEISSEN SIE DAS NEUE WILLKOMMEN

- Stellen Sie Ihre Opfergabe für das Einhorn auf einen Tisch.
- Sagen Sie laut: »Ich danke dem Universum für all das Gute, das ich im letzten Jahr empfangen durfte.« Lesen Sie nun Ihre Liste vor.
- Sagen Sie laut: »Nun lasse ich das vergangene Jahr gehen.« Drehen Sie sich dreimal im Gegenuhrzeigersinn, um das Alte auf symbolische Weise gehen zu lassen.
- Sagen Sie laut: »Ich möchte das Folgende als liebevollen Dienst und für meine höchste Erfüllung erschaffen.« Lesen Sie dann die zweite Spalte vor.

ANRUFUNG

»Ich rufe die mächtigen Einhörner des Lichts an, diese Vision zu unterstützen und mir Kraft, Mut, Liebe, Würde, Selbstvertrauen und Selbstwertgefühl zu geben, damit ich mein Herz und meine Seele in das kommende Jahr legen kann. So sei es. Es ist vollbracht.«

Warten Sie einen Moment und spüren Sie das weiße Licht der Einhörner um sich herum.

Öffnen Sie die Arme, um das gewünschte Gute zu empfangen.

Legen Sie das Blatt Papier auf einen Altar, in ein spirituelles Buch oder an einen anderen Ort, wo Sie es sehen und sich ständig daran erinnern können.

Seien Sie sicher, dass Sie das erschaffen können, was Sie sich von Herzen wünschen, und dass es Ihr Licht im kommenden Jahr verstärken wird.

KAPITEL 28

EINHORN-HEILUNG

Da Einhörner siebendimensionale Wesen der Liebe und des Mitgefühls sind, besitzen sie selbstverständlich auch heilende Kräfte. Aber wie alle Wesen auf dieser Existenzebene, sind sie den geistigen Gesetzen der Erde unterworfen. Wenn Ihre Seele unbedingt will, dass Sie ein körperliche oder geistige Krankheit erleben, weil Sie nur so eine bestimmte Lektion lernen können, müssen die Einhörner dies respektieren und sich zurückziehen. In der heutigen Zeit taucht aber immer mehr Karma auf, um erforscht und umgewandelt zu werden, daher ist es heute relativ selten, dass sich eine Seele der Heilung verweigert.

Blockaden im physischen Körper werden durch unheilvolle spirituelle, mentale oder emotionale Muster hervorgerufen, die sich kristallisieren und zu Krankheiten werden. Wenn die Ursachen aufgelöst werden, passt sich der Körper an.

*

*Wenn Dinge aus der Vergangenheit vergeben,
losgelassen und durch höheres Verständnis ersetzt werden,
findet automatisch Heilung statt.*

*

Ein Herzproblem kann durch die Unfähigkeit entstanden sein, jemandem in diesem Leben zu vergeben oder durch eine extrem stark verdrängte Angst, verletzt zu werden, die aus einem anderen Leben stammt. Die Heilkraft der Einhörner erfüllt Ihr Herz mit Liebe und Freude, daher ist dort kein Platz mehr für Schmerz.

Arthritis in den Schultern kann das Ergebnis eines lebenslangen Gefühls sein, für alle Probleme der Familie verantwortlich zu sein, und des daraus entstehenden Grolls, weil alle von Ihnen abhängig sind. Die Heilkraft der Einhörner wird Ihr Glaubenssystem auflösen, für alles verantwortlich sein zu müssen. Das wiederum wird es Ihrer Familie ermöglichen, selbst Verantwortung zu übernehmen. Wenn die Einhörner mentale oder emotionale Blockaden heilen, wird sich dies schließlich auch auf den physischen Körper auswirken.

Denken Sie aber bitte daran, dass die Lichtwesen nichts gegen Ihren freien Willen unternehmen können und dass Sie deshalb genau definieren müssen, was geheilt werden soll.

Ich war auf einer Reise durch die Vereinigten Staaten und musste jeden Tag mit dem Flugzeug fliegen. Ich fing an, mir Sorgen um meine Ohren zu machen, weil sie unter dem ständigen Druckwechsel litten. Als wir eines Morgens wieder einmal losflogen, taten sie mir bereits weh. Ich bat die Einhörner um Hilfe und spürte augenblicklich Wärme über meinem linken Ohr, das besonders schmerzte. Als die Einhörner dann Energie in beide Ohren schickten, spürte ich ein wunderbares heilendes Glühen.

Einmal war ich beim Zahnarzt. Ich saß bereits anderthalb Stunden auf dem Stuhl und konnte spüren, wie der Arzt immer angespannter wurde. Niemand erklärte mir, was nicht stimmte, aber es war offensichtlich, dass irgendetwas schiefgelaufen war. Ich wusste, dass mich mein Engel behütete, rief aber auch noch mein Einhorn herbei. Ich konnte spüren, wie es die Energie aus seinem Lichthorn in die Hände des Zahnarztes und in meinen Mund projizierte. Ich muss sagen, trotz der Hilfe zweier Lichtwesen war dies eine ziemlich unangenehme Erfahrung. Hinterher sagten mir der Engel und das Einhorn, dass ich den Zahn, der während der Behandlung abgebrochen war, verloren hätte, wenn sie ihn nicht stabilisiert hätten. Ich bin ihnen wirklich sehr dankbar.

Ich hatte einmal ein Gespräch mit einer meiner Seminarteilnehmerinnen, in dessen Verlauf wir über die Heilkräfte der Einhörner sprachen. Pearl erzählte mir, dass sie vor ein paar Wochen völlig erschöpft gewesen war und sich ziemlich schlecht gefühlt hatte. Daraufhin hatte sie sich ein paar Minuten hingesetzt und mit ihrem Einhorn gesprochen. Sie spürte augenblicklich ein angenehmes lilafarbenes Licht in sie eindringen. Innerhalb weniger Minuten fühlte sie sich besser und hatte neue Energie.

Eine Heilerin erzählte mir, dass sie sich bewusst war, dass die Einhörner ihr immer halfen. Sie sah sie häufig, aber bei einer bestimmten Heilung war ihre Gegenwart besonders stark spürbar. Sie war gerade in einer Heilsitzung mit einer übersinnlich begabten Klientin, die regelmäßig zu ihr kam. Plötzlich stieß diese hervor: »Normalerweise sind immer Engel bei dir, aber heute sind zwölf Einhörner bei dir!« Die Heilerin war überrascht und entzückt und konnte nur sagen: »O! Dann hast du sie also auch gesehen!«

HEILUNG BEI KINDERN

Anscheinend können die Einhörner durch meine Einhorn-CD mit Menschen Kontakt aufnehmen und sie heilen. Hier ist eine erstaunliche Geschichte, die ich auf meiner Rundreise durch Südafrika hörte.

Ein vierjähriges Mädchen hatte ein schweres Trauma erlitten, als sie zusehen musste, wie ihre Großeltern von Einbrechern brutal zusammengeschlagen worden waren. Ihr zweijähriger Bruder verschlief das ganze Drama, aber das kleine Mädchen hatte alles mit angesehen und immer wieder geschrieen: »Aufhören! Bitte!« Die Polizei konnte nicht begreifen, warum die Einbrecher plötzlich verschwunden waren, ohne irgendetwas mitzunehmen.

Die Vierjährige hatte einen schweren Schock erlitten. Noch ein Jahr später wollte sie nicht in ihrem Bett schlafen und litt unter ständigen Albträumen. Ihre Eltern brachten sie zu Ärzten, Psychiatern, Psychologen und Heilern, aber nichts half. Dann kaufte die Mutter die Einhorn-CD. Als sie ihre Tochter abends ins Bett brachte, legte sie sie auf. Das Kind hörte sich die ganze CD an und schlief dann zum ersten Mal seit dem Einbruch wieder gut. Noch heute besteht sie darauf, dass die CD abends gespielt wird, obwohl sie sie mittlerweile in- und auswendig kennt. Glücklicherweise schläft sie jetzt wieder durch und das in ihrem eigenen Bett. Sie ist wieder ein glückliches Kind.

Ich danke euch, ihr erstaunlichen Einhörner.

EINHÖRNER HELFEN BEI DER ENTGIFTUNG

Margaret Merrison ist eine der Hauptlehrerinnen der *Diana Cooper School* und hat eine ganz besondere Beziehung zu Einhörnern. Sie leitet nämlich eine Klinik, die »Einhorn-Zentrum« heißt. Wenn sie die Einhörner anruft und sie um Heilung bittet, spürt sie, dass mehrere von ihnen als Gruppe zusammenarbeiten. Die Gruppe schaut sich die Klienten an und überlegt sich dann gemeinsam, wer woran arbeitet – ein Einhorn am physischen Körper, ein anderes am mentalen und ein drittes am emotionalen.

Eine Frau, die eine Einhorn-Heilung vom Margaret erhalten hatte, berichtete, dass sie sich in einem wunderschönen Zustand befunden und gespürt hatte, wie die Energie mit ihrer Leber arbeitete und sie entgiftete. Eine andere Frau spürte, wie die Einhörner Fäden der Schuld und Negativität aus ihrem Herzzentrum herauszogen. Eine Dritte erzählte mir, dass sie ein Kribbeln und Summen spürte, ähnlich einem elektrischen Stromstoß, und dass sie sich hinterher fühlte, als ob die Einhörner ihr eine riesige Last von den Schultern genommen hätten. Sie fühlte sich klarer, geerdeter und konnte leichter atmen.

SÜCHTE HEILEN

Anlässlich der Veröffentlichung meines Buches *Angel Answers*[8] hielt ich einen Vortrag in Glasgow, nach dem Kathleen auf mich zu kam, um mit mir zu sprechen. Sie erzählte, dass sie bereits vor einem Jahr eines meiner Seminare besucht hatte, auf dem ich über Einhörner gesprochen hatte. Sie sagte Folgendes: »In der Meditation, um den Einhörnern zu begegnen, wickelte mich meines wie ein Baby ein und stieß sein Horn in mein Herz. Ich fühlte mich so geborgen. Von diesem Augenblick an war alles anders. Ich war von allen meinen Süchten befreit, von Alkohol, Drogen, Nikotin und all dem Zeug. Ich öffnete mich meiner spirituellen Bestimmung. Ich

---

8 Deutsch: *Die Engel antworten. Himmlische Hilfe für die wichtigsten Lebensfragen.* Ansata, München 2007

wurde hellsichtig und konnte die Gefühle anderer Menschen wahrnehmen.«

Sie strahlte, als sie mir dies erzählte, und ich konnte die Einhörner in ihrer Nähe spüren.

KAPITEL 29

WIE MAN EINE EINHORN-HEILUNG GIBT

Der physische Körper ist von einer Hülle umgeben, die sein ätherisches Äquivalent darstellt. Diese Hülle dehnt sich normalerweise etwa zweieinhalb Zentimeter um den Körper herum aus. Auf dieser Ebene arbeiten die meisten Heiler. Dieser Teil der Aura ist am leichtesten spürbar, da die anderen Schichten mit einer höheren Frequenz schwingen.

Der emotionale Körper dehnt sich etwa 7,5 bis 15 Zentimeter weit aus. Wenn ein Einhorn Licht aus seinem Horn in eine Blockade im Emotionalkörper schickt, wird der Klient den Drang verspüren zu weinen oder aufzuschreien, weil sich alte aufgestaute Wut löst. Es kommt aber auch vor, dass man einfach das Gefühl hat, ganz geborgen und friedlich zu sein, wenn die Energie gereinigt wird.

Der Mentalkörper, der aus Gedankenformen besteht, dehnt sich etwa 30 Zentimeter um den physischen Körper herum aus. Die Einhörner schicken Licht, das die festgefahrenen Denk- oder Glaubensmuster, die die Probleme verursachen, durchdringt und auflöst.

Der spirituelle Körper dehnt sich über den Mentalkörper hinaus aus und kann normalerweise in einer Entfernung von etwa 90 bis 100 Zentimetern gespürt werden. Bei hoch entwickelten Menschen kann er sich allerdings auch über anderthalb Kilometer weit ausdehnen.

Ein Einhorn kann sehen, wo die Verbindung zu Gott blockiert ist oder wo jemand einer Illusion verhaftet ist, die ihn zurückhält. Deshalb können sie uns auch davon befreien.

Der Heilungsprozess kann aber auch in umgekehrter Reihenfolge stattfinden. Das heißt, wenn ein Einhorn Licht direkt in den Körper schickt, um eine physische Blockade aufzulösen, beginnen auch die festgefahrenen Gefühle und schädlichen Denkmuster, die sie erzeugt haben, zu heilen.

Wenn ein Einhorn jemanden heilt, bleibt es eine Weile bei der betreffenden Person – ähnlich der Nachbehandlung nach einem Krankenhausaufenthalt. Die leuchtenden Wesen wachen wirklich über uns!

WIE MAN EINE EINHORN-HEILUNG GIBT

Wie bei jeder Heilung sollten Sie zuerst dafür sorgen, dass der Raum sauber und aufgeräumt ist. Zudem können Sie ihn noch von negativen Schwingungen reinigen, indem Sie in allen Ecken eine Klangschale anschlagen oder in die Hände klatschen.

Bereiten Sie den Raum vor, indem Sie eine Schüssel mit Wasser neben den Klienten stellen, denn dieses Element hilft den Einhörnern, sich mit Ihnen beiden zu verbinden. Zudem zieht Wasser negative Energien ab, die sich auflösen, wenn das heilende Licht der Einhörner den Raum erfüllt.

Zünden Sie eine Kerze an und legen Sie beruhigende Musik auf. Auch Blumen tragen dazu bei, die Schwingung im Raum zu erhöhen.

Sorgen Sie dafür, dass Sie selbst gesund und positiv eingestellt sind.

- Bitten Sie Ihren Klienten, sich bequem hinzusetzen oder hinzulegen.
- Stellen Sie sich eine Kugel aus weißem Licht vor, die Sie beide umhüllt und einerseits als Schutz dient und andererseits Ihre Schwingung anhebt.
- Legen Sie Ihre Hände in der Namaste- oder Gebetshaltung zusammen. Dies ist ein heiliges Mudra, das automatisch Licht zu Ihnen bringt. Sprechen Sie ein Gebet, entweder laut oder in Gedanken. Zum Beispiel: »Im Namen Christi bitte ich darum, dass (hier den Namen einfügen) gesegnet und geheilt werden möge. Ich bitte die Einhörner, durch mich zu arbeiten. So sei es. Es ist vollbracht.«
- Halten Sie Ihre Hände in die Höhe und bitten Sie darum, dass das Einhorn-Licht sie erfüllen möge. Vielleicht spüren Sie ja, dass sie kribbeln, oder sehen, dass weiße Lichtfunken aus ihnen sprühen.
- Stellen Sie sich vor, dass aus Ihren Füßen Wurzeln tief in die Erde drin-

gen. Stellen Sie sich dann vor, dass auch von den Füßen Ihres Klienten Wurzeln tief in die Erde dringen.
- Legen Sie Ihrem Klienten die Hände auf die Schultern und stimmen Sie sich auf ihn ein.
- Folgen Sie Ihrer Intuition und legen Sie die Hände dorthin, wo es angebracht zu sein scheint – entweder auf den physischen Körper oder in die Aura. Denken Sie daran, dass dies immer mit Respekt geschehen sollte, damit sich die andere Person sicher fühlt.
- Zum Schluss legen Sie die Hände auf die Füße, um Ihren Klienten zu erden, oder Sie legen ihm die Hände auf die Schultern und stellen sich vor, dass er fest verwurzelt ist.
- Bedanken Sie sich in Gedanken bei den Einhörnern.
- Treten Sie zurück und vollführen Sie eine schneidende Bewegung zwischen Ihren Chakras und denen des Klienten, damit alle Schnüre, die sich gebildet haben, wieder durchtrennt werden.
- Wenn der Klient die Augen öffnet, bieten Sie ihm ein Glas klares Wasser an.

ÜBER DIE EIGENE AURA STREICHEN

Wenn Sie Löcher in Ihrer Aura haben, die durch Krankheiten, Ängste oder Wut entstanden sind, können dunkle Energien oder Krankheiten in Sie eindringen. Wenn Sie Ihren ätherischen Körper ein paar Minuten lang mit Einhorn-Händen streicheln, bleibt Ihre Aura ganz und stark. Dies ist eine ausgezeichnete Methode, um gesund zu bleiben. Sie können diese Übung ganz einfach folgendermaßen machen.
- Halten Sie die Hände in die Höhe, und bitten Sie die Einhörner, sie mit ihrem Licht zu berühren.
- Spüren Sie, dass die Hände weiß leuchten.
- Streichen Sie in etwa zweieinhalb Zentimeter Entfernung von oben nach unten über Ihren Körper.
- Achten Sie darauf, ob Sie Hitze, Kälte oder Kribbeln spüren. Hitze weist auf Verstopfung hin, Kälte auf ein Loch in der Aura. Nehmen Sie sich Zeit, diese Bereiche besonders sorgfältig auszustreichen.

- Wenn Sie fertig sind, bitten Sie die Einhörner, Sie zu schützen, indem sie Sie in ihr weißes klares Licht hüllen, oder rufen Sie das Christus-Licht an und bitten Sie darum, beschützt zu werden.

ÜBER DIE AURA EINES ANDEREN STREICHEN

Bitten Sie Ihren Klienten, sich seitlich auf einen Stuhl zu setzen, damit Sie an seinen Rücken kommen. Sie können ihn auch bitten, sich auf den Rücken zu legen, und nur an der Vorderseite arbeiten. Wenn er sich dann anschließend umdreht, können Sie seinen Rücken behandeln.
- Folgen Sie den Schritten 1 bis 5 wie oben beschrieben.
- Fangen Sie an der Krone über dem Kopf an und streichen Sie mit den Händen in etwa zweieinhalb Zentimeter Entfernung von oben nach unten über den Körper.
- Wenn Sie kalte Energie spüren, wiederholen Sie die streichende Bewegung, bis sich die Aura an dieser Stelle wieder angenehm anfühlt.
- Wenn Sie Verstopfung spüren, ziehen Sie die blockierte Energie heraus. Oder lassen Sie die Hände über dieser Stelle und bitten Sie die Einhörner zu tun, was auch immer nötig ist.
- Wenn Sie fertig sind, versiegeln Sie die Aura mit Erzengel Michaels blauem Schutzmantel oder dem Christus-Licht.

DEN EMOTIONALKÖRPER HEILEN

Folgen Sie der oben beschriebenen Anleitung, aber halten Sie Ihre Hände etwa 15 Zentimeter weit vom Körper entfernt. Mit ziemlicher Sicherheit werden Sie so das Kribbeln des Emotionalkörpers spüren können.

DEN MENTALKÖRPER HEILEN

Folgen Sie den oben beschrieben Anweisungen, aber halten Sie die Hände etwa 30 Zentimeter vom Körper entfernt. Der Mentalkörper fühlt sich normalerweise leichter und feiner an als der Emotionalkörper.

DEN SPIRITUELLEN KÖRPER HEILEN

Folgen Sie wieder den bereits gegeben Anweisungen, aber halten Sie die Hände in den spirituellen Körper. Fangen Sie in einiger Entfernung an, und bringen Sie Ihre Hände allmählich näher, bis Sie die spirituelle Aura spüren. Normalerweise spürt der Klient die Energie hier stärker als in den beiden anderen ätherischen Körpern.

Zur Erinnerung:
Reine Absichten und ein offenes Herz sind wichtiger als Technik. Sie können nur Gutes bewirken.

*

*Wenn Sie mit den Einhörnern heilen, ist es am wichtigsten,
das eigene Ego beiseite treten zu lassen und die Arbeit
den Einhörnern zu überlassen.*

*

KAPITEL 30

EINHÖRNER IN ATLANTIS

Atlantis war ein kosmisches Experiment, das 240 000 Jahre dauerte. Damit war Atlantis die am längsten bestehende Zivilisation überhaupt. Der Kontinent stieg fünfmal auf und ging ebenso oft unter. Immer wieder entwickelte sich die atlantische Kultur zwar auf technologischem Gebiet, scheiterte aber auf dem spirituellem. Deshalb wurde das Experiment auch immer wieder abgebrochen.

20 000 vor Christus wurde das atlantische Experiment zum fünften und letzten Mal gestartet. In diese Zeit fiel das goldene Zeitalter, eine 1500 Jahre dauernde Periode, während der die Menschen den Himmel auf Erden schufen.

Die Atlanter lebten nach spirituellen Grundsätzen, hielten die fünfdimensionale Energie aufrecht und entwickelten eine sehr fortgeschrittene Kristalltechnologie, die weder den Planeten noch die Menschen schädigte. Diese Technologie war so erstaunlich, dass unsere heutige dagegen wie ein Kinderspielzeug wirkt.

Während des goldenen Zeitalters waren alle Menschen in Atlantis übersinnlich begabt und verfügten über außergewöhnliche Kräfte. Alle waren hellsichtig, hellhörig und telepathisch veranlagt. Sie konnten teleportieren, levitieren, heilen und sie verfügten über telekinetische Fähigkeiten. Telekinese ist die Fähigkeit, ein Objekt zu entmaterialisieren und es an einem Ort wieder auftauchen zu lassen. Damals wurde diese Fähigkeit von allen zum Transportieren von Dingen eingesetzt. Wenn man teleportiert, entmaterialisiert man sich an einem Ort und taucht an einem anderen wieder auf. Außerdem konnten alle Atlanter Engel und Einhörner sehen und mit ihnen kommunizieren.

In jenen glücklichen Tagen durchstreiften die Einhörner ganz Atlantis und verbreiteten überall ihre göttliche Essenz, ihre Reinheit, ihre Würde und ihr Licht. Jeder Atlanter hatte ein ihm zugeteiltes Einhorn und einen persönlichen Schutzengel.

Heute quälen sich viele Menschen ab, Entscheidungen zu treffen, weil sie nicht wissen, dass die kleine Stimme in ihrem Kopf die eines Engels oder Einhorns ist. Dies ist die Stimme der Inspiration, der Hoffnung, des Mutes und der Liebe. Während des goldenen Zeitalters war die Führung durch die höheren Wesen klar und direkt. Natürlich besaßen die Menschen genau wie heute einen freien Willen, aber sie wollten ihn für ihr spirituelles Wachstum und für die Ausrichtung am Göttlichen benutzen. Deshalb hörten sie auf die Einhörner und befolgten deren Ratschläge.

Weil Einhörner so glückliche, weise und schöne Wesen sind, raten sie uns nur zu Dingen, die zu unserem wahrhaft Besten sind. Die Atlanter wussten dies und waren den Einhörnern dankbar dafür.

Da Einhörner und Delfine aus demselben Sternensystem stammen, haben sie eine ganz besondere Beziehung zueinander. Deshalb kommunizieren und spielen sie auch so häufig miteinander. Die Menschen des goldenen Atlantis liebten es zu schwimmen und mit den Delfinen zu spielen. Deshalb legten sie riesige Schwimmteiche an, damit mehr Menschen in den Genuss dieses Erlebnisses kommen konnten. Natürlich baten sie die Delfine um Erlaubnis, bevor sie sie in diese Schwimmteiche brachten.

Die großartigen Delfine waren die Hohepriester und Hohepriesterinnen der Meere und die Hüter der Weisheit. Während sie mit den Menschen spielten, übertrugen sie ihre Weisheit und ausgewählte Informationen auf telepathischem Wege auf sie – was sie übrigens noch heute tun. Häufig konnte man sehen, wie Einhörner an den Schwimmteichen entlanggaloppierten oder durch das seichte Wasser trabten, während die Delfine im tieferen Wasser spielten und mit ihnen um die Wette rasten. Ihr gemeinsames Licht half, die Reinheit der Atlanter aufrechtzuerhalten.

Erst als die Energie von Atlantis zurückging und schwerer wurde, zogen sich die Einhörner von der Erde zurück. Sie kehrten zu ihrem Heimatplaneten Lakuma zurück. Von hier aus wurden sie zu anderen Sternensystemen geschickt, deren Energie sich entwickelte und auf denen es Lebensformen gab, die den Wunsch hatten aufzusteigen. Die Einhörner wurden zu diesen Planeten gesandt, um die Schwingung dort zu erhöhen und den Bewohnern zu helfen, an ihren spirituellen Idealen festzuhalten.

FRÜHERE ATLANTISCHE ZEITALTER

In jedem der vorangegangenen atlantischen Zeitalter hatte es extreme Unterschiede zwischen Licht und Dunkelheit gegeben. Auf der einen Seite standen die Söhne des Beliar, die sehr materialistisch eingestellt waren und sinnlichen Vergnügungen nachjagten. Sie befanden sich in ständigem Konflikt mit den Kindern des Einen Gesetzes, die ihr Leben dem Spirituellen gewidmet hatten und sich auf die Einheit mit Gott konzentrierten.

Während dieser Zeiten besuchten die Einhörner jene, deren Licht hell strahlte, und halfen ihnen. Im frühen Atlantis waren sich zum Beispiel die Priesterinnen des Tempels der Maria der Einhorn-Energie sehr bewusst. Maria selbst erschien immer mit einem Einhorn an ihrer Seite.

DAS GOLDENE ATLANTIS KEHRT WIEDER

Endlich hat sich die Schwingung der Erde so weit erhöht, dass die Energie des goldenen Atlantis zurückkehren kann. Aus diesem Grund kehren heute auch die Engel von Atlantis zurück – die Schutzengel der damaligen Menschen, die die Weisheit von Atlantis in sich tragen. Sie suchen jene Menschen, die reinen Herzens und engagiert genug sind, mit ihnen zu arbeiten. Diese Engel besitzen dieselbe Schwingung wie die Erzengel. In den letzten Jahren sind auch immer mehr Einhörner auf die Erde gekommen, weil die Menschheit sich wieder entwickelt. Die Auras vieler Individuen und Gruppen strahlen heute hell genug, um Einhörner anzuziehen.

Wenn Sie dieses Kapitel besonders interessiert, weist das darauf hin, dass Sie eine Inkarnation im goldenen Atlantis hatten und dass Sie vermutlich bereit sind, mit dem Einhorn, das Sie aus Atlantis kennen, Kontakt aufzunehmen. Vielleicht haben Sie den Kontakt ja auch längst hergestellt.

EIN FRÜHERES LEBEN IN ATLANTIS

Eine Frau erzählte mir diese Geschichte nach einem Atlantis-Seminar, auf dem wir alle in ein früheres Leben zurückgegangen waren. In jenem Leben war ihr Einhorn zu ihr gekommen, als sie noch ein kleines Mädchen war. Ein Mönch hatte sie aus dem Tempel verjagt und sie beschuldigt, die Tochter einer Hexe zu sein. Das Einhorn rettete sie und wurde ihr geistiger Führer. Später wurde aus dem kleinen Mädchen eine schöne junge Frau mit feuerrotem Haar. Ihr Einhorn kämpfte mit ihr gegen die Heuchler aus dem Tempel, bis sie bei dem Kampf ums Leben kam.

In einem anderen Leben war sie wieder eine junge Frau, dieses Mal aber mit drei Einhörnern an ihrer Seite. Eins war weiß, eins schwarz und das dritte fliederfarben.

Sie erzählte mir weiter, dass sie sich auch in diesem Leben seit frühester Kindheit zu Einhörnern hingezogen fühlte, aber nicht wusste warum. Wenn sie morgens aufwachte, begrüßte sie das Gras, die Blumen, die Bäume, den Himmel und so weiter. Die Leute hielten sie für verrückt. Ihre Einhörner stehen ihr auch in diesem Leben zur Seite und helfen ihr bei Entscheidungen und den Herausforderungen des Lebens.

ERINNERN SIE SICH AN EIN LEBEN IN ATLANTIS

Wenn Sie an diesem Kapitel besonders interessiert sind, waren Sie im goldenen Atlantis inkarniert. Daher kann es hilfreich sein, in ein früheres Leben zurückzugehen, um herauszufinden, wer Sie wirklich sind. Es wird nützlich sein, sich an Ihre Talente zu erinnern, noch einmal den Frieden und die Ruhe von Atlantis zu erleben, herauszufinden, wer Sie waren und was Sie getan haben, eine tiefere Verbindung zu dem Einhorn oder dem Engel von damals herzustellen, den Priestern und Priesterinnen oder sogar den Hohepriestern und Hohepriesterinnen aus Atlantis zu begegnen.

Wenn Sie bei der folgenden Übung einen Kristall in der Hand halten möchten, laden Sie ihn mit Ihrer Intention auf, bevor Sie die Reise beginnen.

EINE VISUALISIERUNGSÜBUNG, WÄHREND DER SIE MIT IHREM EINHORN NACH ATLANTIS ZURÜCKKEHREN

- Suchen Sie sich einen ruhigen Platz, an dem Sie sich entspannen können und ungestört sind.
- Bereiten Sie sich vor, indem Sie eine Kerze anzünden oder das machen, was Ihnen angemessen erscheint.
- Legen oder setzen Sie sich bequem hin.
- Bitten Sie Erzengel Michael, Sie in seinen dunkelblauen Schutzmantel zu hüllen.
- Stellen Sie sich goldene Wurzeln vor, die Sie ganz fest in der Erde verankern.
- Schließen Sie die Augen und stellen Sie sich vor, dass Sie sich an einem heißen Sommertag neben einem Wasserfall befinden. Können Sie die Gischt spüren?
- Rufen Sie Ihr Einhorn herbei, und warten Sie, bis es zu Ihnen gekommen ist.
- Begrüßen Sie es und danken Sie ihm für sein Kommen. Sagen Sie ihm, Sie möchten, dass es Sie zurück in eines Ihrer Leben im goldenen Atlantis führt. Sagen Sie ihm auch, warum Sie dies möchten.
- Reiten Sie auf dem Einhorn durch den Regenbogen über dem Wasserfall und fliegen Sie über die Regenbogenbrücke zu einem goldenen Tor.
- Steigen Sie ab und öffnen Sie das Tor.
- Sie gehen hindurch und sind in Atlantis in einem anderen Körper und anderen Kleidern. Was tragen Sie an den Füßen? Befühlen Sie Ihr Gewand. Welche Farbe hat es? Was für einen Kristall tragen Sie? Sind Sie ein Mann oder eine Frau?
- Schauen Sie sich die Landschaft an. Können Sie irgendwelche Gebäude sehen? Können Sie Menschen sehen? Tiere? Wie sieht es hier aus? Welche Pflanzen wachsen hier?
- Lassen Sie sich von Ihrem Einhorn dorthin führen, wo Sie hin wollten. Lassen Sie sich Zeit dabei.
- Wenn Sie so weit sind, berichten Sie Ihrem Einhorn, was Sie herausgefunden haben.

- Das Einhorn öffnet nun mit seinem Horn aus Licht eine Tür in Ihrem dritten Auge. Danken Sie ihm.
- Kehren Sie in die Gegenwart und an Ihren Ausgangspunkt zurück. Sie sind derselbe Mensch wie vorher, aber Ihr Bewusstsein hat sich erweitert.
- Öffnen Sie die Augen, strecken und erden Sie sich.
- Schreiben Sie Ihre Erlebnisse in Ihr Einhorn-Tagebuch.

KAPITEL 31

EINHÖRNER UND KRISTALLE

Eines der Elemente, das Atlantis so außergewöhnlich und einzigartig machte, war das atlantische Verständnis der Kristalle. Die Atlanter wussten, dass Kristalle ein Bewusstsein besitzen und eine energetische Ladung haben, die man sich nutzbar machen konnte. Viele der damaligen Kristallmeister haben sich heute wieder inkarniert, um ihr spezielles Wissen weiterzugeben.

Nehmen Sie einen Quarzkristall, reinigen Sie ihn, laden Sie ihn auf und weihen Sie ihn Ihrer Arbeit mit der Einhorn-Energie. Sie können einen Kristall auf vielerlei Art und Weise reinigen: indem Sie Klangschalen anschlagen, Om singen, ihn unter laufendem Wasser abspülen, eine Zeit lang in rohen Reis legen oder indem Sie darauf blasen.

Sie können ihn auch mit spiritueller Musik oder durch Singen aufladen, ihn neben einen Wasserfall oder an einen anderen Kraftort legen oder ihn nachts dem Mondschein aussetzen.

Entscheidend ist aber immer das Bekräftigen der Absicht. Manche Menschen drücken den Kristall gegen ihr drittes Auge, um ihm so ihre Intention einzugeben.

Hier sind einige Vorschläge, wem oder was Sie Ihre Arbeit mit dem Kristall weihen können.

DIE WEIHUNG EINES KRISTALLS

Sprechen Sie die Worte: »Ich weihe diesen Kristall,
- um meine Verbindung mit meinem Einhorn zu stärken,
- der Einhorn-Energie, damit sich mein Herz öffnen möge,
- um anderen Menschen Einhorn-Heilung zu senden,
- um meinen Einhorn-Garten zu energetisieren,
- um meine zwölf Chakras mit dem Licht der Einhörner zu reinigen.«

Natürlich können Sie Ihren Kristall allem weihen, das dem Licht dient.
Sie können den Kristall auf Ihren Altar legen oder ihn mit sich tragen. Er wird auf energetischer Ebene für Sie arbeiten, damit sich Ihre Vision erfüllen möge.

EIN EINHORN-KRISTALL-ALTAR

Ein Altar ist ein heiliger Ort, der dem Geist gewidmet ist. Er wird zu einem Kraftort, wenn die Reinheit der Absicht gewahrt bleibt. Selbst ein kleiner Altar wie ein Teil eines Regals oder ein kleiner Tisch kann gewaltige hochfrequente Energie ausstrahlen.

Wenn Sie Ihren Kristall auf einen geweihten Altar legen, vervielfacht sich seine Kraft.

WIE MAN SICH EINEN EINHORN-KRISTALL-ALTAR BAUT

Suchen Sie einen Platz, der ausschließlich diesem Zweck gewidmet ist – und mag er auch noch so klein sein. Legen Sie ein besonderes Stück goldenen oder weißen Stoffs darauf – oder vielleicht ein Stück Samt.

Die vier Elemente – Feuer, Erde, Luft und Wasser – sollten durch eine Kerze, einen Kristall, eine Feder, eine Schüssel mit Wasser oder eine Vase mit Blumen repräsentiert werden. Dies verleiht dem Altar zusätzliche Energie.

Segnen Sie Gegenstände, die Ihnen teuer sind, wie etwa eine Muschel oder das Bild eines aufgestiegenen Meisters, und stellen Sie sie auf den Altar.

DIE REINIGENDE KRAFT VON EINHORN-KRISTALLEN

Sie können einen Kristall, der mit Einhorn-Energie aufgeladen ist, auf vielerlei Weise verwenden, um einen Ort zu reinigen. Ich kenne eine Frau, die in einer Sackgasse lebt. In dieser Straße sind schon mehrere Ehen gescheitert und es hat dort einige gewalttätige Vorfälle gegeben. Sie lud einen Kristall mit Einhorn-Energie auf und stellte ihn auf einem Stadtplan direkt auf ihre Straße. Seither hat es dort keine Scheidungen mehr gegeben, und einige der Paare, die sich getrennt hatten, sind heute sogar wieder zusammen.

Wenn Sie mit den Einhörnern arbeiten, können Sie sich sicher sein, dass das Christus-Licht automatisch die negative Energie ersetzt, die entfernt wurde.

WIE MAN EINE REINIGUNG MIT EINEM EINHORN-KRISTALL AUSFÜHRT

Halten Sie den gereinigten und aufgeladenen Kristall zwischen den Handflächen, oder drücken Sie ihn gegen Ihr drittes Auge und bekräftigen Sie Ihr Vorhaben folgendermaßen: »Ich rufe die Einhörner an und bitte sie mit diesem Kristall zu arbeiten, um diese Person (Name) oder diesen Ort (Name) zu reinigen und zu läutern.«

Stellen Sie den Kristall auf das Foto der betreffenden Person oder des betreffenden Ortes. Es genügt auch, den Namen auf ein Blatt Papier zu schrieben, wenn Sie kein Foto haben. Sie können ihn auf auch eine Landkarte oder einen Stadtplan genau auf die Mitte des Ortes legen, den Sie reinigen möchten.

Sie können auch das Foto Ihres oder eines anderen Hauses benutzen.

Falls Sie kein Foto haben, zeichnen Sie das Haus oder schreiben Sie die Adresse auf. Stellen Sie den Kristall auf einer Weltkarte auf einen Unruheherd oder schreiben Sie den Namen der betreffenden Region auf.

Wenn Sie einen Fluss oder ein Meer reinigen möchten, schreiben Sie den Namen des Flusses oder Meeres auf und stellen Sie den geweihten Kristall auf den Namen oder legen Sie ihn auf eine Karte.

EINHORN-KRISTALL-HEILUNG

Beginnen Sie genauso wie bei der in Kapitel 28 beschriebenen Einhorn-Heilung, indem Sie dafür sorgen, dass der Raum sauber und ordentlich ist. Reinigen Sie ihn energetisch und stellen Sie eine Schüssel mit Wasser neben Ihren Klienten. Zünden Sie eine Kerze an, legen Sie ruhige Musik auf und stellen Sie Blumen in eine Vase. Dies alles wird helfen, die Energie im Raum zu erhöhen.

- Bitten Sie Ihren Klienten, sich bequem hinzulegen oder hinzusetzen.
- Stellen Sie sich eine Kugel aus weißem Licht vor, die Sie beide umgibt, schützt und Ihre Schwingungsfrequenz erhöht.
- Geben Sie in Ihren gereinigten und aufgeladenen Kristall die Absicht ein, dass die Einhörner mit ihm arbeiten, um Ihren Klienten zu heilen.
- Stellen Sie sich vor, dass Wurzeln von Ihren Füßen aus tief in die Erde dringen. Stellen Sie sich dann vor, dass Wurzeln von den Füßen Ihres Klienten aus tief in die Erde dringen.
- Hören Sie auf Ihre Intuition, wo Sie den Kristall in die Aura des Klienten halten.
- Wenn Sie fertig sind, achten Sie darauf, dass Sie gut geerdet sind.
- Bedanken Sie sich in Gedanken bei den Einhörnern.
- Treten Sie zurück und vollführen Sie eine schneidende Bewegung zwischen Ihren Chakras und denen des Klienten, damit alle Schnüre, die sich möglicherweise gebildet haben, durchtrennt werden.
- Wenn Ihr Klient die Augen öffnet, bieten Sie ihm ein Glas klares Wasser an.

FERNHEILUNG MIT DEM EINHORN-KRISTALL

Sie führen diese Art von Heilung genauso aus wie die eben beschriebene Einhorn-Kristall-Heilung, außer dass Sie den Kristall anders programmieren und ihn der Heilung weihen. Sie können den Kristall auf ein Foto der betreffenden Person legen oder auf ihren Namen. Sie können auch den Namen des Organs aufschreiben, auf das sich die Heilung konzentrieren soll. Schreiben Sie aber niemals die Krankheit auf, da Sie ihr so mehr Energie geben würden.

Denken Sie daran, Ihre Eindrücke und Erfahrungen in Ihr Einhorn-Tagebuch zu schreiben.

KAPITEL 32

DEM UNIVERSUM DIENEN

Wenn Sie sich jemals entweder bewusst oder unbewusst verpflichtet haben, ein universeller Botschafter der Erde zu sein und andere Ebenen der Existenz zu besuchen, liegt aufregende Arbeit vor Ihnen. Dabei kann Ihnen dieses Kapitel helfen. Wenn Sie das Gefühl haben, dies sei nicht Ihr Weg, oder falls Sie dies für verrückt halten, überschlagen Sie dieses Kapitel einfach.

Es existieren viele Dimensionen und Existenzebenen, die einander durchdringen, und Tausende von Galaxien. In einigen von ihnen existieren Lebensformen. Es gibt Wesen, die spirituell und technologisch viel weiter entwickelt sind als wir, daneben aber auch solche, die noch nicht so weit sind. Manche von diesen brauchen unsere Hilfe. Die höher entwickelten bieten uns ihre Hilfe an.

Wenn Sie Ihr Einhorn bitten, Sie während der Meditation oder im Schlaf an einen Ort zu bringen, wo Sie helfen können, finden Sie sich vielleicht an Orten wieder, die Ihnen gänzlich unbekannt sind. Die Wesen dort mögen sich sehr stark von den Menschen unterscheiden. Aber es ist nicht Ihre Aufgabe, zu bewerten oder Fragen zu stellen, sondern einfach zu dienen.

Ein Einhorn würde Sie niemals irgendwohin bringen, wo es für Sie zu gefährlich wäre. Trotzdem sollten Sie wie bei jeder spirituellen Arbeit einen Schutzmantel tragen und vorher bekräftigen, dass Sie nur mit und für das Christus-Licht arbeiten werden. Es reicht nicht, einfach nur zu sagen, dass Sie mit und für das Licht arbeiten wollen, weil es viele verschiedene Formen des Lichts gibt. Einige davon sind nur sehr schwach. Wenn Sie aber für das Christus-Licht arbeiten, werden Sie immer sicher sein.

Denken Sie daran, dass dies kein körperliches Unterfangen ist. Es ist höherdimensional und Sie arbeiten allein mit Gedankenkraft.

Sie können zum Beispiel darum bitten, Blumen an einen Ort zu bringen, der von der Schwingung der Blumen profitieren könnte. Blumen besitzen eine heilende Energie, die Herzen öffnet. Außerdem erhöhen sie dort die Schwingungsfrequenz, wo sie hingebracht werden.

Ich möchte Ihnen an dieser Stelle von einer meiner Meditationen berichten. Lesen Sie den folgenden Abschnitt als Metapher, als Geschichte, als Fantasie oder als was immer Sie wollen. Wenn die die Funktionsweise des Universums verstehen, lesen Sie sie als das, was sie ist. Es spielt eigentlich keine Rolle, denn jedes Bild enthält die Macht der Schöpfung und Ihre Gedanken beeinflussen das gesamte Universum. Aus diesem Grund können positive Vorstellungen und Affirmationen die Welt verändern.

MEINE MEDITATION

Ich schloss die Augen und entspannte mich. Dann konzentrierte ich mich darauf, dass mit der Einatmung Liebe ein- und mit der Ausatmung Frieden ausströmte.

Zuerst legte ich meinen Schutzmantel an, in dem ich reisen wollte, dann rief ich mein Einhorn herbei, das sofort neben mir erschien. Ich bat es, mich irgendwohin zu bringen, wo ich nützlich sein könnte. Ich fügte hinzu, dass ich die Energie der Blumen mit mir nehmen wollte. Als das Einhorn zustimmend nickte, pflückte ich einen riesigen Strauß Glockenblumen. In letzter Sekunde fügte ich noch Narzissen hinzu. Der Strauß roch himmlisch.

Ich fragte mein Einhorn, ob ich auf ihm reiten dürfte, und es erlaubte es mir. Dann erschien mein Schutzengel, weil er uns begleiten wollte. Ich bestieg mein Einhorn. Mein Engel saß hinter mir und umarmte mich, sodass ich mich völlig geborgen fühlte. Natürlich hätte er nicht auch aufsitzen müssen, da er überallhin reisen kann, auch ohne die Hilfe eines Einhorns. Natürlich kann mein oder Ihr Geist das auch, wenn er nicht in einer körperlichen Hülle steckt, die den Gesetzen der Schwerkraft unterworfen ist.

Wir flogen durch die Luft, was ich als außerordentlich aufregend empfand. Dann sah ich unter mir einen kleinen Planeten, der von einer grauen Nebelwolke umgeben war. Ich sah aber auch einen Strahl rosafarbenen Lichts durch die Wolken brechen. Das Einhorn blieb zurück, während mein Schutzengel und ich durch das schwach rosa strahlende Licht auf den Planeten zuflogen. Dort begegneten wir merkwürdig aussehenden Wesen, die klein und gedrungen waren, graue Haut, scharfkantige Gesichtszüge und klauenartige Hände hatten. Sie konzentrierten sich völlig auf ein kleines Kind, das auf dem Boden lag. Es sah sehr krank aus. Es war offensichtlich, dass sie dieses Kind verehrten und deshalb war Liebe und Mitgefühl in ihren Herzen erwacht. Ihre Herzen begannen sich zu öffnen und rosafarbenes Licht strömte aus ihren Herzzentren. Dies war das rosa Licht, das wir gesehen hatten, als es die graue Wolke durchbrochen hatte und als Hilferuf ins Universum hinausgestrahlt war. Auf diesen Hilferuf hatte das Einhorn reagiert.

Ich gab dem kranken Kind meinen Blumenstrauß, was sofort eine äußerst überraschende Wirkung hatte. Das Kind setzte sich nämlich auf und lachte. Die Essenz der Blumen hatte seine Seele berührt und sein Todeswunsch war in Lebenskraft verwandelt worden. Die Leute sahen ihn lachen und stimmten ein. Plötzlich erweiterten sich ihre Herzen und das rosafarbene Licht wurde zu einem wahren Energiepfeiler, der hell und klar strahlte und sehr einladend wirkte. Erst jetzt, wo sich die Frequenz erhöht hatte, konnte auch das Einhorn kommen.

Die Leute staunten über meinen Engel, der zwar sein Licht unter einem Mantel verborgen hatte, aber dennoch hell strahlte. Und als dann mein Einhorn in seiner glänzenden Herrlichkeit auftauchte, da fielen die Leute geblendet zu Boden. Das Einhorn überschüttete sie mit Lichtsternen und -perlen, die wie Regen auf sie herabfielen. Als die Leute sie staunend aufhoben, zogen wir uns vorsichtig zurück.

Ich nahm mir vor, eines Tages zurückzukehren, um zu sehen, wie es ihnen danach ergangen war. Drei Monate später kehrten mein Einhorn, mein Engel und ich zurück. Dieses Mal nahm ich vier Rosenbüsche mit: einen goldenen für meinen Engel, einen weißen für mein Einhorn, einen rosafarbenen für die Liebe, die ich mitnehmen wollte, und einen roten für Energie und Vitalität.

Dieses Mal hatten sich die grauen Wolken verzogen. Nur über einigen Stellen lag noch ein leichter Nebel.

Als wir landeten, kamen die Menschen angelaufen, um uns zu begrüßen. Allen voran lief ein lachender kleiner Junge mit strahlenden Augen und geröteten Wangen. Die Haut der Leute war viel weniger grau, und mir fiel auf, dass sie rundlicher geworden waren und dass sich ihre Klauenhände geöffnet hatten, weil die Herzenergie aus ihnen herausströmte. Die Klauen waren zu Händen geworden.

Ich übergab ihnen die Rosenbüsche und erklärte ihnen telepathisch, wofür sie waren. Sie schienen mich zu verstehen, und ich zeigte ihnen, wie sie zu pflanzen und aufzuziehen waren. Natürlich bekamen die Rosen dort nicht die Nährstoffe, die sie auf der Erde gehabt hatten, aber sie bekamen viel Liebe und Aufmerksamkeit – und das ist der beste Nährstoff.

Ich lächelte, als mich mein Einhorn zurückbrachte. Ich bedankte mich bei ihm und bei meinem Engel. Ich hatte das Gefühl, meine Arbeit gut gemacht zu haben, und war sehr glücklich, als ich meine Augen wieder öffnete.

Dies war eine meiner Reisen. Wenn Sie in den intergalaktischen Dienst treten möchten, befolgen Sie die nachstehende Anleitung und tun Sie, wozu Sie sich berufen fühlen.

Wenn Sie sich jemals bedroht fühlen oder Angst bekommen, öffnen Sie einfach die Augen, und tun Sie etwas, das Sie erdet – zum Beispiel abwaschen oder eine Tasse Tee trinken. Sie können sich gar nicht vorstellen, wie viel Gutes Sie auf diese Weise tun können.

DEM UNIVERSUM DIENEN

- Denken Sie darüber nach, wohin Sie gern reisen würden. Oder lassen Sie das Einhorn entscheiden, wo Ihre Energie gebraucht wird.
- Bereiten Sie den Raum vor. Setzen Sie sich bequem hin und schließen Sie die Augen.
- Entspannen Sie sich.
- Legen Sie Ihren Schutzmantel an.
- Laden Sie Ihr Einhorn in Ihre innere Welt ein.
- Sagen Sie ihm, wohin Sie möchten, oder bitten Sie es, Sie dorthin zu bringen, wo Sie gebraucht werden.
- Wenn es einverstanden ist, besteigen Sie es.

- Wenn Sie möchten, können Sie Ihren Schutzengel bitten, Sie zu begleiten.
- Lassen Sie sich durch den Äther an den Ort bringen, wo Arbeit auf Sie wartet.
- Tun Sie dort, was nötig ist.
- Sie können jederzeit Ihren Engel oder Ihr Einhorn um Rat fragen oder sie um Hilfe bitten.
- Wenn Sie fertig sind, kehren Sie an Ihren Ausgangspunkt auf der Erde zurück.
- Bedanken Sie sich bei Ihrem Einhorn und Ihrem Engel.
- Öffnen Sie die Augen und tun Sie etwas, das Sie erdet.

Wenn Sie noch einmal zurückkehren möchten, um zu sehen, was Sie bewirkt haben, wiederholen Sie den ganzen Vorgang und bitten Sie Ihr Einhorn, Sie noch einmal dorthin zu bringen. Wenn Sie interessiert sind, dem Universum auf diese Weise zu dienen, zünden Sie jeden Tag eine Kerze an und weihen Sie sie Ihrer universellen Arbeit.

KAPITEL 33

DAS HERZ ÖFFNEN

Wir kommen jetzt in das Zeitalter des göttlich Weiblichen, in dem wir unsere Herzen öffnen müssen, um uns spirituell weiterzuentwickeln. Ihr Einhorn kann Ihnen nicht nur dabei helfen, es kann auch viel besser mit Ihnen arbeiten, wenn die Liebe in Ihnen frei fließt.

Viele von uns haben gelernt, dass es besser ist, alles zu rationalisieren, alles zu intellektualisieren und vom Kopf her zu leben. Da ein Buch Sie normalerweise nicht anspringt und zubeißt, wird man nicht verletzt, wenn man sich nur mit den logischen Dingen der linken Gehirnhälfte beschäftigt. Aber leider leben Sie auf diese Weise auch nicht. Sie verpassen so vieles im Leben – zum Beispiel die Magie der Liebe. Um Reichtum auf allen Ebenen zu erleben, müssen Sie Ihr Herz öffnen. Das gilt auch, wenn Sie Orbs fotografieren, mit Tieren kommunizieren oder mehr Liebe und Glück erleben möchten.

Es gibt bestimmte Dinge, die Sie nur tun können, wenn Ihr Herz offen ist. Es sind aber gerade diese Dinge, die unser Leben bereichern und es überhaupt erst lebenswert machen. So ist es zum Beispiel fast unmöglich, sein Herz zu verschließen, wenn man mit einem Kätzchen oder einem Welpen spielt. Wenn Sie an einem warmen Sommertag mit einem lachenden Kind im Wasser planschen, öffnet sich Ihr Herz-Chakra automatisch. Das geschieht auch, wenn Sie einen Berg erklimmen und vom Gipfel aus einen majestätischen Sonnenuntergang erleben. Unglücklicherweise schließt sich das Herz dann meist wieder, wenn wir in unseren Alltag zurückkehren.

Es gibt aber andere Möglichkeiten, um das Herz auf sehr tiefer Ebene zu reinigen, es zu läutern und zu öffnen. Hier sind einige davon.

DAS HERZ MIT ROSENQUARZ ÖFFNEN

Für diese Übung brauchen Sie eine Partnerin und einen gereinigten, aufgeladenen Rosenquarz, den Sie der Heilung geweiht haben. Vielleicht spüren Sie ja die Einhörner, die sich um Sie herum versammeln, während Sie mit dem Kristall arbeiten.

- Halten Sie den Rosenquarz in die Höhe, und bitten Sie die Einhörner, ihn zu segnen. Bekräftigen Sie Ihre Absicht, das Herzzentrum Ihrer Partnerin zu heilen und es zu öffnen.
- Lassen Sie den Kristall im Gegenuhrzeigersinn vor der Brust Ihrer Partnerin kreisen und ziehen Sie Trauer, Angst, Schmerz und alle blockierten Gefühlen aus diesem und früheren Leben aus ihrem Herzzentrum heraus.
- Halten Sie den Kristall in die Höhe und rufen Sie die Gold und Silber violette Flamme an, um die Negativität, die Sie herausgezogen haben, umzuwandeln.
- Lassen Sie den Rosenquarz nun im Uhrzeigersinn vor dem Herz-Chakra kreisen und lassen Sie Liebe, Hoffnung, Glück, Heilung, Empathie, Mitgefühl und Freude hineinfließen.

Wenn Sie diese Übung für sich selbst machen, lassen Sie den Kristall scheinbar verkehrt herum kreisen. Das heißt, Sie lassen ihn im Uhrzeigersinn kreisen, um negative Gefühle herauszuziehen, und im Gegenuhrzeigersinn, um Licht ins Herz-Chakra hineinfließen zu lassen.

DAS HERZ ÖFFNET SICH WIE EINE ROSE

Dies ist eine wunderschöne Übung. Wenn Sie sehr sensibel sind, werden Sie ein unglaubliches Gefühl in Ihrem Herzzentrum spüren, wenn sich die Rose im Herz-Chakra öffnet. Sowohl die Gebende als auch die Empfangende profitieren von dieser Übung.

Es ist leichter, sie mit einer Partnerin zu machen, aber wenn Sie niemanden haben, mit dem Sie arbeiten können, üben Sie für sich allein. Wenn Sie die Rose allein öffnen, sollten Sie sich dabei im Spiegel beobachten.

Gleich, ob Sie diese Übung allein oder mit einer Partnerin ausführen, sollten Sie immer die Hilfe der Einhörner erbitten.
- Stellen Sie sich vor, im Herz-Chakra Ihrer Partnerin, das etwas unterhalb der Mitte der Brust lokalisiert ist, öffnet sich eine Rose.
- Welche Farbe hat sie?
- Ihre Aufgabe besteht nun darin, die Blütenblätter durch sanftes Streicheln zu öffnen. Spüren Sie jedes Einzelne, während Sie es mit dem Zeigefinder öffnen. Wenn Sie nichts spüren, stellen Sie sich vor, dass sich die Rose öffnet.
- Die zarten Blütenblätter in der Mitte müssen vermutlich sehr vorsichtig mit dem kleinen Finger geöffnet werden.
- Während Sie dies tun, spüren Sie vielleicht, dass sich unter einem Blütenblatt ein Käfer verbirgt. Nehmen Sie ihn heraus, und bitten Sie das Einhorn, ihn durch das Licht seines Horns zu verwandeln.
- Vielleicht spüren Sie ja, dass sich noch eine Perle, ein Diamant, ein Tautropfen oder etwas anderes Spezielles in der Blüte verbirgt.
- Bitten Sie Ihr Einhorn, Licht aus seinem Horn direkt in die Mitte der geöffneten Rose zu schicken.

Sie haben vielleicht Ihre eigene Interpretation von dem, was Sie in der Rose entdecken, aber diese Vorschläge können vermutlich hilfreich sein. Eine Perle bedeutet häufig Weisheit, die durch Herausforderungen erlangt wurde. Ein Diamant symbolisiert eine schöne neue Beziehung, eine neue Situation oder ein neues Projekt, das in Ihr Leben tritt. Der Diamant kann aber auch neu gewonnene Klarheit in einem bestimmten Bereich bedeuten, woraus etwas dauerhaft Gutes entsteht. Ein Tautropfen mag neue Gefühle symbolisieren, die Ihr Leben bereichern werden.

Ich leitete diese Übung einmal auf einem Seminar, als eine Teilnehmerin plötzlich schrie: »Da ist ein Käfer!« Sie schmiss ihn auf den Boden und trampelte darauf herum. Das ist nicht richtig! Es ist wesentlich besser, alles, was wir entdecken, ins Licht zu schicken.

DAS HERZ SPÜREN (1)

Sie brauchen drei oder mehr Leute für diese Übung.
- Eine Person verlässt den Raum und die anderen wählen eine Person aus.
- Sie streicheln die Rose im Herzen dieser Person, bis sie sich öffnet.
- Wenn sie ganz offen ist, rufen Sie die Person, die hinausgegangen war, zurück.
- Sie soll nun spüren, wessen Herzzentrum sich geöffnet hat. Sie darf dabei die Energie über dem Herzzentrum mit den Händen spüren.

DAS HERZ SPÜREN (2)

- Die Person, die den Raum verlassen soll, spürt zunächst die Energie der Herz-Chakras der verbleibenden Personen. Dazu hält sie ihre Hand etwa zweieinhalb Zentimeter von der Brust der anderen entfernt. Dann verlässt sie den Raum.
- Die verbleibenden Personen streicheln die Rose im Herzen einer Person, bis sie sich öffnet.
- Dann rufen sie die Person, die hinausgegangen ist, zurück.
- Diese spürt nun die Aura über den Herzen, um zu sehen, ob sich etwas verändert hat.

DAS HERZ SPÜREN (3)

Dies ist eine vereinfachte Version.
- Statt die Rose durch das Streicheln der Blütenblätter zu öffnen, konzentrieren Sie sich auf das Herzzentrum einer Person und bitten Sie die Einhörner, es mit Liebe zu füllen.
- Die Person, die hinausgegangen war, kehrt zurück und versucht zu spüren, wer von der Liebe der Einhörner berührt wurde.

GRUPPEN-MAAH

Dies ist eine wunderbare Übung, um das Herz zu öffnen, besonders wenn Sie die Einhörner bitten hinzuzukommen.

Wenn Sie allein sind, atmen Sie einfach tief ein, heben dann die Arme und machen den Ton *Maah* vom Herzzentrum aus. Tun Sie dies, solange Sie können.

Wenn mehrere Leute beteiligt sind, halten diese sich an den Händen, atmen gemeinsam ein, heben dann gemeinsam die Arme und singen so lange *Maah*, wie sie können. Während sie dies tun, spüren sie, wie die Einhörner die Energie aus ihren Hörnern direkt in die Herz-Chakras schicken.

IN DIE SEELE SCHAUEN

Für diese Übung brauchen Sie eine Partnerin.
- Reiben Sie sanft das Herzzentrum Ihrer Partnerin, um es zu energetisieren.
- Legen Sie eine Hand auf ihre Brust und schauen Sie ihr in die Augen. Nun schauen Sie direkt in ihre Seele. Sagen oder denken Sie dreimal: »Ich liebe dich.« Wenn Ihnen das zu schwer zu sein scheint, sagen oder denken Sie: »Ich erkenne deine Schönheit« oder »Ich akzeptiere dich so, wie du bist.«
- Wenn Sie fertig sind, tauschen Sie die Rollen.

Diese Übung kann das Verständnis in Familien oder Gruppen verbessern und zu mehr Harmonie und besserer Zusammenarbeit führen. Manchmal sind die Teilnehmer regelrecht schockiert, wenn sie die Weisheit und Liebe in der Seele der Partnerin spüren.

IN DIE EIGENE SEELE SCHAUEN

Wenn Sie diese Übung allein machen, brauchen Sie einen Spiegel, um die wahre Schönheit Ihrer Seele sehen zu können.
- Reiben Sie Ihr Herzzentrum, um es zu energetisieren.
- Legen Sie eine Hand auf Ihre Brust, schauen Sie sich in die Augen und sagen oder denken Sie dreimal: »Ich liebe dich.« Wenn Ihnen das zu schwer fällt, sagen Sie: »Ich erkenne deine Schönheit« oder »Ich akzeptiere dich genau so, wie du bist.«
- Achten Sie auf Ihre Empfindungen. Wie fühlt sich Ihr Körper an?
- Vielleicht spüren Sie ja Ihr Einhorn hinter sich oder sehen es sogar im Spiegel.

Alle diese Übungen öffnen das Herz und erweitern die Seele. Dabei entwickelt sich Empathie und die Verbindung zu Ihrem Einhorn wird stärker.

KAPITEL 34

PORTALE FÜR DIE EINHÖRNER

An bestimmten Orten sind die Schleier zwischen den Welten dünner als an anderen. Hier entstehen Portale, durch die höhere Wesen leichter auf unseren Planeten kommen können. Derartige Portale entstehen auf ganz natürliche Weise an landschaftlich reizvollen Orten oder an Kraftorten wie Berggipfeln oder großen Wasserfällen. Aber man kann auch sein Haus oder seinen Garten in ein Portal verwandeln, durch das Engel und Einhörner zu uns kommen können.

Wenn Einhörner über dem Planeten kreisen, sehen sie die Energie, die aus den Häusern aufsteigt. Über manchen Häusern schwebt eine Art Atompilz aus dunkler Energie, viele sind von grauen Wolken umgeben. Die Einhörner frohlocken, wenn sie einen Strahl klaren Lichts aus einem Gebäude aufsteigen sehen. Sie wissen dann, dass die Bewohner in Harmonie leben und Liebe und Frieden in die Welt schicken. Ein solches Gebäude kann zum Portal werden, wenn die Bewohner Engel und Einhörner einladen, es zu benutzen. Dafür müssen sie das Haus allerdings durch gute Absichten, Klangschalen, Räucherstäbchen, Liebe, Lachen, Gebete, Meditation und spirituelle Praktiken sauber halten.

Manchmal entsteht ein Lichtportal neben einem sehr finsteren Ort wie einem Polizeirevier, einem Gefängnis oder einer Kaserne. Dann freuen sich die Einhörner besonders – und dies aus zwei Gründen: Weil sich der Lichtarbeiter auf spiritueller Ebene bereiterklärt hat, hier zu leben, um Licht in diese Gegend zu bringen. Und zweitens weil es auf diese Weise den höheren Energien ermöglicht wird einzuströmen und die aggressive Energie auszugleichen.

Manchmal strömen dunkle Energien aus einem Haus, einer Fabrik oder einem Bürogebäude, aber fast immer befindet sich dort auch eine Person, die reinen Herzens ist. Ihre Gebete und ihr Licht können einen Strahl reinen Lichts durch die Wolken negativer Energie schicken. Wenn möglich wird ein Einhorn durch diesen Lichtkanal kommen, um dieser Person zu helfen. Normalerweise hält dann das Lichtwesen einfach die Energie der betreffenden Person aufrecht, gibt ihr Hoffnung und stärkt ihre Entschlossenheit. Dies genügt manchmal, um auch andere Menschen zu berühren. Diese eine helle Person hat sich dann selbst zu einem Portal gemacht. Häufig ist ihr Bett, ihr Schreibtisch oder ihr Lieblingssessel das Tor, durch das die Lichtwesen kommen.

Ein dunkles Heim wird normalerweise durch Dummheit verursacht, die durch die Schwingung der im Fernsehen gezeigten Seifenopern, schlechten Nachrichten und gewalttätigen Filmen noch verstärkt wird. In solchen Fällen hilft es, wenn die Lichtarbeiter Licht in diese Umgebung schicken. Die Einhörner werden die entsprechenden Gebete aufnehmen und sie nutzen, um den Funken der Hoffnung anzufachen und ihn an diesem dunklen Ort am Leben zu erhalten. Manchmal kommt es vor, dass ein Einhorn das Familienmitglied mit der hellsten Energie dazu inspiriert, Blumen oder ein spirituelles Buch zu kaufen, um Licht in das Haus zu bringen. Das gilt auch für Bürogebäude oder jeden anderen Ort, an dem sich viele Menschen aufhalten.

Aber die Einhörner können die hellere Energie nur dann schicken, wenn sich mindestens eine Person reinen Herzens im Gebäude befindet. Die Engel können ihre Frequenz eher senken, um an einen solchen Ort zu gelangen. Ihre Liebe ist außerordentlich groß, aber selbst sie haben nicht überall Zugang. So sind zum Beispiel viele Gefängnisse wahre Jauchegruben schlechter Energie, in denen Menschen ohne Hoffnung und Gnade dahinvegetieren. Daher ist es so wichtig, dass Sie Gebete dorthin schicken, die einen kleinen Funken entfachen, aus dem eines Tages eine gewaltige Flamme werden kann.

*

Die höheren geistigen Wesen erinnern uns immer wieder daran,
dass die Erde nicht aufsteigen kann, solange nicht alle Menschen bereit
sind, das Licht anzunehmen.

*

Es gibt bestimmte Symbole, die man benutzen kann, um Menschen überall auf der Welt zu helfen. Dazu gehören Tauben, Regenbogen, Sterne, Lichtkreuze, Federn, Friedensfahnen oder Gänseblümchen. Stellen Sie sich eines davon vor, und schicken Sie es dorthin, wo es gebraucht wird. Ein Mensch, der leidet, verzweifelt ist oder sich verloren fühlt, wird dies auf einer gewissen Ebene spüren und sich getröstet fühlen.

Kein Gebet und kein Symbol des guten Willens ist jemals umsonst, denn sie alle werden von den großen Wesen des Lichts benutzt.

MACHEN SIE AUS IHREM HEIM EIN PORTAL DES LICHTS

Guter Wille, spirituelle Praktiken und Reinheit der Absicht können Ihr Heim in ein Lichtportal verwandeln, durch das Engel und Einhörner kommen können. Es ist wunderbar, so etwas zu erschaffen, und es lohnt sich über alle Maßen.

Alles, was Ihre Schwingungsfrequenz erhöht, wird auch die Ihrer Wohnung erhöhen. Gebete zum Wohle der Welt, Meditation, Anrufungen, geweihte Kerzen, Hymnen oder spirituelle Lieder, Yoga, spirituelle Filme oder Bücher, Gespräche über Engel, Einhörner und Meister werden jeden Raum erhellen.

Natürlich kann schöne Musik die Schwingung eines Ortes erheblich erhöhen. Stellen Sie sich nur vor, wie viele Engel und Einhörner kommen, wenn Sie einen Gong anschlagen oder eine CD mit Gregorianischen Gesängen auflegen.

Hüllen Sie Ihr Heim nachts in eine Lichtkuppel und rufen Sie die Engel, Erzengel und Einhörner an. Vielleicht spüren Sie, wie sie in Scharen kommen, um Sie zu beschützen und Ihnen Liebe und Licht zu bringen. In einem solchen Heim zu leben ist eine wunderbare Chance, dass Glück und Geborgenheit in die Familie einkehrt.

KAPITEL 35

WEM DIE EINHÖRNER HELFEN

Wenn ein Mensch das starke Bedürfnis verspürt, der Gemeinschaft zu dienen und die Welt zu verbessern, leuchtet sein Licht besonders hell. Schon immer hat es Menschen gegeben, die sich für das eingesetzt haben, was sie für richtig hielten, nämlich für Freiheit und Gleichheit. Weil solche Menschen von der Einhorn-Energie berührt worden sind, haben sie die Kraft zu tun, was getan werden muss. Dabei spielt es keine Rolle, ob sie besonders religiös sind oder schon immer ein besonders vorbildhaftes Leben geführt haben. Wichtig ist, dass sie eine Vision haben, die über ihre eigenen Interessen hinausgeht.

NELSON MANDELA

Als Nelson Mandela im Gefängnis war, kam er zum ersten Mal mit der Einhorn-Energie in Berührung. Die Energie kam zwar langsam und in Wellen zu ihm, gab ihm aber die Kraft und die Würde, die Ehre und das Charisma das zu tun, was er tun konnte.

Heute sind es häufig Menschen, über die viel in den Medien berichtet wird, die die Aufmerksamkeit der Welt haben und öffentlich darauf hinarbeiten, dass sich die Welt zum Besseren wandelt.

Die Einhörner sehen ihre Leidenschaft und ihr Engagement für eine Vision zur Verbesserung der Lage vieler Menschen, sie achten nicht auf ihre niederen Energien. Sie schicken ihr Einhorn-Licht in Wellen, um sie zu unterstützen.

BOB GELDOF

Bob Geldof hat die Aufmerksamkeit der Welt auf die Tatsache gelenkt, dass die Hälfte der Weltbevölkerung hungert. Es war Einhorn-Energie, die das Lied »Feed the World« und das folgende Konzert inspirierte. Seither hat er unaufhörlich dafür gearbeitet, dass der Fokus der Medien auf dieses Thema gerichtet bleibt. Ein Same des Einheitsbewusstseins ist in seinem Geist angelegt.

JAMIE OLIVER

Jamie Oliver ist eine weitere, im Rampenlicht stehende Person, die von Teilen der Öffentlichkeit lächerlich gemacht wurde, weil er sich leidenschaftlich dafür einsetzte, dass unsere Kinder nahrhaftes Essen zu sich nehmen. Aber die Einhorn-Energie hat ihm geholfen, nicht den Mut zu verlieren und an seiner Vision festzuhalten. Die geistige Welt weiß, wie wichtig es ist, dass Jugendliche sich richtig ernähren. Dies gilt ganz besonders für die Sensiblen und Erleuchteten unter ihnen, die der Menschheit in der Zukunft den Weg weisen sollen.

LENNY HENRY

Die Einhörner haben den englischen Komiker Lenny Harry bei seinen Wohltätigkeitsprojekten beeinflusst und unterstützt.

MUTTER TERESA

Mutter Teresa ist ein Beispiel für einen Menschen, der freiwillig ein Leben voller Entbehrungen auf sich nimmt. Dafür brauchte sie die Unterstützung durch reine Einhorn-Energie, die ihr auf vielen Ebenen half. Sie lenkte die Aufmerksamkeit der Welt auf die Tatsache, dass jeder Mensch in den Augen Gottes gleich ist und dass alle Menschen es verdient haben, geliebt und umsorgt zu werden. Sie persönlich schenkte Tausenden ihre Gnade und milderte ihr Karma durch Liebe.

JO FROST (SUPERNANNY)

Da viele gesellschaftliche Strukturen zusammengebrochen sind und sich Eltern nicht mehr selbst respektieren, spiegeln ihnen viele Kinder dies durch ihr negatives Verhalten wider. Jo Frost hat den Eltern in England eindrucksvoll demonstriert, was im Fernsehen gezeigt werden sollte. Sie hat dafür eine Menge Kritik einstecken müssen, aber die Einhörner unterstützen sie.

Die Einhörner helfen solchen Menschen, Enttäuschungen zu überwinden und trotz aller Kritik weiterzumachen.
 Viele Menschen können die Einhorn-Energie in Menschen wie Franz von Assisi oder Mahatma Gandhi sehen. Aber es gibt noch viele andere, die mehr hinter den Kulissen arbeiten, in denen das Licht der Einhörner scheint.

KAPITEL 36

SYMBOLISMUS

Symbole sind Ausdruck von etwas sehr Mächtigem und Bedeutsamem. So symbolisiert zum Beispiel ein Ring, der am zweiten Finger der linken Hand getragen wird, in vielen Kulturen Einheit, Verbindlichkeit, Treue, Liebe und viele andere Dinge, die mit der Ehe zu tun haben. Ein Diamant ist die Konkretisierung von Erzengel Gabriels Energie in materieller Form und enthält seine Eigenschaften wie Reinheit, Schlichtheit, Licht, Ewigkeit und Freude. Der Diamant ist das Symbol einer unsichtbaren Kraft, die eine Bedeutung hat, die weit über ihre Form hinausgeht. Derartige Symbole sind Schlüssel, die Türen in unserem Bewusstsein öffnen.

Während bestimmte Symbole universeller Natur sind und kosmische Energien enthalten, sind andere eher persönlicher Natur. Deshalb können Sie sich auch Ihre eigenen Symbole schaffen und sie mit Kraft und Vitalität erfüllen. Dann werden sie für Sie zum Schlüssel.

HOCHZEITEN

Weiß symbolisiert Reinheit, eine der großartigsten Eigenschaften eines Einhorns. Eine weiße Hochzeit zeigte früher die Keuschheit der Braut an. Heute geht es mehr um die Reinheit des Herzens. Der Brautschleier weist ebenfalls auf die Unschuld und das Licht des göttlich Weiblichen hin.

In Indien trägt die Braut rot, reitet aber traditionellerweise auf einem weißen Pferd zur Hochzeitszeremonie.

DER LÖWE UND DAS EINHORN

Als Königin Elisabeth I. 1603 starb, ohne einen Thronfolger zu hinterlassen, wurde Jakob VI. von Schottland englischer König. Damals waren im schottischen Wappen zwei Einhörner zu sehen, im englischen hingegen ein Löwe. Der Löwe und die Einhörner galten als Feinde, was interessant ist, weil der Löwe das Männliche symbolisiert und das Einhorn das Weibliche. Aber beide Tiere galten als Könige ihrer Art. Der Löwe mit seiner männlichen Energie herrscht durch Stärke, Macht und Tapferkeit, das Einhorn mit seiner weiblichen Energie strebt nach Harmonie.

Als das neue Wappen entworfen wurde, ließ Jakob vernünftigerweise den Löwen auf der linken Seite platzieren und das Einhorn auf der rechten. Das symbolisierte einerseits die Versöhnung zwischen England und Schottland, andererseits natürlich den Ausgleich zwischen männlichen und weiblichen Energien.

DIE ROSE UND DIE LILIE

Dies sind die beiden Blumen mit der höchsten Schwingungsfrequenz auf diesem Planeten. Ursprünglich wurde die Rose als Symbol im Westen verwendet und die Lilie im Osten, aber im Lauf der letzten Jahrhunderte sind beide überall auf der Welt benutzt worden. Aufgrund ihres Lichts und ihres Dufts lieben die Einhörner sie besonders. Aus diesem Grund werden sie auch oft gemeinsam abgebildet.

DAS EINHORN UND DIE ROSE

Die Rose ist ein Symbol für vollkommene Liebe, Glückseligkeit und hohe Ziele. Deshalb wird das Einhorn oft von Rosengirlanden umgeben dargestellt. Zusammen symbolisieren das Einhorn und die Rose Stärke, Beständigkeit und Unsterblichkeit. Die Rose ist zudem das Symbol von Mutter Maria, dem weiblichen Aspekt Gottes, deren Seele von der Venus stammt. Die Venus, der Planet der Liebe, hat eine elliptische Bahn, die an die Form einer Rose erinnert.

DAS EINHORN UND DIE IRIS

Die Franzosen stellen das Einhorn gern gemeinsam mit einer Iris dar. Das Einhorn steht für das Edle und Gute, während das Blau der Iris das königliche Geblüt symbolisiert. Zusammen stehen sie für Edelmut und Loyalität. Für manche Menschen repräsentieren die drei Blütenblätter der Iris Vollkommenheit, Licht und Leben, für andere Glauben, Mut und Weisheit. In Frankreich hieß die Lilie ursprünglich nach Ludwig VII. *fleur-de-Louis* (Ludwigblume), später wurde daraus *fleur-de-luce* (Blume des Lichts) und schließlich *fleur-de-lys* (Blume der Lilie). Sie gilt als sehr machtvolles Symbol und wurde jahrhundertelang vom französischen Königshaus verwendet. Johanna von Orleans trug eine weiße Fahne, auf der dargestellt war, wie Gott die Lilie segnet, als sie die französischen Truppen zum Sieg über die Engländer führte.

Die Iris repräsentiert die Jungfrau Maria. Ihre drei Blütenblätter repräsentieren zudem die heilige Dreifaltigkeit. Der antike Philosoph Plinius wies darauf hin, dass die Iris nur von Menschen gepflückt werden sollte, die ein keusches Leben führten.

Die Iris oder Schwertlilie stellte in den indischen und ägyptischen Kulturen Leben und Auferstehung dar. Die alten Ägypter sahen in ihr ein Symbol der Macht und platzierten sie auf das dritte Auge der Sphinx und auf die Zepter ihrer Könige. In Japan symbolisiert die Iris Heldenmut und die blaue Farbe weist auf das blaue Blut des Adels hin.

Iris wurde als griechische Göttin des Regenbogens verehrt, die die Seelen der Frauen zu den Elysischen Feldern führte. Als heilige Blume wurde die Iris wegen ihrer Heilkräfte als Medizinpflanze genutzt.

Iris heißt zudem die Mitte des Auges, was symbolisch darauf hinweist, dass jeder von uns einen Teil Gottes in sich trägt.

DIE GESCHICHTE UNSERES SCHULEMBLEMS

In der *Diana Cooper School* wurde lange Zeit darüber diskutiert, wie das Schulemblem aussehen sollte. Deshalb trafen sich mehrere Ausbildungsleiter alljährlich in Findhorn, einer großen spirituellen Gemeinschaft im Norden Schottlands, um über die Entwicklung der Schule zu diskutieren.

An einem Nachmittag gingen elf von uns zu einem Ort, an dem zwei Flüsse zusammenfließen und der als der Ankunftsort Erzengel Gabriels bekannt ist. Wir saßen eine Weile auf einem riesigen Felsen und schauten still in das Wasser. Eine riesige orangefarbene Motte, die so groß war, dass wir sie zuerst für einen Vogel gehalten hatten, schwebte über dem Wasser. Während wir zusahen, sprang ein großer Fisch aus dem Fluss und verschlang sie.

Die Motte symbolisiert das Negative, das Dunkle, während der Fisch, der das Symbol vieler Religionen ist, Spiritualität bedeutet. Vor unseren Augen sahen wir also, wie Spiritualität das Dunkle überwindet.

Wir standen auf, fassten uns an den Händen und bildeten einen Kreis, als etwas ganz Erstaunliches geschah: Weißes Licht strömte plötzlich in die Mitte unseres Kreises. Mutter Maria erschien und segnete uns alle. Dann kam ihr Einhorn. Es war riesig, das größte Einhorn, das ich je gesehen habe, und es schimmerte im reinsten Weiß. Es hob sein Horn und überschüttete uns alle mit Licht. Dann erschien Erzengel Gabriel. Er überreichte uns eine Rose, eine wunderschöne weiße Rose mit rosafarbenen Spitzen, und sagte, dies solle das Emblem unserer Schule sein. Er fügte hinzu, dass wir uns das Recht verdient hätten, dieses weibliche Symbol universeller Liebe zu verwenden.

Interessant ist, dass fast alle die Rose von Erzengel Gabriel erhalten hatten, bevor ich davon erzählte. Wir waren elf, und die Elf ist eine sehr machtvolle spirituelle Zahl, die einen Neuanfang auf höherem Niveau anzeigt.

UNIVERSELLE SYMBOLE UND IHRE BEDEUTUNGEN

SONNE	Männliche Energie, Lebenskraft, Vitalität, Glück
MOND	Weibliche Energie, das Mysterium, spirituelle Kräfte, Intuition
FISCH	Religion, Spiritualität

VOGEL	Freiheit
KATZE	Weibliche Energie, Intuition, spirituelle Kraft
HUND	Männliche Energie, Freundschaft, Loyalität
ZAUN	Blockade, Einschränkung
TOR	Öffnung für neue Möglichkeiten
LEITER	Zugang zu höheren Möglichkeiten oder höheren Welten, Ehrgeiz
HAUS	Ihr Bewusstsein
BAUM	Sie selbst
EINHORN	Ihr Licht, Ihr höherer Aspekt, das Christus-Bewusstsein
BRÜCKE	Der Übergang von einem Zustand in einen anderen
WEG	Der Lebensweg
FLUSS	Der Fluss des Lebens
GEFÄHRT	Wie Sie durchs Leben reisen
SCHATZ-TRUHE	Sie enthält Ihre Begabungen und Talente. Ist sie offen oder geschlossen? Ist sie verschlossen? Groß oder klein?
SIE SELBST	Wie Sie sich im Augenblick fühlen. Haben Sie Augen, um zu sehen? Ohren, um zu hören? Hören Sie zu? Die Haare symbolisieren Ihre Kraft. Wie sieht Ihr Mund aus? Ist er groß und rot? Das weist darauf hin, dass Sie viel reden. Oder sind die Lippen zusammengepresst und gerade? Das weist darauf hin, dass Sie still oder verkniffen sind. Ihre Nase ist Ihre Intuition. Schultern tragen Ihre Last, Brüste nähren. Sind Ihre Arme offen oder stoßen sie etwas weg?

Die Liste ist endlos. Eine Übung, die nicht nur Spaß macht, sondern auch sehr aufschlussreich ist, besteht darin, spontan eine Zeichnung anzufertigen, die verschiedene Symbole enthält. Dabei ist es von Vorteil, wenn Sie nicht besonders gut zeichnen können, da Ihr Unbewusstes Ihnen dann seine Botschaften besser übermitteln kann. Ein geübter Künstler kann die Informationen, die das Unbewusste geben möchte, aufgrund seiner künstlerischen Fähigkeiten bis zur Unkenntlichkeit verändern.

Wenn Sie fertig sind, interpretieren Sie Ihr Bild. Noch besser ist es, diese Übung mit ein paar Freunden zu machen und die Bilder der anderen zu kommentieren.

SYMBOLE INTERPRETIEREN

Wenn etwas, das Sie gezeichnet haben, Ihnen nichts sagt, stellen Sie sich vor, Sie seien die betreffende Person oder der betreffende Gegenstand.

Ein Beispiel: Nehmen wir an, Sie hätten einen Stuhl gezeichnet. Stellen Sie sich dann vor, Sie wären ein Stuhl und Ihr Unbewusstes hat Sie auf eine Weise gezeichnet, die Ihnen etwas über Ihre innere Welt mitteilt. Wenn Sie den Stuhl beschreiben, beginnen Sie mit: »Ich fühle …« Vielleicht sagen Sie ja: »Ich fühle mich weich und bequem.« Oder: »Ich fühle, dass jemand auf mir sitzt.« »Ich fühle mich hart und steif.« »Ich fühle mich zu groß für das Zimmer, in dem ich stehe.« »Ich fühle mich fehl am Platz.«

EINE SPONTANE ZEICHNUNG MACHEN

- Wählen Sie fünf der oben aufgeführten Symbole plus ein Einhorn und sich selbst aus. Wenn Sie den Wunsch verspüren, etwas anderes zu zeichnen, dürfen Sie das natürlich gern tun.
- Denken Sie an ein bestimmtes Thema, zum Beispiel an Ihren Beruf, Ihre Beziehung oder Ihre gegenwärtige Situation.
- Nehmen Sie nun ein Blatt Papier und zeichnen Sie ein Bild mit diesen sieben Symbolen. Nur sehr wenige Menschen können ein realistisch aussehendes Einhorn zeichnen, machen Sie sich also nichts daraus, wenn es Ihnen nicht perfekt gelingt.

DIE ZEICHNUNG INTERPRETIEREN

- Falten Sie das Blatt in zwei Hälften. Die linke Seite repräsentiert Ihre Vergangenheit, Ihre weibliche Energie oder Frauen in Ihrem Leben. Die rechte Seite repräsentiert die Zukunft, Ihre männliche Energie oder Männer in Ihrem Leben. Wenn die rechte Seite leer ist, haben Sie Mühe zu sehen, was die Zukunft für Sie bereithält. Ist die linke Seite leer, gibt es vielleicht Dinge in Ihrer Vergangenheit, die Ihr Leben stark beeinflussen, sodass Sie sie lieber nicht anschauen möchten. Ist die obere Hälfte leer, sollten Sie sich fragen, ob Sie überhaupt höhere oder spirituelle Ziele haben. Ist die untere Hälfte leer, verstehen Sie möglicherweise die Ursachen einer bestimmten Situation nicht.
- Wenn Sie eine Sonne auf der linken Seite gezeichnet haben, könnte das darauf hinweisen, dass Glück und Vitalität in der Vergangenheit liegen. Ist sie in der Mitte, konzentrieren Sie sich auf die Gegenwart. Ist sie rechts, konzentrieren Sie sich auf die Zukunft.
- Der Mond symbolisiert Ihre Intuition. Haben Sie einen Voll-, abnehmenden oder Neumond gezeichnet? Der Neumond weist auf einen Neuanfang hin, ein abnehmender darauf, dass eine bestimmte Phase zu Ende geht.
- Wo haben Sie sich selbst platziert? Stehen Sie auf einem Weg? Sind Sie in einem Haus oder hinter einem Zaun? Stehen Sie in der Mitte Ihres Lebens? Haben Sie den ganzen Körper gezeichnet, also Ihr ganzes Selbst? Wenn Sie nur den Kopf gezeichnet haben, bedeutet das möglicherweise, dass Sie Ihre Rolle in der gegenwärtigen Situation nicht völlig verstehen, dass Sie sich selbst nicht so gut kennen, wie Sie dachten, oder dass Sie denken statt zu fühlen.
- Ein Baum. Was fällt Ihnen dazu ein? Ist er stark oder schwach? Müde, flexibel, kleinwüchsig, aufstrebend, sich verbreiternd? Füllt er den Raum aus oder ist er winzig und unbedeutend? Hat er Blätter, blüht er oder ist er kahl? Neigt er sich nach rechts? Das kann darauf hinweisen, dass Sie sich auf die Zukunft konzentrieren oder dass Sie sich zu sehr auf die väterliche Energie oder einen Mann in Ihrem Leben verlassen. Neigt er sich nach links? Das kann andeuten, dass Sie sich mehr mit der Vergangenheit beschäftigen oder dass Sie sich zu sehr auf die mütterliche Energie oder eine Frau verlassen. Steht der Baum aufrecht? Das bedeutet

Unabhängigkeit. Hat er Wurzeln? Falls nicht, überlegen Sie sich, wie Sie Ihr Leben auf eine solidere Grundlage stellen können. Vielleicht indem Sie neue Freundschaften schließen, geselliger sind, einem Verein beitreten oder Ihre Familie häufiger besuchen. Gibt es abgesägte Äste oder Löcher, die unverheilte Traumata symbolisieren?
- Das Einhorn symbolisiert Ihr Christus-Bewusstsein oder Ihr Licht, Ihren höheren Aspekt. Wie groß ist es? Wo ist es? Ist es in Ihrer Nähe?

Weitere Informationen darüber, wie man spontane Zeichnungen interpretiert, finden Sie in meinem Buch *Transform Your Life*[9]. Darin sind auch Informationen über Farben und Farbkombinationen enthalten.

KREIEREN SIE IHR EIGENES SYMBOL

Dieses Symbol soll Ihr ganz individueller Ausdruck sein. Vielleicht ist es nur für den Augenblick gedacht, möglicherweise möchten Sie es aber auch behalten und in Zukunft weiter verwenden.
- Nehmen Sie sich ein Blatt Papier und wählen Sie bis zu vier Farben aus.
- Sitzen Sie einen Moment lang einfach still da, und bitten Sie Ihr Einhorn, Sie zu erleuchten.
- Zeichnen Sie nun Ihr Symbol.
- Wenn Sie in einer Gruppe oder mit einem Partner arbeiten, erzählen Sie, was Sie darstellen wollten, und hören Sie zu, wie die anderen das Symbol interpretieren.

---

9 Deutsch: *Ich schenke mir ein neues Leben. Sieben Schritte zu mir selbst.* Heyne Taschenbuch, München 2005

KAPITEL 37

HISTORISCHE EINHORN-SICHTUNGEN

Im Lauf der menschlichen Geschichte haben viele berühmte Menschen Einhörner gesehen. Hier sind ein paar Beispiele.

HUANGDI, DER GELBE KAISER

Dem chinesischen Kaiser Huangdi soll im Altertum ein Einhorn als Zeichen erschienen sein, dass seine Herrschaft lang und friedvoll sein würde, was anscheinend auch zutraf.

KAISER FU XI

Die erste Erwähnung eines Einhorns (chinesisch Qilin) findet sich beim berühmten chinesischen Kaiser Fu Xi 2900 vor Christus. Im hohen Alter saß er am Ufer des Gelben Flusses und dachte über das Leben und den Tod nach. Er wollte seine Einsichten aufzeichnen, aber die Schrift war noch nicht erfunden worden. Als er so nachdenklich da saß, tauchte aus dem Wasser ein Einhorn auf, das sich ihm näherte. Auf seinem Rücken standen magische Zeichen, aus denen Fu Xi die chinesischen Schriftzeichen entwickelte. Das Einhorn hatte ihm eine Botschaft von Gott überbracht.

KAISER WUDI VON HAN

Ein Einhorn oder Qilin soll sich auch Kaiser Wudi aus der Han-Dynastie genähert haben, der es in den Gärten seines Palastes sah.

DSCHINGIS KHAN

Dschingis Khan, der mächtige Herrscher der Mongolen, herrschte über ein Reich, das sich von Korea bis nach Persien erstreckte. Sein Vater hatte großen Einfluss auf ihn, und vor jeder Schlacht bat der große Krieger den Geist seines Vaters um Rat.

Dschingis Khan wollte schließlich auch Indien erobern. Seine Truppen waren lange Zeit über enge Bergpässe geritten und standen nun zum Angriff bereit. Der Sage nach stellte sich Dschingis Khan bei Sonnenaufgang auf einen Berg, von wo aus er das Land, das er erobern wollte, überblicken konnte. Da erschien ihm ein Einhorn und verbeugte sich demütig dreimal vor ihm, während seine Truppen erstaunt zusahen. Dschingis Khan konnte in den Augen des Einhorns den Geist seines geliebten Vaters sehen.

Dieser riet ihm davon ab, Indien, das spirituelle Land, in dem der Buddha geboren worden war, zu erobern. Die Truppen warteten auf den Befehl weiterzumarschieren, aber Dschingis Khan hob sein Schwert und befahl: »Wir kehren um. Mein Vater hat mich davor gewarnt, Indien anzugreifen.« Sein Heer kehrte daraufhin um und marschierte über die Berge zurück. Indien war durch ein Einhorn gerettet worden.

JULIUS CÄSAR

Julius Cäsar erwähnte in seinem Bericht über die Eroberung Galliens verschiedene Geschöpfe, die angeblich den Harz bevölkerten. Eines davon beschrieb er als »ochsenförmigen Hengst, aus dessen Stirn zwischen den Ohren ein einziges Horn hervorsteht, das länger und gerader ist als die Hörner, die wir kennen«.

ALEXANDER DER GROSSE

Der Sage nach wurde Alexanders Vater während Alexanders Kindheit ein Karkadann gebracht, ein Wesen mit dem Körper eines Pferdes und dem Kopf eines Löwen, das in der Mitte der Stirn ein Horn hatte. Alle Reiter am Hofe seines Vaters versuchten es zu besteigen, aber niemandem gelang es. Alexander wollte es unbedingt auch versuchen. Schließlich gab sein Vater nach, weil er dachte, dass sein Sohn auf diese Weise Bescheidenheit lernen würde.

Alexander erkannte, dass dieses Tier nicht gezähmt werden konnte, sondern dass man es um Erlaubnis fragen musste, bevor man es besteigen konnte. Also ging er ohne Waffe oder Peitsche auf das Tier zu, stellte sich völlig wehrlos neben es und sprach die Worte: »Ich grüße dich, edles Tier.

Ich komme als Freund. Bitte lass mich heute auf dir reiten, danach wirst du frei sein.« Daraufhin senkte das Einhorn langsam seinen Kopf, bis sein Horn beinahe Alexanders Brust berührte. So blieben sie eine Zeit lang stehen, bis das Einhorn seinen Kopf weiter senkte und Alexander gestattete aufzusitzen. Eine Weile saß er einfach nur still da, bis sie sich aneinander gewöhnt hatten. Dann galoppierte Bukephalos, so sein Name, wie der Wind davon, aber als sie zurückkehrten, waren die beiden unzertrennliche Freunde geworden. Alexander ritt sein Einhorn in jeder Schlacht.

KONFUZIUS

Der Sage nach erschien Konfuzius' Mutter 551 v. Chr. vor seiner Geburt ein Einhorn. Dies galt als sehr glückverheißendes Zeichen. Es legte seinen Kopf in ihren Schoß und übergab ihr ein Stück kaiserliche Jade mit der Prophezeiung, dass das Baby Weisheit und Größe erlangen würde. Tatsächlich wurde Konfuzius zu einem hoch verehrten und weithin respektierten chinesischen Philosophen. Es wird berichtet, dass er im hohen Alter selbst ein Einhorn gesehen haben soll.

KAPITEL 38

EINHÖRNER IN DER BIBEL

Die englische King-James-Version der Bibel ist die einzige Bibelübersetzung, in der Einhörner erwähnt werden – und zwar gleich siebenmal. Das hebräische Wort *re'em* wird dort als Einhorn übersetzt. Wörtlich bedeutet *re'em* Ochse oder Wildochse und so wird es auch in allen anderen Übersetzungen der Bibel gebraucht.

Aber da ich weiß, dass nichts zufällig geschieht, versuchte ich, bestimmte biblische Konzepte auf metaphysische Weise zu interpretieren. Wenn Gott Liebe ist, ergeben die Worte, die ich gelesen hatte, nämlich nur auf diese Weise einen Sinn.

Das Wort »Einhorn« bedeutet Christusbewusstsein, das Wort »Feinde« Menschen mit einem niedrigen Bewusstsein, »Knochen« bedeuten Essenz, »Pfeile« sind die Kraft der Liebe, »das Maul des Löwen« bedeutet Gefahr, »der Erstling des Ochsens« ist eine neue, unschuldige männliche Kraft, »Blut« steht für Lebenskraft oder Freude, »das Kalb« repräsentiert etwas Unschuldiges, Großzügiges, Lebendiges und Hörner bedeuten Erleuchtung.

»Gott hat ihn aus Ägypten herausgeführt; sein ist die Stärke des Wildochsen.« (Numeri 23,22)[10]

Meine Übersetzung: »Gott führte sie aus Ägypten, er hatte die Kraft des Christus-Bewusstseins.«

---

10 Da es keine deutsche Übersetzung der englischen King James Bibel von 1611 gibt, werden hier alle Bibelstellen nach der Elberfelder Übersetzung von 1905 zitiert.

»Gott hat ihn aus Ägypten herausgeführt; sein ist die Stärke des Wildochsen. Er wird die Nationen, seine Feinde, fressen und ihre Gebeine zermalmen und mit seinen Pfeilen sie zerschmettern.« (Numeri 24,8)

Meine Übersetzung: »Gott führte sie aus Ägypten, er hatte die Kraft des Christus-Bewusstseins, das jedes niedere Bewusstsein verschlingen, seine Essenz verwandeln und es mit der Kraft seiner Liebe durchdringen wird.«

»Rette mich aus dem Rachen des Löwen! Ja, du hast mich erhört von den Hörnern der Büffel.« (Psalmen 22,21)

Meine Übersetzung: »Rette mich vor der drohenden Gefahr, denn das Christus-Bewusstsein hat mit dir kommuniziert.«

»Sein ist die Majestät des Erstgeborenen seines Stieres; und Hörner des Wildochsen sind seine Hörner. Mit ihnen wird er die Völker niederstoßen allzumal bis an die Enden der Erde. Und das sind die Zehntausende Ephraims, und das die Tausende Manasses.« (Deuteronomium 33,17)

Meine Übersetzung: »Seine Herrlichkeit gleicht einer neuen, unschuldigen männlichen Kraft. Mit der Erleuchtung des Christus-Bewusstseins wird er die Menschen überall auf der Welt versammeln.«

»Wird der Wildochs dir dienen wollen, oder wird er an deiner Krippe übernachten? Wirst du den Wildochs mit seinem Seile an die Furche binden, oder wird er hinter dir her die Talgründe eggen? Wirst du ihm trauen, weil seine Kraft groß ist, und ihm deine Arbeit überlassen? Wirst du auf ihn dich verlassen, dass er deine Saat heimbringe, und dass er das Getreide deiner Tenne einscheuere?« (Hiob 39,9–12)

Meine Übersetzung: »Wird das Christus-Bewusstsein mit dir arbeiten und wird es bei dir bleiben? Kannst du das Christus-Bewusstsein in die Richtung lenken, in die du es lenken willst? Oder wird es noch dort sein, wenn du fort bist? Wirst du ihm wegen seiner großen Kraft trauen? Wirst du ihm die Arbeit überlassen? Wirst du glauben, dass es sich um deine Familie kümmern kann?«

»Und Wildochsen stürzen mit ihnen hin, und Farren samt Stieren; und ihr Land wird trunken von Blut, und ihr Staub von Fett getränkt.« (Jesaja 34,7)

Meine Übersetzung: »Und das Christus-Bewusstsein wird mit der männlichen Energie verschmelzen und die Erde selbst wird mit Freude und seelischer Erfüllung gefüllt sein.«

»Und er macht sie hüpfen wie ein Kalb, den Libanon und Sirjon wie einen jungen Wildochsen.« (Psalmen 29,6)
Meine Übersetzung: »Sie werden mit reiner Unschuld und vor Lebenskraft hüpfen, Libanon und Hermon, mit dem Christus-Bewusstsein.«

»Aber du wirst mein Horn erhöhen gleich dem eines Wildochsen; mit frischem Öle werde ich übergossen werden.« (Psalmen 92,10)
Meine Übersetzung: »Du wirst in der Erleuchtung des Christus-Bewusstseins erhöht werden, alles wird dir frisch und neu erscheinen.«

KAPITEL 39

MYTHEN UND LEGENDEN DES OSTENS

Einhörner scheinen immer in einer Form zu erscheinen, die den lokalen Gegebenheiten angepasst ist. Im Osten wird das magische Geschöpf mit einem Horn üblicherweise als Ziege mit gespaltenen Hufen und einem Bart dargestellt. Es ist sanftmütig und friedvoll und bringt Glück. Ist es nicht interessant, dass Einhörner Erleuchtung bringen und sowohl Erleuchtung als auch Ziegen vom Orion, dem Planeten der Erleuchtung, stammen? Und ein Bart ist schon seit alters ein Symbol von Reife und Weisheit.

In den spirituell fortgeschrittenen Zeiten des goldenen Atlantis wurden Ziegen als erleuchtete Geschöpfe verehrt. Deswegen waren sie auch in der Lage, ihr höheres Wesen unter Beweis zu stellen. Erst als die christliche Kirche an Einfluss gewann, wurden die sexuellen Aspekte der Fortpflanzung dämonisiert, weil man sich auf die geringeren Gefühle wie Lust konzentrierte statt auf die höheren wie Liebe und Transzendenz. So wurde die Ziege dämonisiert und Pan, der Gott der Natur, wurde ein Ziegenkopf gegeben und ein übler Charakter angedichtet. Tatsächlich ist Pan ein neundimensionaler Meister, der Verantwortlichkeiten und Kräfte hat, die unser Vorstellungsvermögen weit übersteigen. Gemeinsam mit Erzengel Purlimiek ist er der Hüter der gesamten Natur.

Viele Legenden des Ostens wurden von einem griechischen Arzt namens Ktesias von Knidos, der 416 vor Christus an den Hof des persischen Königs ging und dort 17 Jahre lang blieb, aufgezeichnet. Während dieser Zeit schrieb er alle Geschichten auf, die ihm die vielen Kaufleute und Reisenden erzählten, die gerade in der Stadt waren. Ktesias scheint geglaubt zu haben, dass die Tiere, die die Reisenden beschrieben, tatsächlich physische

Geschöpfe seien, was auf manche auch zutreffen mag. Aber andere waren vierdimensionale Wesen wie das Ungeheuer von Loch Ness, das für menschliche Augen auch nicht immer sichtbar ist.

In Indien existieren zwei Versionen einer Legende. Der einen zufolge sind Einhörner riesige Wildesel mit weißem Körper, dunkelrotem oder violettem Kopf und dunkelblauen Augen. Nach der anderen Version haben sie den Kopf eines Hirsches (Glaube und Intuition), den Körper eines Pferdes (höhere Spiritualität), den Schwanz eines Löwen (Mut und Kraft), die Hufe einer Ziege (Weisheit und Erleuchtung) und blaue Augen (Weitsicht). In beiden Versionen ist das Horn etwa 45 Zentimeter lang, an der Basis weiß, in der Mitte schwarz und an der scharfen Spitze karmesinrot. Weiß zeigt an, dass es reines Wissen und Macht ausstrahlt; schwarz ist die Farbe des Mysteriums und der Magie und zeigt tiefe Weisheit an; rot weist darauf hin, dass das Licht mit großer Vitalität und Lebenskraft strahlt. Es muss tatsächlich ein sehr mächtiges Tier gewesen sein.

In China war das Einhorn eine Kreuzung zwischen einem Löwen und einem Drachen. Männlich und weiblich waren also vereint, was auf Mut, Kraft und Weisheit hinweist. Das chinesische Einhorn heißt Qilin, wobei Qi männlich und Lin weiblich bedeutet. Wenn man eines sieht, gilt dies als sehr gutes Omen, da es vom Himmel kommt und Frieden, Weisheit und Reichtum mit sich bringt. Weil es so sanftmütig ist, setzt es seine Hufe so vorsichtig auf, dass nicht ein einziger Grashalm zertreten wird. Seine Stimme ist so klar wie ein Glöckchen. Man sagt, es lebt 1000 Jahre lang.

Das Einhorn gilt als König der Tiere und mächtiger Herrscher. Manchmal hat es auch die Schuppen eines Fisches oder Drachens und gleichzeitig eine Mähne und gespaltene Hufe. Da es als Vollstrecker der Gerechtigkeit gilt, wurden Einhörner während der Han-Dynastie in die Rückenlehnen der Gerichtsstühle geschnitzt.

Das chinesische Einhorn kommt nur aus der Zurückgezogenheit, um wie ein Botschafter des Himmels die Zukunft vorherzusagen. So erschien eines zum Beispiel der Mutter des Konfuzius, um ihr dessen zukünftige Größe zu prophezeien.

Auch der Mutter des Buddha soll ein Einhorn erschienen sein. Manche Quellen sagen, es sei bei der Zeugung erschienen, andere während der Geburt, um ihn zu segnen. Dank des buddhistischen Einflusses wurde das chinesische Einhorn sanfter, gütiger und reiner. Es würde nicht einmal ein

Insekt unter seinen Hufen zermalmen und konnte sogar auf dem Wasser gehen.

Das japanische Einhorn ist völlig anders. Es heißt Kirin und hat den Körper eines Bullen und eine wilde Mähne. Es wird besonders von Missetätern als unparteiischer Richter gefürchtet. Während eines Prozesses kam das Kirin, wenn es angerufen wurde, und schaute nur diejenigen an, die schuldig waren. Dann durchstieß es das Herz des Verbrechers mit seinem Horn. Dies galt als sehr harte Bestrafung. Aber von einem höheren Standpunkt aus ist es offensichtlich, dass ein Einhorn sein Horn der Erleuchtung aus reinem Mitgefühl tief in das dunkle Herz des Übeltäters stieß, um es mit Liefe, Freude und Heilung zu erfüllen.

SONNE UND MOND

Es gibt eine Legende über einen Löwen und ein Einhorn, die aus dem alten Babylon stammt, wo Sonne und Mond als heilige Führer galten. Die Sonne wurde durch den Löwen repräsentiert und der Mond durch das Einhorn. Der Löwe mit seiner goldenen Mähne und dem runden Kopf herrschte aufgrund seiner Macht. Er galt als Gewaltherrscher, der ständig das Einhorn jagte. Das Einhorn leuchtet silberweiß und herrscht durch Gnade, Harmonie und Zusammenarbeit. Dem Löwen gelingt es nur sehr selten, seine Beute zu fangen, und wenn es ihm gelingt, ist es die Sonne, die verdeckt wird, nicht der Mond. Diese Geschichte bestätigt die Überlegenheit des weiblich Göttlichen.

KAPITEL 40

MYTHEN UND LEGENDEN DES WESTENS

Die Beschreibungen mythischer Kreaturen beruhen immer auf den Berichten hellsichtiger Menschen, die fähig sind, Wesen aus anderen Dimensionen zu sehen. Wie Engel, Elementargeister und Geschöpfe wie das Ungeheuer von Loch Ness haben auch Einhörner keine physische Natur, sondern existieren in den ätherischen Welten. Von dieser Dimension aus können sie uns aber beeinflussen und helfen.

WESTLICHE GESCHICHTEN

Im Westen haben hellsichtige Menschen und Mystiker Einhörner immer als weiße aufgestiegene Lichtpferde beschrieben. Die frühen christlichen Mystiker wussten, dass sie das Christus-Bewusstsein der reinen bedingungslosen Liebe verkörpern. Dieses Wissen wurde dann zum kulturellen Allgemeingut. Daher sind Einhörner auch Teil der christlichen Mythologie.

DER GARTEN EDEN

Dem Alten Testament zufolge sollte das Einhorn sowohl gefürchtet als auch verehrt werden. Mir gefällt besonders die Geschichte, in der Gott Adam aufträgt, allen Tieren Namen zu geben. Da er als Erstes dem Einhorn seinen Namen gab, gab Gott diesem Geschöpf seinen besonderen Segen, als er die Spitze seines Horns berührte und ihm Heilkräfte übertrug. Als Adam und Eva später aus dem Garten Eden vertrieben wurden, wurde dem Einhorn erlaubt zu wählen, ob es im Paradies bleiben oder

Adam und Eva in die Welt der Not und des Leidens folgen wollte. Aus reinem Mitgefühl und reiner Liebe entschied es sich, mit ihnen zu gehen, und wurde daraufhin für alle Ewigkeit gesegnet. Weil es den Himmel auf Erden noch erlebt hatte, wird es mit Reinheit, Keuschheit, Liebe und Freude gleichgesetzt.

DIE SINTFLUT

Es existieren viele Legenden über Einhörner während der Sintflut. Anscheinend waren sie sich so sicher, dass sie lange genug schwimmen konnten, dass sie sich weigerten, mit Noah auf die Arche zu gehen. Sie schwammen tatsächlich 40 Tage und 40 Nächte lang, was sie allerdings ziemlich erschöpfte. Vögel sahen die Hörner der Einhörner aus dem Wasser ragen und ließen sich darauf nieder. Unglücklicherweise war das aber zu viel für die großartigen Geschöpfe und sie sanken aufgrund des zusätzlichen Gewichts. Was für eine interessante Fabel!

Nach meinem Verständnis war die Sintflut, die in der Bibel und anderen alten Texten erwähnt wird, die große Flut, die 10 000 vor Christus zum Untergang von Atlantis führte, als die Zivilisation zu dunkel geworden war, als dass man es ihr hätte erlauben können weiterzubestehen. Die wunderschönen Einhörner, die es in den goldenen Zeiten von Atlantis gab, konnten nicht bleiben, als die Energie zu schwer wurde, und mussten sich in die geistigen Welten zurückziehen. Diese Geschichte illustriert diese Wahrheit, indem sie erzählt, dass die Einhörner sich nach Kräften bemühten, Atlantis weiterhin zu dienen, aber dass sie schließlich aufgeben mussten.

Eine jüdische Legende erzählt eine etwas andere Version dieser Geschichte. Ihr zufolge starben die Einhörner während der Sintflut, weil sie zu groß waren, um auf die Arche zu passen. Das bedeutet, dass das Christus-Bewusstsein für die Menschen auf der Arche zu hoch war.

Einer anderen Legende zufolge kettete Noah ein Einhorn an der Arche an und es schwamm 40 Tage lang hinter ihr her. Dies ist das Gegenstück zur vorigen Legende, denn hier wird darauf hingewiesen, dass die Menschen auf der Arche das Christus-Bewusstsein 40 Tage lang aufrechterhalten konnten.

EIN EINHORN FANGEN

Alle Traditionen sind sich darin einig, dass ein Einhorn nicht lebendig gefangen werden kann. Da das Einhorn das Christus-Bewusstsein repräsentiert, überrascht mich das nicht, denn nichts kann Liebe erzwingen. Liebe kann sich nur freiwillig geben.

In vielen Geschichten versucht ein Jäger das Einhorn zu fangen, um es dem König zu bringen. Dies ist eine Analogie: Der spirituelle Sucher versucht das Christus-Bewusstsein im Interesse seines höheren Selbst zu erlangen. Aber dies kann nicht erzwungen werden. Nach den alten Legenden muss man eine Jungfrau nackt auf einer Waldlichtung zurücklassen, damit das Einhorn erscheint. Nur sie kann es beim Horn fassen und zum König bringen.

Mit anderen Worten: Das Christus-Bewusstsein oder die reine Liebe kann nur von den Reinen, Demütigen und Unschuldigen erlangt werden. Nur dann kann der Christus verinnerlicht und in das höhere Selbst integriert werden.

Die Geschichten haben aber noch eine zweite Interpretationsmöglichkeit: Die Jungfrau repräsentiert die Jungfrau Maria, und in dieser Allegorie arbeitete sie für die ganze Menschheit, indem sie den Mann gebärt, der das Christus-Bewusstsein auf die Erde bringen konnte. Sie tat dies demütig, edelmütig, weise und mitfühlend.

EINHÖRNER IN DER DEUTSCHEN MYTHOLOGIE

Auf dem Engelkongress 2007 in Hamburg sprach ich über das goldene Zeitalter von Atlantis und erwähnte dabei auch Einhörner. Als ich eine Meditation über Atlantis anleitete, bestanden die Einhörner darauf, dass sie den Menschen vorgestellt würden, mit denen sie in Atlantis so vertraut gewesen waren. Der Sinn des Vortrags hatte darin bestanden, alle Anwesenden in die zwölf atlantischen Chakras einzuweihen, aber nach dem Seminar kam eine Teilnehmerin nach der anderen auf mich zu, um mir dafür zu danken, dass ich ihnen geholfen hatte, erneut mit ihrem Einhorn in Kontakt zu treten.

Ich hatte nicht gewusst, dass die deutsche Kultur so viele Einhorngeschichten kennt, obwohl das eigentlich nicht weiter verwunderlich sein sollte, wenn man bedenkt, dass das Land einmal fast völlig von großen Wäldern bedeckt war und für seine Mythen und Magie bekannt ist. Während des Mittelalters waren die deutschen Paläste und Kirchen voll mit Bildern von Einhörnern.

DIE JUNGFRAU MARIA UND DAS EINHORN
Im deutschen Kult der Marienverehrung ist die Jungfrau Maria als *Maria unicornis* bekannt – also als Maria vom Einhorn. Der Name muss aus atlantischen Zeiten stammen, als sie ständig von ihrem Einhorn, ihrem Schutzgeist oder Geisttier, begleitet wurde.

DIE EINHORN-HÖHLE
Dies ist eine Version einer sehr bekannten deutschen Legende. In den stark bewaldeten Bergen des Harzes gibt es eine Höhle, die Einhornhöhle heißt. Eine weise Heilerin soll dort gelebt haben, zu der viele Menschen kamen, um ihren Rat zu erbitten oder von ihr geheilt zu werden. Natürlich erregte dies nicht nur die Aufmerksamkeit, sondern auch den Zorn der christlichen Missionare, die sie als Hexe brandmarkten.

Die Missionare hatten einen fränkischen König zum Christentum bekehrt und überredeten ihn, einen Mönch mit bewaffneten Soldaten auszuschicken, um sie zu verhaften. Während die Soldaten den Berg erklommen, kam die Frau aus der Höhle und sah völlig furchtlos auf sie herab. Das verwirrte die Soldaten, aber da es sich anscheinend nur um eine alte Frau handelte, kletterten sie weiter. Plötzlich tauchte ein herrliches Einhorn mit einem strahlend goldenen Horn auf. Es kniete vor der Frau nieder, die es bestieg und auf ihm davonritt. Zurück blieben die verwirrten Soldaten und der Mönch.

EINHÖRNER
IN DER RENAISSANCE

Im 16. Jahrhundert wurde auf göttlichen Befehl eine Welle höherer Energie zur Erde geschickt, um den Planeten aus der Dunkelheit zu führen, in die er versunken war. Diese Epoche ist als Renaissance (Wiedergeburt) bekannt, in der sich viele Maler, Bildhauer und andere kreative Seelen inkarnierten, um durch ihre Kunst das Christus-Bewusstsein auszudrücken. Vieles davon ist heute noch erhalten geblieben und ermöglicht es den Menschen, sich dem Göttlichen zu öffnen. Als Teil dieser Welle, die von der Quelle auf den Planeten gesandt wurde, kamen auch einige Einhörner für kurze Zeit zurück und wurden von hellsichtigen Menschen in Träumen oder Visionen gesehen. Dies ist auf Wandbehängen und anderen Kunstwerken dargestellt worden. Auf einem mittelalterlichen Wandbehang ist zu sehen, wie ein Einhorn sein Horn in einen Springbrunnen taucht, was symbolisiert, wie der Christus die Sünden der Welt heilt.

KÖNIG ARTUS
UND DAS EINHORN

Auch König Artus soll einmal einem Einhorn begegnet sein. Auf seinem ersten Abenteuer strandete er an einem unbekannten Strand, wo er einem Zwerg begegnete, der ihm seine Geschichte erzählte. Demnach strandete der Zwerg mit seiner Frau dort vor vielen Jahren. Seine Frau starb bei der Geburt seines Sohnes. Das Baby wäre ebenfalls gestorben, wäre der Zwerg nicht auf ein weibliches Einhorn gestoßen, das sein Junges säugte. Das Einhorn nahm sich des Zwergenkindes an und ließ es gemeinsam mit seinen eigenen Kindern an seinen Zitzen saugen. Durch dieses magische Getränk außerordentlich wohlgenährt wuchs der Zwerg zu einem Riesen heran. Es heißt, Artus habe dieses Wunder selbst bestaunen können, als das Einhorn und sein Adoptivsohn zurückkamen. Der Riese half dann Artus und seinen Gefährten, das Boot wieder flott zu machen.

DAS FÜLLHORN

Fast jede Kultur kennt Legenden über das Füllhorn, das auf Lateinisch *cornu copiae* hieß und immer in Verbindung mit den Einhörnern stand. Einer griechischen Legende zufolge wurde Zeus von einer Ziege gesäugt. Als er eins ihrer Hörner abbrach, wurde aus ihr ein einhorniges Wesen oder Einhorn. Aus dem abgebrochenen Horn floss nun ein Überfluss an guten Dingen hervor.

GESCHICHTEN ERZÄHLEN

Dies ist eine lustige Übung, die man gut in einer Gruppe machen kann. Meiner Erfahrung nach lieben einige Leute sie, während andere sie allerdings hassen!

- Jede Person schreibt oder erzählt eine metaphorische Geschichte, in der ein Einhorn vorkommt. Wenn jemand zu Ende erzählt hat, versuchen alle die in der Geschichte enthaltenen Lektionen und Botschaften zu finden.
- Eine Person beginnt damit, eine Geschichte zu erzählen, in der ein Einhorn vorkommt. Nach ein paar Sätzen führt die nächste Person diese Geschichte fort, bis sie irgendwie einen Abschluss findet. Dann erzählen alle, wie sich die Botschaft der Geschichte auf sie ausgewirkt hat.

KAPITEL 41

EINHORN-RITUALE UND -ZEREMONIEN

Rituale setzen kosmische Kräfte in Bewegung, denn sie basieren auf der genauen Ausführung einer festgelegten Abfolge, die dadurch Energie erhält. Da die Worte, die man bei einem Ritual spricht, sehr wichtig sind, sollten sie stets positiv und rein sein.

Zeremonien ziehen Lichtwesen an und fügen einem Ritual noch zusätzliche Energie hinzu. Deshalb sollten sie immer sehr sorgfältig durchgeführt werden und stets dem höchsten Wohl gewidmet sein.

Um einem Ritual oder einer Zeremonie mehr Energie zu verleihen, sollten die Teilnehmer spezielle Kleidung tragen, deren Farben sorgfältig ausgewählt werden. Ein Einhorn-Ritual ist besonders effektiv, wenn man dabei Weiß trägt. Man kann aber auch eine der spirituelleren Farben wie Gold, Violett, Purpur oder Rosa tragen, wenn Kleidung in diesen Farben zur Verfügung steht.

Vor einer Zeremonie sollte man sich als symbolische Selbstläuterung duschen und das Haar waschen. Sakrale Musik, Gebete, meditative Gesänge, Kerzen, Räucherstäbchen, geweihtes Wasser, Blumen und sogar Früchte erhöhen den Zustrom des Lichts, das angerufen wird. Ein Altar dient als Fokus, der das Licht anzieht. Ein goldenes oder weißes Tuch ist für eine Einhorn-Zeremonie besonders geeignet. Auch Tanzen und Trommeln kann die Energie erhöhen.

Man sollte hinterher ein Glas klares Wasser trinken, da man während der Zeremonie von hochfrequentem Licht durchströmt wird und alte Energien und Gifte ausgeschwemmt werden müssen.

LÄUTERUNG

Um die Umgebung zu säubern, können Sie Engel- oder Einhornessenzen versprühen, eine Klangschale oder einen Gong anschlagen. Wenn Sie das Ritual in einem Zimmer ausführen, besprühen Sie jede Ecke oder schlagen Sie die Klangschale in allen Ecken an.

EIN EINHORN-ALTAR

Sie können entweder allein oder gemeinsam mit anderen einen Altar bauen. Eine freudvolle und ehrfürchtige Haltung bei der Vorbereitung ist wichtiger, als das, was Sie darauf stellen. Aber eine Kerze als Symbol für Feuer, eine Feder für Luft, eine Vase mit Blumen für Wasser und ein Kristall für Erde stellt sicher, dass alle Elemente präsent sind. Es ist besonders schön, Dinge auf den Altar zu stellen, die Ihnen persönlich wichtig sind – zum Beispiel ein Foto Ihrer Familie oder sakrale Gegenstände wie Engel- oder Einhornfiguren. Wenn der Altar fertig ist, sprechen Sie ein kurzes Gebet, um ihn zu weihen. Vergessen Sie nicht, sich bei den Einhörnern zu bedanken.

Sie können den Altar verschiedenen Absichten weihen: dem erfolgreichen Verkauf Ihres Hauses, einem glücklichen neuen Jahr, der Eröffnung eines Heilzentrums, dem Erfolg einer Geschäftsidee, positiven Veränderungen in Ihrem Gemeinwesen oder der Heilung der Familie. Hauptsache ist, es geschieht zum höchsten Wohle aller Beteiligten.

Sie können zum Beispiel die folgenden Worte benutzen: »Wir weihen diesen Altar (hier das betreffende Thema einfügen) und bitten die Einhörner, unsere Vision zu segnen. Wir danken den Einhörnern für ihre Liebe und ihr Licht.«

KERZEN

Das Anzünden einer Kerze hat magische Auswirkungen und erhöht immer die Schwingungsfrequenz. Es ist herrlich, auf einem von brennenden Kerzen erhellten Weg entlangzugehen – besonders in einer stillen, dunklen Nacht –, dabei Om zu singen und zu wissen, dass das Einhorn neben einem geht.

Ein weiteres schönes Ritual besteht darin, eine große Kerze anzuzünden und sie einem höheren Ziel wie Frieden auf Erden oder auf einem Geburtstag einer glücklichen Zukunft zu weihen. Dann kann jeder der Beteiligten seine kleine Kerze an der großen anzünden und in dem Wissen an seinen Platz zurückkehren, dass sein Licht gesegnet ist. Alternativ kann auch jeder Teilnehmer die Kerze seines Nachbarn anzünden.

ROSENESSENZ

Einhörner haben eine besondere Beziehung zu Rosen. Deshalb ist es besonders passend, für ein Einhorn-Ritual Rosenessenzen zu gebrauchen. Rosenessenz duftet wunderbar, weist alle niederen Energien ab und zieht Liebe an. Tröpfeln Sie etwas Rosenessenz auf eine weiße oder rosafarbene Kerze, bevor Sie sie anzünden. Weihen Sie die Kerze dann Ihrer Vision. Als Alternative können Sie auch Rosenessenz in einem Räuchergefäß verbrennen.

EIN EINHORN-SPAZIERGANG

Jede der beteiligten Personen pflückt ein saftiges Blatt. Denken Sie daran, den Baum oder die Pflanze vorher um Erlaubnis zu bitten. Schreiben Sie mit einem Kugelschreiber oder Filzstift ein paar Worte, die Ihre Vision ausdrücken, auf das Blatt. Halten Sie dann die Hände in der Namaste-Position mit dem Blatt zwischen den Handflächen, und bitten Sie die Einhörner, es zu segnen.

Bevor Sie losgehen, bitten Sie die Einhörner, Sie zu begleiten. Gleich, ob Sie allein gehen oder in einer Gruppe, sprechen Sie nicht und konzentrieren Sie sich ganz auf Ihre Vision. Stellen Sie sich vor, dass diese bereits wahr geworden ist, oder bitten Sie um Hilfe bei ihrer Erfüllung. Summen Sie, während Sie sich weiter auf Ihre Vision konzentrieren.

Wenn Sie zurückkehren, legen Sie das Blatt auf den Altar.

DAS LABYRINTH

Wenn Sie um den Segen der Einhörner bitten, konzentrieren Sie sich auf Ihre Vision, während Sie das Labyrinth durchschreiten. Dies wird die Energie, die zu Ihnen kommt, erhöhen, da das Labyrinth eine sakrale Form hat.

DAS EINHORN IM LABYRINTH

Sie können das Bild eines Einhorns oder einen Stein oder Kristall, der ein Einhorn symbolisiert, in das Zentrum eines Labyrinths legen. Schreiten Sie dann die sakrale Form ab (wenn sie groß genug ist) oder fahren Sie mit dem Finger die Linien entlang. Halten Sie im Zentrum inne, damit sich das Einhorn-Licht tief in Ihr Bewusstsein einprägen kann. Dies ist sehr effektiv.

DER KREIS
Dies ist eine wunderbare Übung für mehrere Teilnehmer. Halten Sie sich an den Händen, während Sie im Kreis gehen. Dies symbolisiert Ganzheit, Einheit und Vollendung. Wenn dies am Ende einer Zeremonie stehen soll, dann ist der Kreis ein überaus geeignetes Mittel.

Wenn alle mit einer brennenden Kerze in einem Kreis stehen oder sitzen, entsteht eine ganz wunderbare Energie. Besonders effektiv ist es auch, mit einer brennenden Kerze in der Hand den Kreis abzuschreiten.

Wenn einige Teilnehmer sich im Uhrzeigersinn und andere im Gegenuhrzeigersinn bewegen, entsteht eine besonders machtvolle Energie.

DIE ACHT
Die Acht ist das Symbol der Unendlichkeit. Wenn ein einzelner Mensch, ein Paar oder eine Gruppe diese geometrische Form mit brennenden Kerzen in den Händen abschreitet und sich dabei ganz auf ihre Vision konzentriert, wird die Energie im Bewusstsein und im Land fest verankert. Dies ist besonders gut für ein Paar, das seine Beziehung dauerhaft stärken möchte, für einen Einzelnen, der Stabilität für sein Geschäft wünscht, oder für ein Gemeinschaft, die sich ständig dem Dienst am Planeten verschrieben hat.

DIE SPIRALE
Sie können die Energie noch weiter erhöhen, wenn Sie allein oder in einer Gruppe spiralförmig im Uhrzeigersinn gehen. Dies ist besonders effektiv, wenn Sie die Energie Ihrer Vision erhöhen möchten. Sie können die Energie wieder abschwächen, indem Sie spiralförmig im Gegenuhrzeigersinn gehen – zum Beispiel wenn Sie etwas aus der Vergangenheit loslassen wollen.

EIN SPAZIERGANG AM WASSER
Wenn Sie um einen Teich herumgehen oder am Meer entlanglaufen, wird die Energie des Rituals oder der Zeremonie noch verstärkt werden.

EINEN HÜGEL ODER BERG ERKLIMMEN

Das Erklimmen eines Hügels symbolisiert das Besteigen des spirituellen Berges, um Zugang zu höheren geistigen Ebenen zu finden.

BEI VOLLMOND

Bei Vollmond durchgeführte Rituale und Zeremonien sind besonders effektiv, weil nun noch die Kräfte des göttlich Weiblichen hinzukommen. Früher wurden besonders machtvolle Rituale immer bei Vollmond durchgeführt. Die Einhörner lieben die Vollmondnächte besonders.

BEI NEUMOND

Wenn Sie die Einhorn-Energie herbeirufen möchten, um Hilfe bei einem neuen Projekt zu erbitten – wie der Zeugung eines Kindes oder dem Beginn eines Studiums –, sollten Sie die Einhorn-Zeremonie bei Neumond abhalten. Der Segen der Einhörner wird Ihnen unglaublich helfen, wenn Ihre Vision rein ist.

BEI ABNEHMENDEN MOND

Wenn Sie Hilfe beim Beenden einer Situation oder einer Beziehung brauchen, halten Sie das Ritual oder die Zeremonie bei abnehmendem Mond ab. Bitten Sie die Einhörner, Ihnen dabei zu helfen, die betreffende Situation würdevoll und ehrenvoll zu beenden.

DER SEGEN DER EINHÖRNER

Wenn Sie die Einhörner anrufen und ihren Segen durch Ihre Hände auf Menschen, Orte oder Situationen übertragen, verstärken Sie die Effektivität Ihres Einhorn-Rituals enorm.

WEN SIE ANRUFEN KÖNNEN

Sie können alle Meister, Engel oder Erzengel anrufen und sie bitten, bei Ihrer Zeremonie präsent zu sein und ihr Licht hinzuzufügen. Wenn Ihre Absicht klar und rein ist, werden sie mit Freuden kommen und Ihnen helfen.

Hie sind einige der hohen Wesen, die Sie anrufen können: Jesus Christus (in den inneren Welten als Sananda bekannt), Kumeka, Buddha, Mohammed, Lord Kuthumi (der Weltenlehrer), Djwhal Kuhl, Mutter Maria, Theresa von Avila, Guanyin, El Morya, Lanto, Paul der Venezianer, Serapis Bey, Hilarion, Maria Magdalena, Lady Nada.

Erzengel, die häufig bei Lichtzeremonien präsent sind: Michael, Gabriel, Raphael, Uriel, Chamuel, Jophiel, Zadkiel, Metatron und Sandalphon.

DAS EINHORN-RITUAL

- Entscheiden Sie sich, welchem Ziel oder welcher Absicht Sie das Ritual oder die Zeremonie weihen wollen.
- Säubern, präparieren und dekorieren Sie den Platz – gleich, ob dieser innen oder außen ist.
- Bauen Sie einen Altar auf.
- Duschen Sie und waschen Sie sich die Haare.
- Ziehen Sie saubere Kleidung an – wenn möglich, besondere Kleidung.
- Legen Sie Musik auf oder singen Sie.
- Zünden Sie Kerzen an.
- Legen Sie einen Schutz – zum Beispiel Erzengel Michaels blauen Schutzmantel oder das Christus-Licht – über jeden Beteiligten und die ganze Gruppe.
- Jeder Teilnehmer weiht eine Kerze oder legt eine Blume oder eine andere Opfergabe auf den Altar, die dem Weltfrieden oder einem anderen hohen Ideal gewidmet ist.
- Rufen Sie die Einhörner und alle anderen Lichtwesen an.
- Sprechen Sie Gebete, Segenswünsche und Danksagungen.
- Sitzen oder stehen Sie in einer empfangenden Haltung, um die Energie aufzunehmen.
- Vollführen Sie irgendeine Aktivität. Sie können zum Beispiel Dinge verbrennen, die Sie loslassen wollen, einen Wunsch für etwas Neues aufschreiben, Energie für Ihre Vision sammeln, indem Sie eine heilige Form abschreiten oder baden, um sich zu läutern.
- Versammeln Sie sich am Altar und bedanken Sie sich.
- Erden Sie sich, indem Sie sich vorstellen, dass Wurzeln von Ihren Füßen

aus tief in die Erde dringen. Spüren Sie die Energie, die durch Sie hindurch in die Tiefen von Mutter Erde strömt.

Dies sind nur Vorschläge, denn es gibt Millionen Varianten. Benutzen Sie Ihre Vorstellungskraft, um eine Zeremonie zu kreieren, die alle einschließt und die Stimmung hebt.

KAPITEL 42

DIE MAGIE DER EINHÖRNER VERBREITEN

Wenn Sie Ihre Einhorn-Essenz hergestellt haben, können Sie sich damit besprühen, um für das Licht der Einhörner empfänglicher zu sein. Dies ermöglicht es den Einhörnern, sich Ihnen zu nähern und Sie zu berühren. Es ermöglicht Ihnen aber auch, die Einhorn-Energie auf der Zellebene aufzunehmen, sodass die Essenz der Einhörner Ihr ganzes Wesen erfüllen und Sie tiefgreifend beeinflussen kann. Wenn Sie die richtige Absicht haben und die Einhörner bitten, in Ihre Aura zu kommen, werden sie sich nach Kräften bemühen, Ihren Wunsch zu erfüllen. Die Einhorn-Essenz wird diesen Prozess unterstützen. Wenn Sie möchten, dass die Einhörner in Ihr Haus kommen, sollten Sie es innen mit dem Spray besprühen.

Natürlich können Sie es auch anderen Menschen geben, um Heilung und den Kontakt mit den Einhörnern zu erleichtern.

WIE MAN EINHORN-ESSENZ HERSTELLT

Sie müssen diese Essenz bei Vollmond und in der Nähe von Wasser herstellen. Ein Fluss, Teich oder See ist am besten, aber Sie können dies auch am Meer tun, wenn das Wasser ruhig ist.

Sie können sie allein herstellen, aber ihre Energie wird stärker sein, wenn mehrere Menschen mit den richtigen Absichten und der richtigen Vision an der Herstellung teilnehmen.

- Sie brauchen eine farbige Glasflasche, Quellwasser und etwas Alkohol.
- Füllen Sie eine Schale mit dem Wasser. Wenn möglich sollten Sie dafür eine Schale aus geschliffenem Kristallglas benutzen.

- Setzen Sie sich hin und denken Sie an die Eigenschaften eines Einhorns.
- Vielleicht möchten Sie singen, summen oder das Om intonieren.
- Rufen Sie die Einhörner an. Spüren Sie ihre Anwesenheit.
- Bitten Sie sie, das Wasser zu segnen, und stellen Sie sich vor, dass eines oder mehrere das Licht aus ihren Hörnern auf die Flüssigkeit richten.
- Sitzen Sie in stiller Meditation so lange es Ihnen angemessen scheint.
- Bedanken Sie sich bei den Einhörnern.
- Lassen Sie die Schüssel über Nacht im Mondlicht stehen, damit sich das Wasser aufladen kann.
- Gießen Sie das Wasser in die Flasche und konservieren Sie es mit 50 Prozent reinem Alkohol.

EINHORN-STEINE SEGNEN

Vor einigen Jahren wurde mir diese Übung von den Engeln anlässlich des *Angel Awareness Day* geschenkt. Heute führe ich sie häufig mit den Einhörnern aus. Sie ist einfach, leicht auszuführen und doch sehr effektiv. Zudem ist dies eine wunderbare Möglichkeit, die höhere Energie über die ganze Welt zu verbreiten.

- Suchen Sie sich einen glatten Stein, egal wie groß, und halten Sie ihn zwischen den Händen.
- Entspannen Sie sich, betasten und streicheln Sie ihn.
- Stellen Sie sich vor, dass Liebe, Frieden und andere gute Eigenschaften aus Ihrem Herzen durch die Hände in den Stein fließen.
- Laden Sie den Stein mit so vielen höheren Eigenschaften auf, wie Sie wollen.
- Halten Sie ihn in die Höhe, damit die Einhörner ihn segnen können.
- Wo auch immer Sie ihn von nun an hinlegen, wird er den Segen der Einhörner ausstrahlen. Sie können ihn an einen Ort legen, wo diese Energie besonders gebraucht wird, zum Beispiel vor einer Schule, einem Krankenhaus, einem Polizeirevier oder einem Amtsgebäude. Natürlich können Sie ihn auch vor Ihr eigenes Haus legen oder vor das eines Menschen, den Sie lieben.

EINHORN-STEINE BEMALEN

Wenn gesegnete Steine bemalt oder anderweitig dekoriert werden, arbeitet die Einhorn-Energie in ihnen auf ganz subtile Weise. Deshalb ist dies eine schöne Aufgabe, die Sie mit Kindern machen können. Aber natürlich macht dies auch allen Erwachsenen Spaß, die gerne mit der subtilen Einhorn-Energie arbeiten.

- Suchen Sie sich mehrere große Steine und waschen Sie sie, falls nötig.
- Bereiten Sie das Zimmer vor, indem Sie alle zerbrechlichen Gegenstände entfernen und Tisch und Boden abdecken.
- Vielleicht sollten alle Beteiligten besser alte Kleidung tragen.
- Zünden Sie eine Kerze an, legen Sie sanfte Musik auf und bereiten Sie den heiligen Raum vor.
- Stellen Sie sich um die Steine herum auf, und bitten Sie die Einhörner, zu kommen und Ihnen zu helfen. Sie können dies tun, indem sich alle an den Händen fassen und sagen:»Wir rufen nun die mächtigen Einhörner an und bitten sie, diese Steine zu segnen und sie mit ihrem Licht zu erfüllen.« Sie können natürlich auch darum bitten, dass die Steine mit Frieden, Glück, Geduld oder jeder anderen positiven Eigenschaft gefüllt werden. Wenn Sie es möchten, kann sich jeder der Teilnehmer eine andere Eigenschaft wünschen. Wenn Sie es vorziehen, können Sie die Hände über die Steine halten und die Einhörner bitten, ihren Segen durch die Hände in die Steine zu senden.
- Um die Energie zu erhöhen, besprühen Sie Ihren Stein mit Einhorn- oder Rosenessenz.
- Malen Sie nun Ihren Stein an und machen Sie ihn so schön, wie Sie nur können.
- Manche Menschen tun dies lieber ganz still, andere unterhalten sich dabei, lachen oder singen gemeinsam. Das bleibt ganz Ihnen überlassen.
- Denken Sie daran, sich bei den Einhörnern zu bedanken, wenn Sie fertig sind.
- Legen Sie Ihren Stein mit der Gewissheit an einen besonderen Ort, dass er nun Einhorn-Energie ausstrahlen wird.

KAPITEL 43

ÜBUNGEN ZUR ENTWICKLUNG ÜBERSINNLICHER FÄHIGKEITEN

Dies sind einfache, aber sehr effektive Entwicklungsübungen, die Sie gemeinsam mit anderen üben können, um das Herz und das dritte Auge zu öffnen. Die Übungen können Sie auch mit Kindern machen.

DAS SCHNECKENSPIEL

Ziel dieser Übung ist es, Empathie zu entwickeln. Daher ist sie besonders für Kinder geeignet. Sie können dabei aber auch Ihre übersinnlichen Fähigkeiten in vielerlei Hinsicht entwickeln.
- Suchen Sie eine Schnecke. Wenn Sie sie aufheben müssen, seien Sie dabei sehr sanft und vorsichtig.
- Atmen Sie ein paar Mal ein und aus und entspannen Sie sich.
- Sitzen Sie still da und versuchen Sie die Farbe der Schneckenaura wahrzunehmen. Stellen Sie sich die Frage, welche Farbe die Aura hätte, wenn Sie sie sehen könnten.
- Stellen Sie sich vor, wie sich die Schnecke wohlfühlt.
- Wenn Sie möchten, können Sie ein Bild der Schnecke zeichnen und es mit Buntstiften ausmalen. Möglicherweise malen Sie dabei unbewusst auch ihre Aura mit.
- Sie können diese Übung natürlich auch mit einem Wurm, einem Käfer oder jedem anderen kleinen Tier machen.

DAS LÖFFELSPIEL

Sie brauchen für diese Übung mindestens drei Leute.
- Nehmen Sie sich einen Löffel.
- Eine Person verlässt das Zimmer.
- Eine der zurückgebliebenen Personen nimmt den Löffel und füllt ihn mit ihrer Energie.
- Die Person, die hinausgegangen ist, kehrt zurück.
- Sie nimmt den Löffel und versucht zu spüren, wer ihn gehalten hat.

DAS BLUMENSPIEL

Für diese Übung brauchen Sie eine Blume – entweder eine Gartenblume, eine wild wachsende Blume oder ein Unkraut. Wenn Sie sie pflücken möchten, bitten Sie sie zuerst um Erlaubnis. Warten Sie ab, bis Sie das Gefühl haben, es wurde Ihnen erlaubt, bevor Sie sie pflücken. Sie können diese Übung allein oder gemeinsam mit anderen ausführen.
- Spüren Sie die Aura der Blume, indem Sie Ihre Hände in ein bis zwei Zentimeter Entfernung über sie halten.
- Spüren Sie, ob die Blume glücklich, gesund oder müde ist. Spüren Sie, wie viel Energie sie hat.
- Werden Sie sich der Elfe bewusst, die sich um die Blume kümmert.
- Wenn Sie sie nicht wahrnehmen können, versuchen Sie sich vorzustellen, welche Farbe und Größe die Elfe wohl hätte, wenn Sie sie sehen könnten.

LÖFFEL BIEGEN

Vor vielen Jahren übernachtete ich im Haus eines Freundes, dessen etwa zehnjähriger Sohn ein Buch hatte, in dem verschiedene Spiele aufgeführt waren. Bei einem von ihnen ging es darum, einen Löffel zu biegen. Er fragte mich, ob ich es mit ihm versuchen wolle. Natürlich sagte ich: »Ja«. Ich war so überrascht, was dabei herauskam, dass ich direkt nach Hause ging und das Löffelbiegen mit meiner Abendklasse versuchte. Allen Frauen gelang es, ihre Löffel zu verbiegen. Die Männer, bei denen eher die linke Hirnhälfte aktiv ist, hatten mehr Mühe. Bei den meisten bewegte sich der Löffel nur ein klein wenig.

Noch Jahre später erinnerten mich die Teilnehmer dieser Klasse, wenn ich sie zufällig traf, an diesen Abend. Viele von ihnen hatten ihre Löffel behalten, um sie an die Macht ihres Geistes zu erinnern. Das ist sehr gut, denn wenn man weiß, dass man einen Löffel verbiegen kann, dann kann man alles – auch mit Einhörnern arbeiten.

LÖFFEL BIEGEN – DIE ÜBUNG

Bei dieser Übung geht es um Energie, nicht um Kraft. Sie brauchen jemanden, mit dem Sie die Übung machen können.

Suchen Sie sich einen Löffel oder eine Gabel, die sich nicht gleich verbiegen, wenn Sie Druck darauf ausüben. Wenn der Löffel zu dünn ist, mag man Sie für einen Betrüger halten.

- Setzen Sie sich bequem hin und entspannen Sie sich. Geben Sie alle Erwartungen auf. Seien Sie einfach nur präsent.
- Halten Sie den Löffel leicht in Ihrer nicht dominanten Hand und streichen Sie mit ein oder zwei Fingern der anderen Hand darüber. Drücken Sie nicht.
- Ihre Partnerin sitzt daneben und spricht mit ruhiger Stimme die folgenden Worte, die möglicherweise mehrmals wiederholt werden müssen: »Während du über den Löffel streichst, fühlst du dich immer entspannter und wohler.« Der Löffel wird warm und flexibel. Und es passiert noch etwas anderes. Bei jedem Streichen bewegen sich die Atome im Löffel weiter auseinander und das Metall wird immer weicher. Ja, bei jedem Streichen wird der Löffel weicher und weicher.
- Schon bald spürst du, dass sich unter deinen Fingern etwas anfängt zu bewegen. Der Löffel beginnt sich zu verbiegen.
- Deine Finger werden immer wärmer, und der Löffel fühlt sich anders an, weil sich die Atome im Metall verändern und es dadurch flexibler wird. Ja, es ist wärmer und weicher. Es beginnt sich zu bewe-

gen. Der Löffel fängt an, sich ganz von selbst zu verbiegen.« Und so weiter.
- Nach etwa fünf Minuten sollten Sie einen Löffel in der Hand haben, der sich deutlich verbogen hat.

KRISTALLE STREICHELN

- Reinigen Sie Ihre Kristalle. Sie können dies tun, indem Sie eine Klangschale daneben anschlagen, mit einem Räucherstäbchen darüber wedeln oder Om singen.
- Wenn Sie ein paar große Kristalle haben, kann sich jeder Teilnehmer einen aussuchen und ihn auf den Schoß nehmen. Wenn Sie nur kleinere Kristalle haben, sucht sich jeder einen aus und fängt an, ihn zu streicheln.
- Halten Sie dann Ihre Handfläche in etwa zwei Zentimeter Entfernung vom Kristall, und spüren Sie, ob er kühle oder warme Energie ausstrahlt. Fühlt er sich lebendig oder tot an? Welche Farbe ist um ihn herum? Kommuniziert der Elementargeist des Kristalls mit Ihnen?
- Wenn jeder Teilnehmer einige Zeit mit seinem Kristall verbracht hat, teilen Sie Ihre Erfahrungen miteinander.
- Bedanken Sie sich bei Ihrem Kristall.
- Reinigen Sie wieder alle Kristalle, und suchen Sie sich einen anderen aus, damit Sie Erfahrungen mit unterschiedlichen Kristallen machen können.

FINDE DAS EINHORN

Dies ist ein Spiel, das Empfindsamkeit gegenüber Energien entwickeln soll. Dafür brauchen Sie mindestens drei Leute. Es ist sehr gut für Kinder geeignet.
- Eine Person verlässt das Zimmer.
- Die anderen einigen sich darauf, wer Engel anruft und wer Einhörner.

- Sie stellen sich in die Engel- und die Einhornecke und beginnen mit ihrer Anrufung.
- Dann kommt die Person in das Zimmer zurück.
- Sie geht in jede Ecke und versucht zu spüren, wo die Engel und wo die Einhörner sind.

FINDE DAS EINHORN FÜR ZWEI PERSONEN

Wenn Sie nur zu zweit sind, sitzt eine Person still da, während die andere entweder Engel oder Einhörner anruft. Wenn sie das Gefühl hat, die betreffende Energie aufgenommen zu haben, stellt sich die andere Person neben sie und fühlt ihr Energiefeld. Sie versucht herauszufinden, ob ihre Partnerin Engel- oder Einhornenergie herbeigerufen hat.

DAS LIED DES EINHORNS

Dies ist eine wunderbare Übung, um Harmonie in einer Gruppe herzustellen und Einhorn-Energie anzuziehen. In einer großen Gruppe macht sie besonders viel Spaß, aber man kann sie auch zu zweit durchführen.
- Wenn Sie eine große Gruppe haben, teilen Sie sie in vier Untergruppen A, B, C und D auf. Jede Untergruppe geht in einen anderen Raum oder in eine andere Ecke.
- Jede Gruppe widmet die Sitzung der Kontaktaufnahme zu den Einhörnern.
- Jede Gruppe kreiert ein Einhorn-Lied oder einen Einhorn-Klang. Das dauert wahrscheinlich etwa zehn Minuten oder länger, deshalb sollten Sie genügend Zeit dafür einplanen.
- Wenn alle Untergruppen bereit sind, kehren Sie in den Hauptraum zurück.
- Gruppe A singt ihr Lied.
- Gruppe B stimmt ein und versucht mit A zu harmonieren.

- Die Gruppen C und D stimmen nacheinander ein und versuchen mit den anderen zu harmonieren.
- Spüren Sie die Anwesenheit der Einhörner, während Sie singen.
- Wenn Sie nur zu zweit sind, kreiert jeder von Ihnen sein eigenes Lied. Dann machen Sie daraus eine Harmonie.

EINHORN-LIED UND BEWEGUNG

Teilen Sie die große Gruppe wie eben schon beschrieben in vier Untergruppen auf. Dieses Mal führt jede Gruppe eine bestimmte Bewegung aus, während sie ihr Lied singt. Versuchen Sie Klang und Bewegung aufeinander abzustimmen.

KAPITEL 44

EINHORN-SPIELE FÜR KINDER

All diese Vorschläge dienen dazu, das Bewusstsein der Kinder für Einhörner zu schärfen.

MALE EIN EINHORN

Es ist wichtig, dabei an Einhörner zu denken oder über sie zu reden.
- Zeichne oder male ein Einhorn.
- Welche Farbe soll dein Einhorn haben? Wenn es weiß sein soll, lass es einfach, wie es ist, wenn es farbig sein soll, male es mit Buntstiften aus.
- Zeichne einen farbigen Hintergrund dazu.
- Wenn du fertig bist, bitte deine Mutter, das Bild irgendwo aufzuhängen.

Natürlich dürfen auch Erwachsene Einhörner malen.

PAARE FINDEN

Ihre Kinder können dafür ein ganz gewöhnliches Kartenspiel benutzen oder jedes andere Spiel, das Paare enthält. Als meine Kinder noch klein waren, spielten wir dieses Spiel als Gedächtnistraining. Aber schon bald merkte ich, dass es viel mehr ist als nur das, denn mein zweijähriger Sohn spürte bald, wo die Paare lagen, und konnte das ganze Spiel auf einmal umdrehen. Seine übersinnlichen Fähigkeiten wurden dadurch entwickelt.

Denken Sie bitte daran, dass es hierbei nicht um Konkurrenz geht. Je mehr sich die Kinder entspannen, desto leichter wird ihnen diese Übung fallen. Man kann dieses Spiel allein oder mit anderen spielen. Wenn man es allein spielt, sollte das Kind sich notieren, wie viele Versuche es gebraucht hat, bis es ein Paar gefunden hat.

- Bevor du anfängst, entspanne dich und stimme dich auf das Spiel ein. Je wohler du dich fühlst, desto deutlicher kannst du dein Gedächtnis und deine übersinnlichen Fähigkeiten verbessern.
- Breite die Karten verdeckt vor dir aus. Am Anfang solltest du nur sechs Paare nehmen. Je besser du wirst, desto mehr Paare kannst du hinzufügen.
- Die erste Person deckt zwei Karten auf. Wenn sie ein Paar sind, darf sie sie behalten. Wenn nicht, legt sie sie wieder verdeckt dort ab, von wo sie sie aufgenommen hat.
- Die zweite Person deckt ebenfalls zwei Karten auf. Wenn sie passen, gehören sie ihr. Und so weiter.
- Gewonnen hat der, der am Ende die meisten Paare hat.
- Je mehr du dies spielst, desto mehr entwickelst du deine übersinnlichen Fähigkeiten.

DAS TABLETTSPIEL

Dieses Spiel für einen oder mehrere Spieler hilft, die Gabe der Hellsichtigkeit zu entwickeln und das Gedächtnis zu verbessern. Indem man sich zuerst entspannt, die rechte Hirnhälfte aktiviert und sich ein Bild der Gegenstände auf dem Tablett macht, kann man seine Hellsichtigkeit entwickeln.

Für ein Einhorn-Tablett sollte man Gegenstände auswählen, die einen Bezug zu den Einhörnern haben, zum Beispiel eine weiße Feder, einen weißen Stein, eine Blume, eine Einhorn- oder Pferdefigur, eine Muschel, eine Perle, einen Kristall oder etwas, das Flügel symbolisiert. Man kann auch einen Apfel oder eine Karotte hinzufügen, denn obwohl Einhörner nicht essen und nicht schmecken können, so können sie doch riechen. Sie lieben den Geruch von Äpfeln und Karotten.

Es gibt drei Möglichkeiten, sich zu erinnern:
1 Denke dir schnell eine Geschichte aus, in der alle Gegenstände vorkommen. Dabei benutzt du sowohl deine rechte als auch deine linke Gehirnhälfte.
2 Konzentriere dich und präge dir die Gegenstände ein. Dabei benutzt du vor allem deine linke Gehirnhälfte.
3 Entspanne dich und schaue mit weichen Augen auf das Tablett, damit sich die rechte Gehirnhälfte das Gesamtbild einprägt.

Versuche dieses Spiel auf alle drei Arten zu spielen.

- Eine Person legt verschiedene Gegenstände auf ein Tablett, deckt es mit einem Tuch zu und bringt es in den Raum.
- Bevor ihr anfangt, atmet ein paar Mal durch und entspannt euch.
- Das Tuch wird 15 bis 30 Sekunden lang hochgehoben (je nach dem Alter der Teilnehmer). Dann wird das Tablett wieder zugedeckt.
- Schreibe so viele Gegenstände wie möglich auf.

Eine Variante dieses Spiels besteht darin, sich die Gegenstände anzuschauen. Dann wird einer entfernt. Nun musst du sagen, welcher entfernt wurde.

EINE VARIANTE DES TABLETTSPIELS

Jedes Kind nimmt sich einen Gegenstand vom Tablett. Dann erzählen alle nacheinander eine Geschichte darüber, machen eine Zeichnung oder ein Lied. Natürlich muss in allen ein Einhorn vorkommen.

BLINDEKUH

- Ein Kind schließt die Augen oder ihm werden die Augen verbunden.
- Die anderen stellen sich in verschiedene Ecken.
- Die blinde Kuh nähert sich den anderen Kindern und spürt ihr Energiefeld, darf aber die anderen nicht berühren.
- Die blinde Kuh versucht alle Kinder anhand ihrer Energie zu identifizieren.

BLINDEKUH MIT SUMMEN

Um das Spiel einfacher zu machen, kann das Kind, das gefunden wurde, summen. Aber die blinde Kuh muss immer noch spüren, welches Kind es ist, ohne es zu berühren.

DIE JAGD NACH DER EINHORNFEDER

Ziel dieses Spiels ist es, die Kinder an Engel- und Einhornfedern zu erinnern. Natürlich soll es auch Spaß machen.

Sammeln Sie kleine weiße Federn. Wenn Sie keine finden, können Sie auch welche kaufen. Erklären Sie den Kindern, dass Einhörner und Engel weiße Federn hinterlassen, um uns zu zeigen, dass sie in unserer Nähe waren.

Verstecken Sie die Federn im Garten oder in einem Park. Dann suchen die Kinder sie.

Je nach dem Alter der Kinder können Sie ihnen für jede gefundene Feder einen Aufkleber geben. Dann können alle mit den Federn und den Aufklebern ein Bild machen. Jedes Kind kann auch ein anderes kleines Geschenk erhalten. Natürlich können Sie das Spiel auch ohne Belohnung spielen lassen.

EINE EINHORN-FÄHRTE

Das große Einhorn (ein Erwachsener oder älteres Kind) legt eine Fährte aus weißen Federn oder weißen Blüten, der die anderen Kinder dann folgen. Vielleicht sehen sie ja wirklich ein Einhorn dabei!

EINHORN-KEKSE

Geben Sie jedem Kind einen ganz normalen Keks, den sie dann mit Glasur dekorieren. Die älteren Kinder können mit Zuckerguss Einhorn-Sterne daraufkleben oder damit den Umriss eines Einhorns zeichnen.

EIN EINHORN-GARTEN

Als Grundlage füllen Sie eine flache Schale mit Moos oder Steckkernen aus Wasser absorbierendem Material. Für einen Teich oder Fluss verwenden Sie einen kleinen Spiegel oder Alufolie. Den Weg gestalten Sie aus kleinen Kieselsteinen. Zweige werden zu Bäumen, die auch angemalt werden können. Kleine Tannenzapfen sind ein hübscher Schmuck. Verwenden Sie frische oder getrocknete Blumen. Bitten Sie immer zuerst um Erlaubnis, bevor Sie sie pflücken. Falls Sie Tierfiguren haben, kann eine Pferdefigur das Einhorn symbolisieren. Stellen Sie andere kleine Tier- und Menschenfiguren dazu. Fügen Sie zum Schluss alles hinzu, was Ihnen noch einfällt.

EIN EINHORN-WALD

Sie können aber auch einen Einhorn-Wald bauen. Aus Blättern und Zweiglein können Bäume werden und Sie können ein paar Elfen ausschneiden oder aus Knetmasse Fliegenpilze für einen Elfenring modellieren.

GUT GEMACHT!

Alle Kinder möchten gelobt werden. Sie möchten, dass die Erwachsenen anerkennen, wenn sie etwas Gutes getan haben. Der beste Weg, positive Eigenschaften in Kindern zu entwickeln, besteht natürlich darin, sich auf diese zu konzentrieren.

Meine Tochter macht mit ihrer Fünfjährigen und ihrem Zweijährigen immer ein Gut-gemacht!-Ritual vor dem Schlafengehen. Sie setzt sich zu ihnen aufs Bett und benennt die guten Dinge, die sie am Tag getan haben und fügt bei jedem »Gut gemacht!« hinzu. Meine beiden Enkel strahlen dann. Es ist für sie ein wichtiger Teil des Ins-Bett-Gehens geworden. Wenn ich dabei bin, fallen mir immer noch ein paar weitere »Gut gemacht!« ein.

Die Einhörner lieben die Unschuld und Reinheit von Kindern. Bitten Sie sie um ihren Segen und ihr Licht, während Sie dies tun.

Hier sind einige Beispiele für »Gut gemacht!«, obwohl es natürlich eine Unzahl gibt, die völlig vom betreffenden Kind und den Umständen abhängen.

»Gut gemacht, dass du so höflich zu Frau Soundso warst!«

»Gut gemacht, dass du das Telefon abgenommen hast!«

»Gut gemacht, dass du dich so lieb um deinen kleinen Bruder gekümmert hast!«

»Gut gemacht, dass du deinen Teller ganz leer gegessen hast!«

»Gut gemacht, dass du so schön Danke gesagt hast!«

»Gut gemacht, dass du kein Theater gemacht hast, als wir nicht ausgehen konnten!«

»Gut gemacht, dass du so schön gemalt hast!«

»Gut gemacht, dass du so lieb zum Nachbarskind gewesen bist!«

»Gut gemacht, dass auch die anderen Kinder mit deinen Spielzeugen spielen durften!«

Diese positiven Bestätigungen prägen sich tief in das Bewusstsein der Kinder ein. Ein Beispiel: Einmal hatte mein zweijähriger Enkel einen Wutanfall. Bald darauf hörte er auf und sagte: »Gut gemacht Finn, dass du so schnell aufgehört hast zu weinen!« Vielleicht hatte ihn ja ein Einhorn angestupst!

SCHLUSSWORT

Wir alle sind ungeheuer privilegiert, dass wir uns in einer Zeit auf der Erde inkarnieren durften, in der es so große Möglichkeiten für spirituelles Wachstum gibt. Niemals zuvor hat es eine Zeit gegeben, in der uns so viel Hilfe aus der geistigen Welt zur Verfügung gestanden hat wie heute. Ich schenke Ihnen dieses kleine Buch im Namen der Einhörner mit Liebe.

Die letzte Botschaft der Einhörner lautet:

*

Wenn du dich ganz auf eine Vision konzentrierst,
die über deine eigenen Interessen hinausgeht, werden wir dir helfen,
bis dein Innerstes im hellsten Licht erstrahlt.
Die Einhörner

*

LITERATURVERZEICHNIS

Cooper, Diana: *Die Engel antworten.* Ansata, München 2007
Der Engel-Ratgeber. Ansata, München 2003
A New Light On Ascension. Findhorn Press, Schottland 2004
The Web of Light. Hodder Mobius, London 2004
Diana Cooper, Shaaron Hutton: *Entdecke Atlantis.* Ansata, München 2006
Craig, Helen und Katharine Holabird: *Angelina Ballerina.* Dorling Kindersley Verlag, Starnberg 2002
Crosswell, Kathy, Cooper Diana: *Enlightenment Through Orbs.* C and C Publishing, 2008
Ascension Through Orbs. Findhorn Press, Schottland 2008
McKinney, Donald: *Walking the Mist. Celtic Spirituality for the 21st Century.* Hodder Mobius, London 2005

DIANA COOPER
SCHOOL OF ANGELS & ASCENSION
IN DEUTSCHLAND

Qualifizierte und zertifizierte Lehrer/-innen der *Diana Cooper School of Angels & Ascension* in vielen Ländern geben ihr Erlerntes und ihre Erfahrungen in verschiedenen Methoden weiter an die Menschen, die auf der Suche sind nach göttlichem Licht und Liebe.

Auch in Deutschland haben in »Aleja's Schule für Engel und Aufstieg« zahlreiche Lehrer ihr Zertifikat als Lehrer/-innen für Engel und Aufgestiegene Meister erhalten.
Jede/r einzelne Lehrer/-in bietet individuelle Angebote an, wobei Sie Näheres durch persönliche Kontaktaufnahme oder auf der Homepage erfahren können:

E-Mail: aleja.d.fischer@web.de
Internet: www.dianacooperschool.com

Intuitiv die Botschaft des Einhorns empfangen

Diana Cooper
Einhorn-Karten
44 Karten, Begleitheft
ISBN 978-3-7787-7353-6

Ansata